PRENTICE HALL ③

Realidades

REALIDADES
para hispanohablantes

D1604875

PEARSON

Needham, Massachusetts
Upper Saddle River, New Jersey

ISBN-13: 978-0-13-322591-4

ISBN-10: 0-13-322591-7

PEARSON

1 2 3 4 5 6 7 8 9 10   V069   16 15 14 13 12

TABLA DE MATERIAS

Para empezar (página 1)

Arte y cultura

¿Qué hacen los jóvenes en los diferentes países de habla
hispana? Piensa en un país de habla hispana con el que
te sientas identificado o te interese e investiga qué
hacen los jóvenes allí en su tiempo libre. Investiga
también qué cosas son importantes para ellos, por
ejemplo la familia, los amigos, la música, la moda, el
cine, etc. Por último escribe un párrafo en forma de
artículo con la información que hallaste.

_____

_____

_____

_____

_____

_____

_____

_____

_____

_____

_____

_____

_____

Tus actividades diarias

Actividad A

Todos los días hacemos diferentes actividades según el lugar o el momento del día en que nos encontremos. Completa la siguiente tabla con las actividades diarias que haces tú en la escuela, después de la escuela y durante los fines de semana.

En la escuela	Después de la escuela	Fines de semana

Actividad B

Ahora piensa en tu fiesta o evento favorito del año. Puede ser tu cumpleaños, una fiesta familiar, la Navidad, el Año Nuevo u otra celebración. En una hoja aparte, haz una descripción de las cosas que haces usualmente ese día. Por ejemplo, si es una reunión familiar, describe dónde se reúnen, qué comen, de qué hablan y qué actividades hacen. Usa el presente del indicativo en tus oraciones.

Tu vida diaria (página 2)

Ampliación del lenguaje

Sílabas

Las sílabas son las letras de una palabra que se pronuncian con un solo golpe de voz. En español, todas las sílabas tienen, al menos, una vocal y todas las palabras tienen una, y sólo una, sílaba sobre la que cae la fuerza en la pronunciación.

ha-<u>cer</u>   <u>com</u>-pras   te-<u>lé</u>-fo-no

Según cuál sea la sílaba fuerte, o tónica, las palabras se clasifican en **agudas, llanas, esdrújulas** y **sobreesdrújulas.**

En las palabras **agudas,** la sílaba tónica es la última.

es-tu-<u>diar</u>   ma-<u>má</u>   a-<u>vión</u>

En las palabras **llanas,** la sílaba tónica es la penúltima.

<u>fút</u>-bol   de-<u>por</u>-te   de-sa-<u>yu</u>-no

En las palabras **esdrújulas,** la sílaba tónica es la antepenúltima.

<u>rá</u>-pi-do   <u>mé</u>-di-co   des-<u>crí</u>-be-lo

En las palabras **sobreesdrújulas,** la sílaba tónica es anterior a la antepenúltima.

pre-<u>pá</u>-ra-me-lo   re-<u>gá</u>-la-se-la

Estas categorías te servirán para aplicar las reglas de acentuación.

Clasifica las palabras de la caja bajo la categoría correspondiente. Subraya la sílaba tónica de cada palabra.

descripción	paseo	después	sírvanselas	teléfono	mochila
número	recuérdaselo	mayor	jugar	típico	navegar

AGUDAS	LLANAS	ESDRÚJULAS	SOBREESDRÚJULAS

Gramática

Verbos irregulares

(páginas **3–4**)

Recuerda que algunos verbos son irregulares en la primera persona del singular del tiempo presente. Observa los siguientes ejemplos. Otros verbos que se conjugan como *conocer* son *obedecer, ofrecer* y *parecer.*

caer	ca**igo**	saber	**sé**
conocer	cono**zco**	salir	sal**go**
dar	**doy**	traer	tra**igo**
hacer	ha**go**	ver	**veo**
poner	pon**go**		

Asimismo, hay algunos verbos que son irregulares en todas las personas del tiempo presente:

ser

soy	somos
eres	sois
es	son

estar

estoy	estamos
estás	estáis
está	están

ir

voy	vamos
vas	vais
va	van

oír

oigo	oímos
oyes	oís
oye	oyen

decir

digo	decimos
dices	decís
dice	dicen

tener

tengo	tenemos
tienes	tenéis
tiene	tienen

Gramática interactiva

Inténtalo

Escoge cuatro de las formas verbales del recuadro y, en una hoja aparte, escribe una oración con cada una.

Actividad D

Imagina que te hacen la siguiente encuesta en la escuela. En una hoja aparte, responde a las preguntas usando el presente del indicativo.

1. ¿Eres un(a) buen(a) estudiante?

2. ¿Tienes tus cosas en orden en tu cuarto?

3. ¿Haces las tareas de la escuela todos los días?

4. ¿Vas durante la semana al gimnasio?

5. ¿Cuándo ves a tus familiares más lejanos?

6. ¿Conoces a mucha gente?

 **Go Online** WEB CODE jed-0001 PHSchool.com

Gramática

(páginas 5–6)

Presente de los verbos con cambios de raíz

Recuerda que hay tres grupos de verbos con cambios de raíz. El cambio de raíz ocurre en todas las formas excepto en las formas para *nosotros(as)* y *vosotros(as)*. A continuación se muestran las formas en el presente de *perder (ie)*, *poder (ue)* y *pedir (i)*.

perder (e → ie)

pierdo	perdemos
pierdes	perdéis
pierde	pierden

Otros verbos como *perder* son: *empezar, querer, preferir, pensar, divertirse, despertarse, sentirse, mentir, cerrar, comenzar, entender.*

poder (o → ue)

puedo	podemos
puedes	podéis
puede	pueden

Otros verbos como *poder* son: *jugar (u → ue), contar, costar, encontrar, recordar, volar, dormir, volver, devolver, acostarse, almorzar.*

pedir (e → i)

pido	pedimos
pides	pedís
pide	piden

Otros verbos como *pedir* son *servir, repetir, reír, sonreír, seguir, vestirse.*

Gramática interactiva

Énfasis en la forma
En una hoja aparte, conjuga en el presente tres de los otros verbos en infinitivo que aparecen en el recuadro.

Actividad E

¿Qué haces con tu tiempo? En una hoja aparte, escribe oraciones sobre lo que haces en cada uno de los siguientes momentos. Usa el presente del indicativo de los verbos que aparecen en la lista.

preferir	poder	despertarse	acostarse	vestirse	pensar

• en la casa antes de salir a la escuela
• en la escuela
• por la tarde
• por la noche
• en el carro
• en las vacaciones

Go Online WEB CODE jed-0002
PHSchool.com

Gramática

(página **7**)

Los verbos reflexivos

Para decir que alguien hace algo a sí mismo o para sí mismo, usas verbos reflexivos. Un verbo reflexivo tiene dos partes: un pronombre reflexivo *(me, te, se, nos, os)* y una forma verbal. A continuación se muestran las formas en presente de *levantarse:*

me levanto	**nos** levantamos
te levantas	**os** levantáis
se levanta	**se** levantan

Muchos verbos reflexivos describen acciones de la rutina diaria: *acostarse (ue), afeitarse, arreglarse, bañarse, cepillarse, despertarse (ie), ducharse, lavarse, pintarse, ponerse, secarse, vestirse (i).*

Con la excepción de *se*, los pronombres reflexivos son los mismos que los pronombres de objeto indirecto. Vienen por lo general antes del verbo, pero pueden también ir pegados a un infinitivo.

Me lavo la cara.   Voy a **lavarme** la cara.

Recuerda que con los verbos reflexivos, por lo general usas el artículo definido con partes del cuerpo o prendas de ropa.

Me pongo **la** chaqueta.   Me cepillo **los** dientes.

Gramática interactiva

Más ejemplos
Escribe otros ejemplos de verbos reflexivos.

_____

_____

_____

_____

Actividad F

Los verbos reflexivos que aparecen a continuación reflejan cambios físicos o mentales. Úsalos como guía para hacer oraciones sobre cuándo, por qué o dónde te ocurren estos cambios a ti o a las personas que conoces.

aburrirse	alegrarse	asustarse	cansarse
enojarse	entristecerse	reírse	olvidarse

Modelo   *dormirse*
Por las noches, me duermo con el sonido de la música clásica.

_____

_____

_____

WEB CODE
jed-0003
PHSchool.com

Días especiales (páginas 8–10)

Ampliación del lenguaje

Acentuación

Las palabras **agudas** se acentúan cuando acaban en vocal, *n o s.*

   pedirá   *camión*   *detrás*

Las palabras **llanas** se acentúan cuando no terminan en vocal, *n o s.*

   fútbol   *lápiz*   *césped*

Las palabras **esdrújulas** y **sobreesdrújulas** se acentúan siempre.

   sábado   *fantástica*   *párrafo*   *digámoselo*

Los **monosílabos,** es decir, palabras que tienen una sola sílaba, no se acentúan, excepto para diferenciarlos de otros monosílabos.

el (artículo masculino)	**El** árbol ha crecido.
él (pronombre personal)	**Él** es mi mejor amigo.
tú (pronombre personal)	**Tú** eres estudiante.
tu (pronombre posesivo)	**Tu** hermano va a mi clase.
mi (pronombre posesivo o nota musical)	**Mi** escuela está en la Avenida Lincoln.
	Tocó una sonata en **mi** mayor.
mí (pronombre personal)	Ha traído un libro para **mí.**
sí (afirmativo o pronombre)	Dijo que **sí.**
	Lo hizo por **sí** mismo.
si (condicional o nota musical)	Lo haré **si** me dejas.
	Es un vals en **si** menor.
te (pronombre personal)	**Te** voy a mandar un correo electrónico.
té (sustantivo)	Me gusta el **té** frío.
más (adverbio de cantidad)	Quiero **más** días de vacaciones.
mas (pero)	Le llamé **mas** no estaba.
de (preposición)	Voy al campo **de** fútbol.
dé (verbo *dar*)	Espero que me **dé** los horarios nuevos.
se (pronombre personal)	**Se** comió toda la pizza.
sé (verbo *saber*)	No **sé** jugar al ajedrez.

Actividad G

Lee el siguiente texto y pon acentos cuando sea necesario.

La fiesta familiar que recuerdo con mas cariño es el día de mi quinceañera. Fue una ocasion muy especial para mi. Vino a la celebracion toda la familia; incluso mi padrino, que es medico de urgencias, se tomo el dia libre para poder venir. Las horas antes de la fiesta fueron una locura, el telefono no dejaba de sonar y todo el mundo estaba muy ocupado con los preparativos y las ordenes que daba mi mama.

Ella decoro toda la casa con lamparas de papel y guirnaldas, y mis hermanos prepararon sandwiches y unos refrescos de limon deliciosos. Mi papa contrato a un disc jockey y la musica sono hasta bien entrada la madrugada. A el le encanta bailar. Estuvimos bailando, cantando y celebrandolo durante horas.

Se que para mis abuelos fue un poco cansado, pero tambien ellos lo pasaron bien. Mi pobre abuelita se fue a dormir a las 12 de la noche. Cuando se despidio, me dijo: "Llamame mañana y explicamelo todo, ¿de acuerdo, querida? Sigue disfrutandolo, porque hoy es tu dia". Cuando pienso en mi quinceañera, los ojos se me llenan de lagrimas de emocion. ¡Fue una fiesta fantastica!

(página 12)

Lee el texto "Esquiar en Bariloche" de la página 12 de tu libro. Después, contesta las siguientes preguntas.

1. ¿Alguna vez fuiste a esquiar? ¿Dónde? ¿Con quién fuiste?

_____

_____

2. ¿En qué lugares, cerca de donde tú vives, se puede esquiar?

_____

_____

3. ¿Qué deportes al aire libre se pueden practicar en tu región?

_____

_____

Gramática

(página **11**)

Verbos que se conjugan como *gustar*

Ya conoces varios verbos que siempre usan los pronombres de objeto indirecto *me, te, le, nos, os, les:*

encantar	**importar**
gustar	**interesar**

Estos verbos usan todos la misma construcción: pronombre de objeto indirecto + verbo + sujeto.

Me gusta el fútbol.   ¿**Te interesan** las pinturas?

Recuerda que, en las oraciones de arriba, las formas verbales *gusta* (singular) e *interesan* (plural) concuerdan con los sujetos *fútbol* y *pinturas*. Las palabras *me* y *te* son pronombres de objeto indirecto.

Gramática interactiva

Más ejemplos
En una hoja aparte, escribe tres oraciones usando verbos como *gustar* y diferentes pronombres de objeto indirecto.

H

Piensa en los temas que se enumeran a continuación y escribe tu opinión sobre una característica de cada uno, usando los verbos *interesar, encantar, gustar* e *importar*. Escribe también lo que opinan tus amigos acerca de estos temas. Recuerda usar pronombres de objeto indirecto en tus oraciones.

- los deportes
- el cine
- la música
- las vacaciones
- la escuela
- la amistad
- la familia
- los quehaceres de la casa

Modelo   *Me gustan las películas con efectos especiales.*

_____

_____

_____

_____

_____

_____

_____

Go Online WEB CODE jed-0004
PHSchool.com

PE Nombre _____ Fecha _____

Gramática

(página **12**)

Adjetivos posesivos

Recuerda que los adjetivos posesivos concuerdan en género y número con los sustantivos que describen. Se colocan antes del sustantivo.

Singular

mi, tu, su, nuestro, vuestro	vuelo
mi, tu, su, nuestra, vuestra	maleta

Plural

mis, tus, sus, nuestros, vuestros	vuelos
mis, tus, sus, nuestras, vuestras	maletas

Como *su* y *sus* tienen diferentes significados, usas en su lugar la frase preposicional *de* + nombre/pronombre para clarificar o dar énfasis.

Sus pantalones son elegantes.
¿Los pantalones **de ella?**
No, los **de usted**.

Gramática interactiva

Inténtalo
Escribe un ejemplo similar al del recuadro usando *su*.

_____

_____

_____

Todos tenemos una manera diferente de hacer planes para un acontecimiento especial. Piensa en un acontecimiento especial (una fiesta, un viaje, etc.) y haz una lista de actividades que tú haces para planearlo. Usando tu lista como guía, escribe preguntas para averiguar cómo otra persona se prepara para el mismo acontecimiento. Usa los adjetivos posesivos en tus frases. Luego, escribe un párrafo comparando las dos maneras de planear.

_____

_____

_____

_____

_____

_____

_____

Estrategia

Palabras de comparación
Algunas palabras que puedes usar para conectar ideas son:

Por mi parte…

Por un lado…

Por otra parte / Por otro lado…

Sin embargo…

Asimismo…

 **WEB CODE** jed-0005
PHSchool.com

Para empezar *Realidades* para hispanohablantes   **9**

Presentación oral (página 14)

Para que tus compañeros de clase te conozcan mejor, escribe en una hoja aparte sobre los diferentes aspectos de tu vida y luego haz una presentación oral. Explícales cómo es un día típico tuyo, qué te gusta hacer en tu tiempo libre, adónde te gusta ir de vacaciones y los deportes u otras actividades que haces.

> **Estrategia**
>
> Conectar temas
> Cuando hables acerca de temas diferentes, intenta integrarlos de una manera fluida. Así tu presentación sonará más natural y ordenada. Por ejemplo, si estás hablando de un día típico en tu vida y dices que te gusta ver fútbol por televisión, entonces puedes mencionar que practicas este deporte y pasar a hablar acerca de los entrenamientos y los partidos de tu equipo.

Primero decide qué le vas a contar a la clase. Como ayuda, completa la tabla que aparece en esta página. Mira las preguntas que aparecen en la columna izquierda. En la columna derecha escribe las respuestas para esas preguntas. Usa las respuestas para organizar tu presentación. Puedes usar tus notas para practicar, pero no al hablar ante la clase.

¿Cómo es un día típico en mi vida?	
¿Qué hago en mi tiempo libre?	
¿Adónde me gusta ir de vacaciones?	
¿Qué deportes u otras actividades hago?	

Realiza tu presentación frente a la clase. Tu presentación debe durar 5 minutos y ser organizada. Recuerda hablar en voz clara y mirar directamente al público. Tu profesor(a) te explicará cómo evaluará la presentación. Probablemente, para tu profesor(a) es importante ver que contaste suficientes cosas sobre ti, que lo hiciste de manera organizada y que integraste bien los diferentes temas.

Nombre _____ Fecha _____

Presentación escrita (página 15)

Actividad K

El grupo "Juventud comunitaria" te ha pedido que le diseñes una página en la Red como guía para las actividades que hacen los jóvenes de tu ciudad. La página será leída por jóvenes hispanohablantes de todo el mundo y debe motivarlos a que visiten la ciudad.

> **Estrategia**
>
> **Escribir en la Red**
> Hay millones de páginas en la Red que compiten por la atención de los cibernautas. Para que tu página tenga éxito, tiene que ser atractiva. Esto quiere decir que debe tener un equilibrio entre el texto y el arte. La página debe ser fácil de leer y los enlaces con otras páginas deben funcionar.

Antes de empezar a escribir, haz una lista en una hoja aparte de los temas que incluirás. Piensa en lo que a ti te gustaría conocer si fueras a visitar una ciudad, los lugares que visitarías y las actividades que harías. Luego utiliza la información de tu lista para escribir en otra hoja el borrador. Piensa en las ilustraciones y en los enlaces que tendrá tu página de la Red.

Después de escribir tu borrador, intercámbialo con otro(a) estudiante para revisarlos. Ofrézcanse sugerencias para mejorar las páginas de la Red. Escribe una copia en limpio de tu página y entrégasela a tu profesor(a). Tu profesor(a) te explicará cómo va a evaluar tu página de la Red. Probablemente, para tu profesor(a) es importante ver que diste suficiente información sobre la ciudad, que tu página es atractiva e interesante, y que usaste la gramática y el vocabulario correctamente.

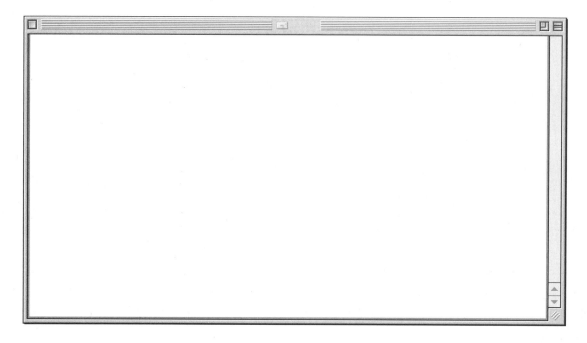

A ver si recuerdas . . . (páginas 16–19)

Actividad A

Piensa en algún viaje que hayas hecho alguna vez y que haya sido inolvidable para ti. Puede ser un viaje a un parque nacional, una ciudad, un lugar de vacaciones en la playa, un viaje a otro país o una excursión a algún lugar cercano. Explica por qué el viaje fue tan especial para ti. Completa la siguiente tabla con los datos que recuerdes sobre el viaje. Luego, prepara una presentación oral sobre el viaje y preséntasela a la clase.

Mi viaje inolvidable

¿Adónde fuiste de viaje?	
¿Cuándo fue el viaje? ¿Con quiénes viajaste?	
¿Qué cosas te gustaron más del lugar que visitaste?	
¿Qué actividades hiciste durante el viaje?	
¿Hiciste amigos nuevos en ese lugar? Si es así, descríbelos.	
Explica por qué este viaje fue especial para ti.	

Go Online   **WEB CODE** jed-0101
PHSchool.com

Días inolvidables (páginas 20–21)

Arte y cultura

1 Observa el paisaje que se muestra en el cuadro *Paisaje chileno*, en la página 21 de tu libro, y la fotografía del paisaje montañoso que acompaña esa sección. Luego piensa en un lugar que conozcas que sea parecido o diferente al paisaje que observas en las fotos. Anota las diferencias y semejanzas que observas en el diagrama de Venn. Ten en cuenta los siguientes elementos:

- clima del lugar
- características del terreno
- presencia de ríos, lagos o mares
- vegetación y fauna del lugar
- turismo del lugar

Objetivos del capítulo

- Describir una visita a un parque nacional
- Hablar sobre competencias escolares
- Expresar emociones con respecto al resultado de un suceso
- Narrar un suceso en el pasado
- Comprender diferentes perspectivas culturales sobre las excursiones familiares

Mi paisaje   **Paisaje chileno**

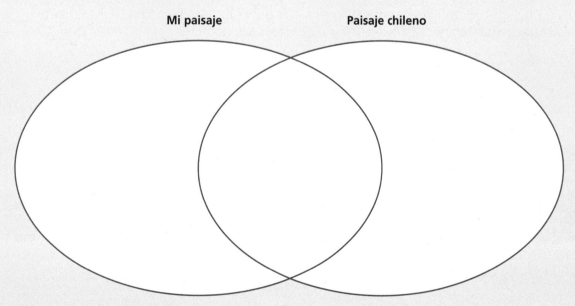

2 En una hoja aparte escribe un párrafo en el que describes las diferencias y semejanzas entre los dos lugares.

A primera vista 1 (páginas 22–25)

Actividad B

¿Qué haces cuando vas de cámping? Completa la entrada del diario de Fernando con la actividad correspondiente. Luego, lee el párrafo otra vez y subraya cinco palabras de las cuales puedes pensar en sinónimos. Por ejemplo: la sierra = las montañas.

Mi familia y yo fuimos de cámping a la sierra. Allí todos juntos _____

_____ por los senderos. Un día, mi padre

fue _____ al lago y trajo pescado para el

almuerzo. Más tarde, mi madre _____

para cocinar el pescado. ¡Estaba delicioso! Una actividad que nos gustó mucho a mis

hermanos y a mí fue _____. Es un poco

peligroso y tienes que llevar casco.

Y a ti, ¿qué actividades te gusta hacer al aire libre? En una hoja aparte, haz una lista de tres actividades y escribe qué equipo necesitas para cada una.

También se dice . . .

En otras partes del mundo hispano usan vocabulario diferente para algunas expresiones que aparecen en esta lección. ¿Qué otras palabras conoces tú que tengan el mismo significado que las de abajo?

• el saco de dormir   _____

• los binoculares   _____

• la tienda de acampar   _____

• pasarlo bien   _____

• la fogata   _____

Actividad C

Escribe la palabra o expresión del vocabulario que corresponde con cada descripción de abajo. Luego, en una hoja aparte cuenta en tus propias palabras la historia de "Una aventura desastrosa" de las páginas 24 y 25 usando las palabras y expresiones que escribiste.

1. Se usa para iluminar cuando no hay mucha luz. _____

2. Si estás en la montaña y viene una tormenta, puedes ir a uno.

   _____

3. Un intervalo de tiempo. _____

4. No encontrar el camino. _____

5. Lo que usas para buscar el norte. _____

6. Cuando sale el sol por la mañana. _____

7. Cuando se pone el sol por la tarde. _____

8. Ocurrir. _____

Ampliación del lenguaje

Usos de *perder*

Perder es un verbo que se puede usar en muchos contextos.

- Perder (el tren, el avión, el autobús…)

  Mi amigo llegó tarde y perdió el tren.

- Perder (un concurso, una competición…)

  Mi equipo perdió la final del campeonato.

- Perder (un objeto)

  Mi abuela perdió las llaves de su casa.

- Perderse

  Nosotros nos perdimos en el bosque.

Actividad D

Escribe cuatro oraciones usando en cada una uno de los cuatro significados de *perder*.

1. _____

2. _____

3. _____

4. _____

 **WEB CODE jed-0102** PHSchool.com

Manos a la obra 1 (páginas 26–29)

Ortografía: *¿m o n?*	
M Se escribe *m* delante de *p* y *b*. rel**ám**pago ho**mb**re e**mp**ezar a**mb**os i**mp**resionar e**mb**argo	**N** Se escribe *n* delante del resto de las consonantes. repe**l**ente a**nd**ar i**nm**ediatamente bri**nc**ar i**nv**ierno enfa**d**ado

Lee las siguientes oraciones y completa con *m* o *n* las palabras que lo necesiten.

1. Mi hermana aca__pó cerca de un se__dero.

2. No leí el correo electrónico que me e__viaste porque estaba de cá__ping.

3. Tengo mucho ha__bre. ¿Me das un trozo de sa__día?

4. Mi hermanita sie__pre se esco__de cuando oye truenos.

5. Estaba tan i__presionado por el paisaje que se quedó i__móvil.

6. ¡Ya e__pieza a llover y todavía no e__contramos el refugio!

7. ¿Por qué no desca__sas un poco a__tes de escalar la montaña?

Piensa en algo que te pasó durante una excursión. En una hoja aparte, escribe un párrafo para narrar lo que te ocurrió. Incluye la siguiente información. No te olvides de empezar con una oración que fascine de inmediato a tu lector.

- el tiempo que hizo
- adónde fuiste
- qué tuviste que llevar
- qué actividades hiciste
- qué pasó
- qué te impresionó o asustó
- cómo terminó la aventura

> **Estrategia**
>
> **Captar la atención del lector con una buena introducción**
> Pon atención especial al primer párrafo de tu narración. Comienza con una oración interesante que anime a tu lector a seguir leyendo, por ejemplo un suceso sorprendente o una descripción muy vívida.

Más vocabulario

Para reaccionar cuando te comentan alguna noticia, puedes usar una de las expresiones de la tabla. No olvides poner un signo de admiración al comienzo de la expresión y observa que la palabra *Qué* requiere un acento cuando es parte de una exclamación.

De sorpresa	Positivas	Negativas
¡Ay, caramba!	¡Qué bien!	¡Qué pena!
¡Qué sorpresa!	¡Menos mal!	¡Qué lástima!
¡Qué susto!	¡Qué alegría!	¡Qué mala pata!
¡Qué suerte!	¡Qué suerte!	¡Qué desastre!

Escoge una expresión de la tabla de arriba para reaccionar ante las siguientes situaciones. Luego, escribe tres situaciones más, léeselas a un(a) compañero(a) y anota sus reacciones.

1. Tu amigo se cayó de una roca.

_____

2. Un oso enorme empezó a correr tras nosotros.

_____

3. Perdiste la brújula y no conoces el camino.

_____

4. A tu vecino le tocó un viaje a Chile en un concurso.

_____

5. Íbamos a dar una caminata pero empezó a caer granizo.

_____

6. _____

7. _____

8. _____

Fondo cultural ◼◆◻◇◼◆◻◇◼◆◻◇◼◆◻◇◼◆◻◇◼◆◻◇◼◆◻◇◼◆◻◇◼◆◻◇◼◆ **(página 27)**

En la página 27 de tu libro, leíste sobre la popularidad de los parques naturales de Chile y Argentina. Piensa en un parque nacional que hayas visitado o en un parque que te gustaría visitar. Puede ser uno de los que se mencionaron en el texto. Busca información en la Red sobre ese parque y completa la guía para turistas que aparece abajo. Recuerda explicar por qué recomiendas visitar este parque.

Nombre del parque:	Ubicación:	Horario de visitas:
Breve historia:		
Flora:	**Fauna:**	
Otras atracciones:		
¿Por qué recomiendas este parque?		

Actividad H

① Las estrellas forman grupos llamados
constelaciones. Lee el texto siguiente sobre
las constelaciones y luego encierra en un
círculo la letra de la palabra o expresión que
mejor complete cada frase.

Conexiones **Las ciencias**   (página **29**)

La palabra *constelación* también se refiere a la región misma donde aparecen
determinadas estrellas. Los astrónomos han dividido el cielo en 88 constelaciones.

El origen de las constelaciones es muy antiguo. Las civilizaciones más antiguas
observaron que algunas estrellas parecían formar figuras en el cielo. Los griegos y los
romanos les dieron nombres basados en animales y personajes de su mitología, por
ejemplo Leo (el león), Tauro (el toro) y Orión (un cazador famoso). Entre los siglos XV y
XVII, los exploradores europeos observaron nuevas constelaciones en el extremo sur del
planeta. Les dieron nombres de animales e instrumentos científicos. La constelación
Musca representa una mosca, mientras que Telescopium parece un telescopio dibujado en
la noche.

Algunas constelaciones sólo pueden observarse durante ciertas épocas del año, ya
que la parte del cielo que se puede ver en determinado lugar cambia a lo largo del año con
el movimiento de la Tierra alrededor del Sol. Además de eso, se ven distintas partes del
cielo en las diferentes latitudes. Sólo en el ecuador se pueden ver todas las constelaciones
durante todo el año. Y para colmo, ¡las constelaciones del sur se ven invertidas en el
hemisferio norte!

1. Según la lectura, ¿cuál es la mejor definición para *constelación*?
   a. Grupos de estrellas que parecen formar figuras en el cielo y que llevan
      nombres de animales, personajes mitológicos o instrumentos.
   b. Estrellas que tienen nombres de telescopios y dioses.
   c. Estrellas invertidas en el hemisfero norte que no se ven en el hemisferio sur.

2. ¿Qué tienen en común los nombres de constelaciones dados por los antiguos
   griegos y romanos y los nombres dados por los exploradores europeos?
   a. Ambos les dieron nombres de instrumentos científicos.
   b. Ambos les dieron nombres de personajes mitológicos.
   c. Ambos les dieron nombres de animales.

3. ¿Dónde se pueden ver todas las constelaciones durante todo el año?
   a. En el hemisferio norte.
   b. En el ecuador.
   c. En el hemisferio sur.

② Inventa tu propia constelación. En una hoja aparte, dibújala y ponle un nombre.
Da una breve explicación del origen y la ubicación de tu constelación.

Gramática · Repaso   (página **30**)

El pretérito de los verbos con el cambio ortográfico *i → y*

Los verbos terminados en *-uir*, como *destruir*, tienen un cambio en la ortografía en el pretérito. La *i* se convierte en *y* en las formas *Ud. / él / ella* y *Uds. / ellos / ellas.*

destruí	destruimos
destruiste	destruisteis
destruyó	destruyeron

Observa que la *i* se acentúa solamente en la forma *yo.* Otros verbos como *destruir* son: *concluir, atribuir, construir, contribuir, huir, incluir.*

leí	leímos
leíste	leísteis
leyó	leyeron

Otros verbos como *leer, creer, oír* y *caerse* siguen el mismo patrón. En estos verbos, la *i* siempre se acentúa.

Gramática interactiva

Énfasis en la forma
Escribe las conjugaciones de los verbos *construir* e *huir*, y subraya las formas verbales que incluyen *y.*

_____

_____

_____

_____

Inténtalo
En una hoja aparte, escribe oraciones con *leer, creer, oír* y *caerse* que muestren el cambio *i → y.*

Actividad 1

Completa las siguientes oraciones con el pretérito de los verbos entre paréntesis.

1. Los guías _____ los binoculares y las linternas antes de salir de excursión. *(distribuir)*

2. Mario _____ de una roca cuando intentaba escalarla. *(caerse)*

3. Cerca del cámping, los jóvenes _____ un puente sobre el río. *(construir)*

4. Ayer yo _____ el artículo sobre el oso que

   _____ del zoológico. *(leer, huir)*

5. Nosotros _____ unas fotografías de nuestra excursión en nuestro álbum de familia. *(incluir)*

6. Ana, ¿_____ ese ruido afuera? *(oír)*

Go Online   WEB CODE jed-0103   **PHSchool.com**

Gramática • Repaso

(páginas **31–32**)

El pretérito de los verbos irregulares

Algunos verbos tienen raíces irregulares en el pretérito.

tener	andar	estar	poder
tuve	anduve	estuve	pude
tuviste	anduviste	estuviste	pudiste
tuvo	anduvo	estuvo	pudo
tuvimos	anduvimos	estuvimos	pudimos
tuvisteis	anduvisteis	estuvisteis	pudisteis
tuvieron	anduvieron	estuvieron	pudieron

poner	saber	venir
puse	supe	vine
pusiste	supiste	viniste
puso	supo	vino
pusimos	supimos	vinimos
pusisteis	supisteis	vinisteis
pusieron	supieron	vinieron

Los verbos *decir* y *traer* tienen también raíces irregulares.

decir		traer	
dije	dijimos	traje	trajimos
dijiste	dijisteis	trajiste	trajisteis
dijo	dijeron*	trajo	trajeron*

*Observa que las terminaciones para *decir* y *traer* en las formas *Uds. / ellos / ellas* son un poco diferentes que las de los verbos que aparecen arriba. Otros verbos como *decir* y *traer* son: *conducir (conduj-), producir (produj-), traducir (traduj-).*

Gramática interactiva

¡Ojo!

Recuerda que los verbos compuestos como *obtener, atraer, componer* se conjugan como el verbo principal. Por ejemplo, *obtener* se conjuga como *tener*: *obtuve, obtuviste, obtuvo, obtuvimos, obtuvisteis, obtuvieron.*

Énfasis en la forma

Escribe las conjugaciones de los verbos *producir, atraer* y *componer* en el pretérito.

_____

_____

_____

_____

_____

_____

_____

Inténtalo

En una hoja aparte, escribe tres oraciones que usen verbos con raíces irregulares en el pretérito.

Actividad J

Encierra en un círculo los verbos en pretérito de las siguientes oraciones. Luego escribe el infinitivo de esos verbos.

Modelo   No (puse) los binoculares en la mochila. _poner_

1. No supe qué hacer con tantos mosquitos. _____

2. En el valle anduvimos por muchos lugares hermosos. _____

3. Mis amigos no tuvieron tiempo de sacar fotos del paisaje. _____

4. El guía dijo que el lago estaba muy cerca. _____

Actividad K

Con tu profesor(a), comenten lo que sucedió en un campamento de la escuela. Completa las oraciones con el pretérito de los verbos de la lista que correspondan.

traer	poner	conducir	estar	saber	tener

1. Nosotros _____ en el refugio durante la tormenta.

2. Yo _____ la brújula para no perderme.

3. Marta no _____ el repelente de mosquitos en su mochila.

4. Patricia y Roberto _____ que caminar muchas millas para llegar al campamento.

5. Ellos no _____ qué hacer cuando comenzó a caer granizo.

6. Al regresar del campamento, el conductor del autobús

_____ por una carretera rodeada de montañas.

Actividad L

Piensa en la última vez que fuiste de excursión a algún lugar del país. Puede ser una excursión de un día o un campamento. En una hoja aparte, escribe un párrafo describiendo tus experiencias del viaje. Puedes usar las preguntas que se encuentran a continuación como guía. Usa el pretérito en tus oraciones y agrega información cuando sea necesario.

> **Estrategia**
>
> Organizar la información
> Para prepararte para escribir, contesta las preguntas de abajo usando oraciones completas. Luego, usa las respuestas para organizar tu párrafo.

- ¿Adónde fuiste de excursión?
- ¿Quiénes vinieron a la excursión?
- ¿Qué cosas conociste en ese lugar?
- ¿Descubriste algo interesante?
- ¿Qué llevaste en tu mochila para la excursión?
- ¿Sacaste fotografías del lugar?
- ¿Qué te gustó más del viaje?
- ¿Cómo terminó el viaje?

Go Online
WEB CODE
jed-0104
PHSchool.com

Gramática • Repaso

(páginas **33–35**)

El pretérito de los verbos con los cambios e → i, o → u en la raíz

Los cambios de raíz en los verbos terminados en –ir en el tiempo presente tienen también un cambio de raíz en el tiempo pretérito. Los cambios son e → i y o → u y ocurren solamente en las formas *Ud. / él / ella y Uds. / ellos / ellas.*

A continuación se muestran las formas en pretérito de *pedir, sentir y dormir.*

pedí	pedimos
pediste	pedisteis
pidió	pidieron

sentí	sentimos
sentiste	sentisteis
sintió	sintieron

dormí	dormimos
dormiste	dormisteis
durmió	durmieron

Otros verbos como *pedir (i)* y *sentir (i)* son: *divertirse, preferir, vestirse.* Otro verbo como *dormir (u)* es *morir.*

Gramática interactiva

Énfasis en la forma
Escribe las formas *tú, Ud. / él / ella y Uds. / ellos / ellas* para *divertirse, preferir, vestirse* y *morir* en el pretérito, y encierra en un círculo las letras acentuadas.

_____

_____

_____

_____

Inténtalo
En una hoja aparte, escribe tres oraciones usando el pretérito de *pedir, sentir* y *dormir.* Encierra en un círculo el cambio de raíz en el verbo de cada oración.

Actividad M

Hoy es el tercer día de campamento y con un(a) amigo(a) comentas lo que sucedió ayer. Imagínate lo que pasó y completa las oraciones de una manera lógica.

Modelo   *Mi amigo Pedro (sentir)*
           Mi amigo Pedro <u>sintió el calor de la fogata desde su tienda de compaña</u>.

1. Tú ya *(freír)* _____.

2. Mis hermanos *(preferir)* _____.

3. Al anochecer, mis amigos *(seguir)* _____.

4. Yo le *(pedir)* _____.

5. ¿Hasta qué hora *(dormir)* _____ Ud.?

A primera vista 2 (páginas 36–39)

Más vocabulario

Éstas son otras palabras y expresiones que puedes usar para hablar sobre competiciones deportivas. Añade a la tabla otras palabras que conozcas para hablar de deportes.

Lugares	Eventos	Gente	Verbos
el estadio	la competición	los aficionados	clasificarse
el campo	el campeonato	el entrenador/ la entrenadora	empatar
la cancha	la clasificación	el jugador/ la jugadora	perder
	la liga		competir
	la final		
	las semifinales		

Actividad N

Describe brevemente las actividades relacionadas con cada uno de los siguientes eventos. Usa un mínimo de tres oraciones para cada una.

Modelo *ceremonia de entrega de premios*

Durante una ceremonia de entrega de premios los ganadores reciben premios tales como medallas, trofeos o certificados. Los padres felicitan a sus hijos y los entrenadores se sienten muy orgullosos de los esfuerzos de sus jugadores. Es una ceremonia muy emocionante.

1. entrenamiento _____

_____

2. concurso de ajedrez _____

_____

3. partido o carrera _____

_____

También se dice . . .

En otras partes del mundo hispano usan vocabulario diferente para algunas expresiones que aparecen en esta lección. Consulta un diccionario o pregunta a gente hispana qué otras palabras usan para referirse a lo siguiente:

- la carrera _____

- ¡Felicitaciones! _____

- los aficionados _____

- el básquetbol _____

Ampliación del lenguaje

El prefijo *des-*

Para ampliar tu vocabulario, puedes formar antónimos (es decir, palabras que significan lo contrario) usando el prefijo *des-* ante adjetivos y verbos que ya conoces. El prefijo *des-* quiere decir "sin" o "no". En esta lección han aparecido dos pares de antónimos:

animado	**des**animado
afortunadamente	**des**afortunadamente

Escribe el antónimo de los siguientes adjetivos y verbos y lo que significa la nueva palabra. Añade dos ejemplos de antónimos a la lista y explica lo que significan.

cuidar _____

ordenado _____

peinado _____

aparecer _____

cansado _____

_____

Manos a la obra 2 (páginas 40–41)

Ortografía: El sonido [g]

En español, para conseguir el sonido [g] de *gato* usamos dos tipos diferentes de escritura:
- *g* ante *a, o* y *u*
  jugar   amigo   gustar

- *gu* ante *e* e *i* (En este caso, la *u* no se pronuncia)
  juguete   seguir

En los casos en los que la *u* seguida de *e* o *i* sí debe sonar, se pone una diéresis (dos puntos) sobre la *u*: *ü*
antigüedad   pingüino

Practica el sonido [g] leyendo las siete palabras de los ejemplos de arriba en voz alta. Después, completa con *g, gu* o *gü* las palabras del texto de abajo que lo necesiten.

Bernardo Álvarez consi____ió el premio al ju____ador más valioso de la final de

fútbol escolar del estado. Álvarez, que jue____a de delantero en los Broncos de

Lincoln High School, marcó tres ____oles en el último partido y ayudó así a que

su equipo ____anara el campeonato.

El futbolista, contestó ayer las pre____untas de los periodistas tras el encuentro.

El joven estudiante declaró que, a pesar de haber recibido ofertas del fútbol

profesional europeo, si____e estudiando, porque quiere graduarse este año y

estudiar Lin____ística en la universidad.

También dijo que, además del fútbol, le ____ustan el tenis y la natación.

Lee el texto de arriba a la clase. Fíjate en que pronuncies bien el sonido [g].

Actividad Q

Escribe un párrafo sobre los deportes y tú cuando eras pequeño(a). Usa la estrategia de la derecha para hacer tu descripción más entretenida. Puedes incluir lo siguiente:

- tu deporte favorito
- los deportes que practicabas en la escuela
- descripción del lugar o lugares donde practicabas deportes
- compañeros con los que te gustaba jugar
- descripción de tu entrenador(a)
- un partido especial
- reacciones de los jugadores y el público

Estrategia

Recopilar detalles sensoriales
Para hacer tu descripción más interesante, usa detalles sensoriales que describan la apariencia, el olor, la textura, el sonido o el sabor de algo.

_____

_____

_____

_____

_____

_____

_____

Actividad R

Imagina que eres un(a) famoso(a) deportista que se acaba de retirar y está escribiendo sus memorias. Completa el texto siguiente con información inventada.

Mis días como estrella de _____

_____ . Todos los días _____

_____ .

Generalmente, _____ .

Muchas veces _____ .

Con mis compañeros, siempre _____ .

En resumen, _____ .

(página **40**)

◆◇◆◇◆◇◆◇◆◇◆◇◆◇◆◇◆◇◆◇◆◇◆◇◆◇◆◇◆◇◆

En la página 40 de tu libro, pudiste leer sobre la Olimpíada Iberoamericana de Matemáticas. A continuación se presenta más información sobre esta competencia.

- Cada país puede llevar a la competencia un equipo de hasta cuatro personas, junto con un tutor y un Jefe de Delegación. El Jefe de Delegación forma parte del Jurado de la olimpiada.

- Los estudiantes no deben haber cumplido 18 años antes del 31 de diciembre del año anterior a la competencia, y no pueden haber participado en más de una olimpiada previa.

- Las pruebas escritas se realizan en dos días consecutivos y duran cuatro horas y media cada una.

- Se prohíbe el uso de libros, libretas de apuntes, tablas y calculadoras.

- Se otorgará la Copa Puerto Rico al país que haya demostrado el mejor progreso relativo en los últimos tres años consecutivos de competencia.

1. ¿Durante cuánto tiempo se llevan a cabo las pruebas escritas de la Olimpíada Iberoamericana de Matemáticas? ¿Cuánto tiempo dura cada prueba?

   _____

   _____

2. ¿Qué útiles no se pueden usar durante las pruebas?

   _____

3. Una de las competencias más populares en los Estados Unidos es la de deletreo de palabras *(Spelling Bee)*. En Nuevo México, esta competencia se realiza incluso en español. Escribe cuatro reglas que tú sugerirías para la competencia de deletreo en español de tu escuela.

   _____

   _____

   _____

   _____

   _____

Gramática • Repaso

(páginas 42–43)

El imperfecto

Usa el tiempo imperfecto para hablar sobre las acciones que sucedían habitualmente.

Todos los meses, mi escuela **organizaba** una carrera.

Nuestro equipo nunca **perdía**.

estar

estaba	estábamos
estabas	estabais
estaba	estaban

tener

tenía	teníamos
tenías	teníais
tenía	tenían

vivir

vivía	vivíamos
vivías	vivíais
vivía	vivían

• Los verbos con cambios en la raíz no tienen un cambio de raíz en el imperfecto.

Quería participar en el campeonato pero no **me sentía** bien.

Los verbos *ir*, *ser* y *ver* son los únicos verbos irregulares en el imperfecto. A continuación aparecen sus formas:

ir

iba	íbamos
ibas	ibais
iba	iban

ser

era	éramos
eras	erais
era	eran

ver

veía	veíamos
veías	veíais
veía	veían

• La forma en el imperfecto de *hay* es *había*.

Generalmente, no **había** muchos participantes en el campeonato.

Gramática interactiva

¡Ojo!

Recuerda que la terminación *–aba*, que se usa para formar el imperfecto de los verbos regulares, se escribe siempre con *b* y no con *v*. Recuerda también que la terminación de los verbos *-er* e *-ir* se escribe *-ía* y no *-illa*.

Énfasis en la forma

Escribe las conjugaciones de los verbos *empezar*, *leer* y *recibir* en imperfecto.

_____

_____

_____

¡Ojo!

El verbo *ver* lleva acento en todas las formas.

¿Recuerdas?

Expresiones como *generalmente, a menudo, muchas veces, todos los días, siempre* y *nunca* indican el uso del imperfecto.

Actividad S

Piensa en lo que hacías con tu familia y amigos cuando tenías diez años y en una hoja aparte escribe un párrafo. Usa el imperfecto de verbos que terminen en *-ar*, *-er* e *-ir* y expresiones que describan acciones que sucedían habitualmente. Luego, subraya en cada oración las terminaciones del verbo en imperfecto.

Actividad T

Lee el siguiente párrafo sobre la vida de una jugadora de básquetbol cuando era pequeña. Complétalo usando el imperfecto de los verbos del recuadro. Los verbos pueden usarse más de una vez.

| ir | ser | ver | entrenarse | participar | haber | pasar | tener |

Cuando yo _____ pequeña _____ todos los días a jugar al básquetbol con mis amigas del vecindario. Nosotras _____ a un parque donde _____ una cancha de básquetbol muy bonita. Más tarde, cuando empecé la secundaria, yo _____ con el equipo de la escuela. Todos los años, el equipo _____ en competencias estudiantiles. Nosotras siempre _____ alguna medalla o trofeo. Lo _____ muy bien. _____ una experiencia nueva para mí, todos los días.

Actividad U

¿Cómo era tu vida el año pasado? Usa los siguientes temas y el imperfecto de varios verbos para describir el año pasado.

1. las clases en la escuela _____

_____

2. los profesores _____

_____

3. las actividades extracurriculares _____

_____

4. los exámenes _____

_____

5. las vacaciones _____

_____

Go Online WEB CODE jed-0107 PHSchool.com

Gramática • Repaso

(páginas **44–47**)

Usos del imperfecto

IIas aprendido a usar el imperfecto para describir algo que solía ocurrir habitualmente. Puedes también usar el imperfecto para:

- describir personas, lugares y situaciones del pasado.
  Hacía mucho calor. El estadio **estaba** lleno. Los espectadores **gritaban**.

- hablar acerca de una acción en el pasado que era continua o que continuaba ocurriendo.
  Los atletas **se entrenaban** en el gimnasio.

- describir la fecha, hora, edad y tiempo en el pasado.
  Era el 5 de noviembre. **Eran** las seis de la mañana pero ya **hacía** calor.

Ampliación

Para indicar que una acción comenzó en el pasado y se realizó durante un periodo de tiempo, se usa la construcción:

hacía + expresión de tiempo + *que* + imperfecto
o
imperfecto + *desde hacía* + expresión de tiempo

Hacía tres años **que** esperaban ganar ese premio.
Estudiaban **desde hacía** dos horas.

Gramática interactiva

Más ejemplos
En una hoja aparte, escribe una oración para representar cada uno de los usos del imperfecto. Encierra en un círculo el verbo en imperfecto.

Inténtalo
Hazle tres preguntas a un(a) compañero(a) usando el siguiente patrón: *Cuando empezaste a asistir a esta escuela, ¿cuánto tiempo hacía que ...?* Luego anota sus respuestas en una hoja aparte.

Actividad
V

Piensa en un evento importante de tu vida y escribe un párrafo concentrándote más en los detalles del ambiente que en el evento en sí. Usa el imperfecto e incluye lo siguiente:

- el tiempo, la estación o el mes del año
- la hora
- descripción del lugar donde tuvo lugar el evento
- cómo te sentías aquel día
- cuánto tiempo hacía que esperabas que tuviera lugar ese evento

_____.

_____.

_____.

_____.

1 Imagina que fuiste de campamento el año pasado con tus compañeros de clase. Fue una excursión de una semana. Completa la tabla de abajo con las actividades que hicieron.

actividad	dónde	propósito	cuándo
hervir agua	en la fogata	hacer chocolate	todas las mañanas
_____	_____	_____	_____
_____	_____	_____	_____
_____	_____	_____	_____
_____	_____	_____	_____

2 Ahora usa la información en la tabla para escribir un párrafo describiendo lo que hacían tú y tus compañeros en el campamento. Escribe como mínimo cinco oraciones usando verbos en imperfecto.

Modelo   *Todas las mañanas hervíamos agua en la fogata para hacer chocolate.*

_____

_____

_____

_____

_____

(página 46)

En voz alta

Lee otra vez el Himno del Barcelona que aparece en la página 46 de tu libro. Nota el efecto que producen las palabras y las frases que se repiten. Ahora escribe en una hoja aparte un poema similar sobre tu escuela o equipo favorito.

Go Online WEB CODE jed-0108
PHSchool.com

El español en el mundo del trabajo

(página 45)

Actualmente las ligas de béisbol, fútbol, básquetbol y fútbol americano en los Estados Unidos tienen muchos jugadores hispanos. Algunas cadenas de televisión y estaciones de radio retransmiten los juegos en español.

Escoge un deporte; puede ser tu deporte favorito o el deporte nacional de un país que conozcas. Completa la tabla con los nombres para las diferentes posiciones de los jugadores, el equipo que se usa para jugar, y cualquier otra terminología que sea útil para poder entender el deporte.

Deporte	
Por qué me gusta	
Número de jugadores	
Posiciones	
Equipo que se usa para jugar	
Otras palabras asociadas al deporte	

¡Adelante! (páginas 48–49)

Puente a la cultura
El Camino de Santiago

© Pearson Education, Inc. All rights reserved.

Lectura interactiva

Análisis cultural
La Meca es la ciudad sagrada de los musulmanes. Se encuentra en Arabia Saudita y es el lugar de nacimiento del profeta Mahoma, fundador y profeta del islam. Para el islam, es muy importante que cada musulmán realice el peregrinaje a La Meca al menos una vez en su vida. A la persona que realiza el peregrinaje se le llama *hayyi*.

Comprensión
¿Qué buscaban los peregrinos de Plymouth?

_____

_____

Análisis gramatical
Subraya con una línea los verbos en pretérito de la lectura y con dos líneas los verbos en imperfecto.

Estrategia

Usar conocimientos previos
Un *peregrino* es aquella persona que realiza un viaje por motivos espirituales. Para poder entender mejor esta selección, piensa en los peregrinos que hayas estudiado, como los que vinieron de Inglaterra a Plymouth en el siglo XVII, u otros peregrinos que conozcas, como los de tu país.

Los peregrinos de Plymouth, Massachusetts, buscaban la libertad religiosa. Otros peregrinos viajan en busca de algo sagrado o religioso, como los peregrinos musulmanes que viajan a La Meca y los peregrinos judíos y cristianos que viajan a Jerusalén.

Hace más de mil años, en el extremo noroeste de España se descubrió la tumba del apóstol Santiago, una figura fundamental de la religión católica. Empezaron a viajar peregrinos de toda Europa al lugar del descubrimiento donde se fundó la ciudad de Santiago de Compostela. La ruta sagrada que seguían los peregrinos se dio a conocer como el Camino de Santiago y terminaba en el portal de la Catedral de Santiago de Compostela.

A lo largo de la ruta construyeron iglesias y albergues para recibir a los peregrinos. Algunos peregrinos venían de lugares tan lejanos como Rusia y tardaban años para completar su viaje a pie.

Hoy en día muchas personas viajan a Santiago por la misma razón que los peregrinos de hace mil años: por motivos religiosos. Otros lo recorren como turistas o por motivos culturales debido a su importancia histórica.

Muchos de los que hacen este viaje son jóvenes. Algunos lo hacen a pie, otros en bicicleta y otros ¡hasta a caballo! Por eso mismo, hay muchos albergues juveniles que ofrecen servicios muy baratos. Para quedarte en ellos, debes llevar tu propia comida. Los albergues son lugares excelentes para conocer a chicos y chicas de todo el mundo.

Go Online WEB CODE jed-0110
PHSchool.com

¿Comprendiste?

1. En general, ¿qué son peregrinos y que buscan? Nombra dos grupos de peregrinos que se mencionan en la lectura.

_____

_____

_____

_____

_____

2. ¿Por qué empezaron a viajar los peregrinos a Santiago de Compostela? ¿Por qué sigue la gente el Camino de Santiago hoy en día?

_____

_____

_____

_____

_____

_____

3. ¿Qué atractivos tiene el Camino para los jóvenes?

_____

_____

_____

_____

_____

Análisis literario

¿Por qué crees que han cambiado las razones por las cuales las personas realizan peregrinajes hoy en día? Escribe tu respuesta en una hoja aparte.

Análisis de vocabulario

Se cree que el origen de la palabra "albergue" viene de la antigua palabra gótica *hariberga*, que quiere decir "refugio para soldados". Escoge otra palabra de esta lectura y busca su significado en un diccionario.

_____

_____

_____

_____

Investiga en la Red

Consulta la Red para obtener información sobre las distintas maneras de recorrer el Camino de Santiago. En una hoja aparte, haz un plan de recorrido que incluya el medio de transporte, lugar donde se inicia el viaje, sitios de estadía y duración total del viaje. Presenta tu plan a la clase.

Actividad Y

Escribe un informe de investigación sobre un peregrinaje que te gustaría hacer.

Usa fuentes de consulta como la Red o la biblioteca. Si quieres, puedes usar la lectura sobre el Camino de Santiago como modelo. Incluye la siguiente información:

- antecedentes históricos del peregrinaje
- razones para hacer el recorrido
- etapas del camino
- medios de transporte
- albergues
- equipaje necesario
- beneficios de hacer este recorrido

Estrategia

Recopilar detalles

Cuando preparas un informe de investigación, es importante recopilar detalles de diferentes fuentes de información. Esto te ayudará a verificar si tu informe es preciso y balanceado. Cuando tomes notas, usa tarjetas de fichero para cada nota y rotula la tarjeta con una palabra clave.

¿Qué me cuentas? (página 50)

Estrategia

Determinar el propósito del discurso
Identifica el tipo de narración que vas
a presentar. Por ejemplo, si tu meta es
entretener al público, usa un lenguaje
informal o humorístico.

Mira las ilustraciones y úsalas como punto de partida para narrar en voz alta lo que tú
crees que está pasando. Sigue los siguientes pasos.

• Primero, decide qué tipo de narración sugieren los dibujos. ¿Representan escenas
serias, trágicas o cómicas? De ello dependerá el tipo de lenguaje que piensas usar.
• Luego, haz una lista de palabras o frases clave que te ayuden a expresar tus ideas.
Escríbelas en una hoja aparte para cada dibujo, para ayudarte a organizar la
historia. O si no anótalas en tarjetas de fichero.
• Practica la narración varias veces para que la presentación resulte natural y sin
esfuerzo. Usa técnicas verbales, tales como bajar o subir la voz para captar la
atención de tu público.
• Trata de limitar tu presentación a no más de tres minutos. Una narración breve y
entretenida te asegurará una audiencia captiva.

1

2

3

4

5

6

Presentación oral (página 51)

Imagínate que durante el verano trabajas en un campamento para niños. Un día les cuentas de una experiencia inolvidable que tuviste.

Primero resume las ideas principales de tu presentación, así como los detalles que la apoyan. Como ayuda, puedes rellenar tarjetas como las que aparecen en esta página. Después repasa toda la información que pusiste en las tarjetas. Practica tu presentación varias veces para recordar todos los detalles. Puedes usar tus notas al practicar, pero no al hablar ante la clase. Recuerda que debes describir lo que pasó de manera clara y en orden lógico, mirar directamente al público, y usar el tono y el vocabulario apropiados. Limita tu presentación a 5 minutos. Tu profesor te explicará cómo va a evaluar tu presentación. Probablemente, para tu profesor es importante ver que te preparaste bien para hacer tu presentación, contaste suficientes detalles sobre la idea principal y que tu presentación se entendió bien.

¿De qué suceso se trata?

¿Dónde y cuándo ocurrió?

¿Cómo era el lugar?

¿Quién estaba contigo cuando ocurrió?

¿Cómo te sentías cuando estaba ocurriendo?

Presentación escrita (páginas 52-53)

Actividad BB

Mira las fotos que aparecen en este capítulo y escoge la que más te guste o más te parezca interesante. Imagina que participaste en la actividad que se muestra en la foto y escribe un cuento sobre esa aventura.

Antes de escribir, completa la red de palabras que aparece en esta página para organizar tus ideas. Después escribe tu borrador en una hoja aparte. Usa correctamente los tiempos verbales y el vocabulario que has repasado en esta lección para contar tu experiencia. Añade la mayor cantidad de detalles posibles e incluye diálogos para que tu cuento sea más interesante.

Escribe tu cuento en limpio y entrégale una copia a tu profesor(a). Tu profesor(a) te

> **Estrategia**
>
> **Agregar detalles**
> Para hacer más interesante lo que escribes, agrégale detalles. Por ejemplo, si escribes "la niña anotó un gol", el lector no podrá imaginarse mucho acerca de la escena. En cambio, si escribes "La niña pateó la pelota, que se adentró cual cohete en el arco rival", el lector tendrá una mejor idea de lo que sucedió.

explicará cómo va a evaluar tu narración. Probablemente, para tu profesor(a) es importante ver que usaste suficientes detalles para hacer tu cuento más interesante, que tu cuento sigue un orden lógico y que usaste correctamente el vocabulario y la gramática.

Repaso del capítulo

Vocabulario y gramática

para hablar de actividades al aire libre

acercarse a	to approach
andar	to walk, to move
dar un paseo	to take a walk, stroll
dejar de	to stop (doing something)
escalar	to climb (a rock or mountain)
perderse	to get lost
refugiarse	to take shelter

para describir la naturaleza

el bosque	wood, forest
el desierto	desert
hermoso, -a	beautiful
la naturaleza	nature
el paisaje	landscape
el refugio	refuge, shelter
la roca	rock
la sierra	sierra, mountain range
el valle	valley

para hablar de cámping

los binoculares	binoculars
la brújula	compass
la linterna	flashlight
el repelente de insectos	insect repellent
el saco de dormir	sleeping bag
la tienda de acampar	tent

para hablar del tiempo

caer granizo	to hail
el granizo	hail
el relámpago	lightning
el trueno	thunder

para indicar que sucede algo

suceder	to occur
tener lugar	to take place

para indicar cuándo sucede algo

al amanecer	at dawn
al anochecer	at dusk
al principio	at the beginning
un rato	a while
una vez allí	once there

para prepararse para un evento deportivo

el entrenamiento	training
entrenarse	to train
hacer un esfuerzo	to make an effort
inscribirse	to register
la inscripción	registration

para hablar de competencias deportivas

alcanzar	to reach
la carrera	race
la ceremonia	ceremony
el certificado	certificate, diploma
contra	against
eliminar	to eliminate
la entrega de premios	awards ceremony
¡Felicitaciones!	Congratulations!
la medalla	medal
obtener	to obtain, get
el / la participante	participant
el / la representante	representative
la meta	goal
salir campeón, campeona	to become the champion
el trofeo	trophy
vencer	to beat

para expresar emociones e impresiones

animado, -a	excited
asustar	to scare
darse cuenta de	to realize
desafortunadamente	unfortunately
desanimado, -a	discouraged
duro, -a	hard
emocionarse	to be moved
estar orgulloso, -a de	to be proud of
impresionar	to impress
pasarlo bien / mal	to have a good / bad time

otras palabras y expresiones

aparecer	to appear
así	this way
hacia	toward
perder el equilibrio	to lose one's balance
sin embargo	however

Capítulo 1

el pretérito

destruir *to destroy*

destruí	destruimos
destruiste	destruisteis
destruyó	destruyeron

leer *to read*

leí	leímos
leíste	leísteis
leyó	leyeron

Los verbos *creer, oír* y *caerse* siguen el mismo patrón que *leer*.

tener *to have*

tuve	**tuv**imos
tuviste	**tuv**isteis
tuvo	**tuv**ieron

Otros verbos con raíz irregular en el pretérito y que comparten las mismas terminaciones que *tener* son: *andar, estar, poder, poner* y *venir*.

decir *to tell*

dije	**dij**imos
dijiste	**dij**isteis
dijo	**dij**eron

El verbo *traer* sigue el mismo patrón que *decir*.

pedir (i) *to ask for*

pedí	pedimos
pediste	pedisteis
pidió	pidieron

Los verbos *sentir, divertirse, preferir, sugerir* y *vestirse* siguen el mismo patrón que *pedir*.

dormir (u) *to sleep*

dormí	dormimos
dormiste	dormisteis
d**u**rmió	d**u**rmieron

El verbo *morir* sigue el mismo patrón que *dormir*.

el imperfecto

estar (-ar) *to be*

est**aba**	est**ábamos**
est**abas**	est**abais**
est**aba**	est**aban**

tener (-er) *to have*

ten**ía**	ten**íamos**
ten**ías**	ten**íais**
ten**ía**	ten**ían**

vivir (-ir) *to live*

viv**ía**	viv**íamos**
viv**ías**	viv**íais**
viv**ía**	viv**ían**

ir *to go*

iba	**íbamos**
ibas	**ibais**
iba	**iban**

ser *to be*

era	**éramos**
eras	**erais**
era	**eran**

ver *to see*

veía	**veíamos**
veías	**veíais**
veía	**veían**

El imperfecto de *hay* es *había*.

● **Más práctica** . . . .
Practice Workbook Organizer
1-13, 1-14

Preparación para el examen

Como preparación para el examen, comprueba que

- **sabes la gramática y el vocabulario nuevos**
- **puedes hacer las tareas de las páginas 42 y 43 de este cuaderno**

1 Vocabulario Escribe la letra de la palabra o expresión que mejor complete cada frase.

1. Me levanté muy temprano, _____, para ir de cámping.
   a. por la tarde   c. por la noche
   b. al anochecer   d. al amanecer

2. Cuando fuimos al bosque, Luis trajo _____ porque no había mucha luz.
   a. unos binoculares   c. un repelente
   b. una linterna   de insectos
                         d. un saco de
                            dormir

3. El paisaje era impresionante. _____ mucho cuando vi las montañas.
   a. Me cansé   c. Me emocioné
   b. Me asusté   d. Me aburrí

4. Cuando gané el campeonato mis padres me dijeron que estaban muy _____ de mis esfuerzos.
   a. orgullosos   c. asustados
   b. desanimados   d. tristes

5. Buscamos un refugio porque _____.
   a. perdí el   c. comenzó a caer
      equilibrio   granizo
   b. nos eliminaron   d. no dormimos bien

6. Cuando llegué tarde a casa mis padres me preguntaron: "¿Qué te _____?"
   a. dieron   c. rompiste
   b. sucedió   d. pusiste

7. Antes de participar en el campeonato, la chica _____ por tres meses.
   a. se entrenó   c. se divirtió
   b. se perdió   d. se durmió

8. Fue un partido muy _____. Todos tuvimos que hacer un gran esfuerzo para ganar.
   a. agitado   c. aburrido
   b. fácil   d. duro

2 Gramática Escribe la letra de la palabra o expresión que mejor complete cada frase.

1. Leí en el diario que la tormenta _____ muchos árboles.
   a. destruye   c. destruyendo
   b. destruía   d. destruyó

2. No puedo creer que te olvidaste la mochila. ¿Por qué no la _____?
   a. trajiste   c. trajeron
   b. traen   d. traían

3. _____ la una de la tarde cuando llegamos al campamento.
   a. Fue   c. Eran
   b. Era   d. Estaban

4. El sábado pasado, los chicos _____ dos horas por los senderos.
   a. anduvieron   c. andan
   b. andaban   d. anduviste

5. Anoche, después del partido, el campeón _____ diez horas porque estaba cansado.
   a. dormía   c. está durmiendo
   b. durmió   d. duerme

6. De niña, a menudo yo _____ a los partidos de tenis con mis tíos.
   a. voy   c. iba
   b. fui   d. iban

7. El atleta que salió en primer lugar _____ un trofeo.
   a. obtuvo   c. obtenía
   b. obtiene   d. obtuviste

8. Generalmente, ¿cómo _____ cuando tu equipo perdía un partido?
   a. te sientes   c. se sentían
   b. te sentiste   d. te sentías

En el examen vas a . . .	Éstas son las tareas de práctica que te pueden ser útiles para el examen . . .	Si necesitas repasar . . .
3 Escuchar Escuchar y comprender la descripción de una excursión a un parque nacional	Un amigo(a) te deja un mensaje por teléfono sobre una excursión que hizo a un parque nacional. (a) ¿Adónde fue? (b) ¿Qué vio? (c) ¿Qué hizo allí? (d) ¿Qué le sucedió? (e) ¿Cómo lo pasó?	**pp. 22–25** *A primera vista 1* **p. 27** Actividad 7 **p. 29** Actividades 12–13 **p. 34** Actividad 22 **p. 35** Actividades 24–25
4 Leer Leer y comprender un anuncio sobre un concurso	Lee el anuncio que apareció en el periódico de la escuela y decide (a) qué tipo de concurso es (b) cuándo es la inscripción (c) quiénes pueden participar (d) cuándo es la audición (e) qué premio va a obtener el / la ganador(a). **Concurso de Música** Invitamos a todos los estudiantes de tercer y cuarto año a participar en nuestro concurso. **Fecha de inscripción:** 6 de octubre **Audición:** 9 de octubre **Primer premio:** dos entradas *(tickets)* para un concierto en el teatro San Martín	**pp. 36–39** *A primera vista 2* **p. 41** Actividades 33–35
5 Escribir Escribir un artículo sobre un evento deportivo importante para el periódico de la escuela	Imagina que eres reportero(a) del periódico de la escuela. Tienes que hacer un artículo sobre el último partido del año de un equipo de tu escuela. Tu artículo debe contar (a) quiénes jugaron, (b) dónde y cuándo fue, (c) si hacía buen tiempo, (d) cómo se sentían los jugadores, (e) qué sucedió, (f) cómo se sentían al final, (g) si fue un partido aburrido o emocionante y por qué.	**p. 43** Actividad 37 **p. 44** Actividad 40 **p. 45** Actividad 41
 **6 Hablar** Hablar sobre una excursión que hizo tu clase	Tu clase fue de excursión a un lugar especial. Cuéntale lo que pasó a un(a) compañero(a) que no pudo ir. Incluye quiénes fueron, adónde fueron, qué había allí, qué tiempo hacía, qué hicieron y cómo lo pasaron.	**p. 50** *¿Qué me cuentas?* **p. 51** *Presentación oral*
7 Pensar Pensar en los peregrinos de hoy y de ayer	Piensa en el viaje de los peregrinos de Santiago de Compostela hace mil años. ¿Por qué quieren seguir la misma ruta muchos jóvenes hoy en día? ¿Hay lugares aquí en los Estados Unidos como Santiago de Compostela? ¿Cuáles son los motivos de viajar a estos lugares? ¿En qué se parecen? ¿En que se diferencian?	**pp. 48–49** *Puente a la cultura*

A ver si recuerdas . . . (páginas 62–65)

Actividad A

Las actividades artísticas son parte de nuestra vida diaria. Por todas partes podemos encontrar diferentes formas de expresión artística. Completa la siguiente gráfica sobre tu experiencia con las artes. Si quieres, puedes buscar información sobre tu artista favorito en la Red o la biblioteca.

Pintura y escultura:

Artista favorito(a): _____

País de origen: _____

Ejemplo de su obra: _____

Música:

Artista favorito(a): _____

País de origen: _____

Ejemplo de su obra: _____

MI EXPERIENCIA CON LAS ARTES

Cine:

Película favorita: _____

País de origen: _____

Teatro:

Obra favorita: _____

País de origen: _____

Literatura:

Escritor(a) favorito(a): _____

País de origen: _____

Ejemplo de su obra: _____

Go Online WEB CODE jed-0102
PHSchool.com

Capítulo 2

¿Cómo te expresas? (páginas 66–67)

Actividad B

Escoge una de las formas de expresión artística de
la Actividad A. Piensa en por qué te gusta ese(a) artista
o esa obra de arte en particular, y cómo te hace sentir.
Escribe tres oraciones describiendo al (a la) artista o su
obra y lo que te gusta acerca de él o ella.

Objetivos del capítulo

- Hablar sobre las artes
- Dar una opinión sobre
  una obra de arte
- Relacionar las artes con
  tu propia experiencia
- Narrar sucesos en el pasado
- Hablar sobre artistas
  importantes del mundo
  de habla hispana

Estrategia

Hacer descripciones
Para describir una persona o cosa, usa adjetivos descriptivos.
Intenta usar adjetivos que realcen tu descripción, por ejemplo
"impresionante" en lugar de "bueno". Recuerda que el
adjetivo debe coincidir en género y número con el sujeto.

_____

_____

_____

Arte y cultura

Observa la obra *El pintor y su modelo,* de Pablo Picasso, en tu libro de texto en la
página 67. Investiga en la biblioteca o la Red otras obras que conozcas de ese pintor
y responde a las siguientes preguntas.

1. ¿Qué elementos observas en *El pintor y su modelo?*

_____

2. ¿Qué colores usa el pintor en esta obra?

_____

3. ¿Conoces otras obras de Picasso? Si es así, describe sus características principales.

_____

4. ¿Qué crees que quiere expresar Picasso en su obra?

_____

WEB CODE
jee-0002
PHSchool.com

A primera vista 1 (páginas 67–71)

Actividad C

En el vocabulario de esta lección han aparecido varios pares de antónimos, como por ejemplo **realista** y **abstracto**.

Escribe antónimos para las siguientes palabras.

muerta _____

parado _____

fondo _____

mezclar _____

famoso _____

nacer _____

Más vocabulario

Éstas son otras palabras y expresiones que puedes usar para hablar sobre arte.

Materiales de arte		Estilos
el carboncillo	el lienzo	cubista
el pastel	la espátula	hiperrealista
el óleo	el caballete	naif
la acuarela		impresionista
la témpera		surrealista

Actividad D

1. En una hoja aparte, dibuja un mapa del salón de la clase de arte de tu escuela. Incluye lo siguiente:

   • muebles
   • materiales
   • descripciones de obras de arte expuestas, hechas por los estudiantes

2. Luego, presenta tu mapa a la clase y explica a tus compañeros qué tipo de actividad se hace en cada área, qué materiales se usan para cada una, etc.

Actividad E

Mira las obras de arte que se muestran en las fotografías de las páginas 69, 70 y 71 de tu libro de texto y completa la tabla de abajo según la información de cada columna. Sigue como ejemplo la primera fila.

Título	Descripción
La granja **Tipo de obra:** _____ *Pintura* _____ **Autor(a):** _____ *Joan Miró* _____ **Estilo:** _____ *Realista* _____	**1.** Es un paisaje. **2.** Usa formas geométricas. **3.** Hay mucho contraste entre el cielo, los edificios y la tierra.
Lady Dreams **Tipo de obra:** _____ **Autor(a):** _____ **Estilo:** _____	**1.** _____ **2.** _____ **3.** _____
La madre y el niño **Tipo de obra:** _____ **Autor(a):** _____ **Estilo:** _____	**1.** _____ **2.** _____ **3.** _____
Hombre controlando el universo **Tipo de obra:** _____ **Autor(a):** _____ **Estilo:** _____	**1.** _____ **2.** _____ **3.** _____

Actividad F

Usa la información que reuniste en la tabla de la actividad anterior para escribir, en una hoja aparte, un párrafo sobre una de las obras de arte.

Estrategia

Organizar la información
Antes de empezar a escribir es bueno organizar la información. Piensa en los distintos aspectos de la obra (color, estilo, etc.) y en cómo los podrías organizar, según las cosas en común o lo que quieres destacar.

Go Online WEB CODE jed-0202
PHSchool.com

Manos a la obra 1 (páginas 72–75)

Ortografía: El uso de mayúsculas y minúsculas

El uso de mayúsculas y minúsculas en español es muy distinto que en inglés.

Se escribe con mayúscula:
- la palabra inicial de un escrito o la primera palabra después de un punto
  Estimado estudiante   (...) su estilo era más abstracto. Allí, Miró...

- los nombres propios (de personas, ciudades, países, empresas, instituciones...)
  Carlos   **B**arcelona   **M**éxico   **P**earson   **H**ospital **C**ruz **R**oja

- la primera palabra de un título (sólo la primera palabra, excepto cuando el título incluye un nombre propio)
  El carnaval del arlequín   **R**etrato de **E**miliano **Z**apata

- la primera palabra después de una interrogación o exclamación (excepto cuando la frase interrogativa o exclamativa forma parte de una oración mayor)
  ¡**Q**ué susto!   Si llueve, ¿**q**ué hacemos?

Se escribe con minúscula:
- los días de la semana y los meses del año
  Llegaron el **m**artes.   En **a**bril siempre llueve.

- los nombres de los idiomas
  Estudió **i**nglés y **f**rancés.

- los gentilicios (nombres que indican el lugar de origen de una persona o cosa)
  Joan Miró es un famoso artista **e**spañol.

Encierra en un círculo la letra mayúscula o minúscula, según corresponda.

¿(Q / q)uién no conoce a (S / s)alvador (D / d)alí? (E / e)ste famoso artista

(E / e)spañol es considerado uno de los mejores representantes del movimiento

(S / s)urrealista. Los estudiantes de la (E / e)scuela (F / f)ranklin fuimos el

(V / v)iernes, 5 de (M / m)arzo, al (M / m)useo (S / s)alvador (D / d)alí, en (S / s)t.

(P / p)etersburg, (F / f)lorida. (A / a) mí la obra que más me gustó se titulaba

(L / l)a (M / m)etamorfosis (D / d)e (N / n)arciso. (C / c)omo recuerdo de la visita,

compré el catálogo en (I / i)nglés y en (E / e)spañol. ¡(F / f)ue una gran experiencia!

Nombre _____ Fecha _____

Actividad H

1. Como ya sabes, muchas palabras contienen sufijos, es decir, terminaciones que se añaden a una palabra. Ejemplos de sufijos son *-iento, -ista, -isto, -ción y -ismo*. Lee el artículo sobre los mundos de Miró y de Dalí. Subraya las palabras que contengan sufijos y escribe en una hoja aparte una oración con cada una.

    El movimiento surrealista empezó poco después de la Primera Guerra Mundial. Los pintores del surrealismo se inspiraban en temas de su propia imaginación. Querían capturar en sus cuadros ideas e imágenes del subconsciente, como las que vemos en los sueños. El español Salvador Dalí (1904–1989) fue uno de los pintores más famosos de este grupo. Su cuadro *La persistencia de la memoria* es un ejemplo del estilo surrealista.

    Como muchos otros artistas, el español Joan Miró (1893–1983) se fue a París a principios de los años 20. Allí lo influyeron los surrealistas, si bien su estilo es más abstracto que el de Salvador Dalí. Además, Miró usa colores vivos y figuras que recuerdan a los dibujos de los niños. Su obra es una fiesta de la imaginación y los colores. Un ejemplo es su cuadro *Interior holandés II*.

2. Lee otra vez el artículo sobre los mundos de Miró y de Dalí. Identifica las palabras que contengan las letras *b* y *v*. En una hoja aparte, haz una tabla de dos columnas y escribe cada palabra en la columna correspondiente.

Actividad I

En una hoja aparte, escribe un bosquejo de la obra *La persistencia de la memoria*, en la página 74 de tu libro. Explica los siguientes puntos:

- qué tipo de obra es
- de qué estilo es
- qué colores usa
- qué representa
- qué hay en primer plano
- qué hay en el fondo

> **Estrategia**
>
> Hacer un bosquejo
> Para hacer un bosquejo sobre los puntos de la izquierda primero deberás escribir algunos apuntes sobre ellos y, luego, agruparlos en categorías. Una vez hecho esto, desarrolla el bosquejo organizando las categorías en párrafos distintos, cada uno con una oración principal.

Gramática • Repaso

(páginas 76–78)

Pretérito vs. imperfecto

¿Recuerdas?

Las expresiones como *generalmente, a menudo* y *muchas veces* se usan frecuentemente en oraciones que tienen verbos en imperfecto.

Las expresiones como *ayer, la semana pasada* y *una vez* se usan en oraciones que llevan verbos en pretérito.

Para hablar sobre el pasado puedes usar tanto el pretérito como el imperfecto, dependiendo de la frase y el significado que quieras transmitir.

Compara:

Este fin de semana **tomé** una clase de cerámica. Cuando era niño, **tomaba** clases de escultura.

• Usa el pretérito para hablar sobre acciones que sucedieron en el pasado y están terminadas.

El sábado, la clase **empezó** a las 10 de la mañana.

• Usa el imperfecto para hablar sobre acciones habituales en el pasado.

Cuando **era** niño, las clases **empezaban** a las 5 de la tarde.

• Usa el pretérito para dar una secuencia de acciones en el pasado.

Cuando **llegamos,** la profesora **sacó** su pintura y sus pinceles y **empezó** a pintar.

Gramática interactiva

Inténtalo

Haz una lista, en una hoja aparte, de tres cosas que hiciste hoy e indica a qué hora hiciste cada una. Luego escribe tres oraciones usando *hace* + expresión de tiempo + *que* + pretérito.

Más ejemplos

Escribe en una hoja aparte una oración adicional para cada uso del pretérito y del imperfecto.

• Usa el imperfecto para dar detalles como tiempo, ubicación, clima, estado de ánimo, edad y descripciones físicas y mentales.

Eran las dos de la tarde. **Estábamos** en el parque. **Era** un día de otoño. Todos **estábamos** muy contentos.

• Usa el pretérito y el imperfecto juntos cuando una acción (pretérito) interrumpe otra que está ocurriendo en el pasado (imperfecto).

Estábamos en el taller cuando entró el profesor.

• Usa el imperfecto cuando dos o más acciones ocurren simultáneamente en el pasado.

Mientras los niños **pintaban,** el profesor **observaba** las pinturas.

¡Ojo! Recuerda que mientras que con el imperfecto se usa la expresión *hacía* + expresión de tiempo + *que* + imperfecto, con el pretérito se usa la expresión *hace* + expresión de tiempo + *que* + pretérito.

Actividad J

Lee el siguiente párrafo. Luego, subraya los verbos en imperfecto y encierra en un círculo los verbos en pretérito.

Cuando era pequeña, mi padre siempre hablaba de un primo suyo que pintaba cuadros muy bonitos. Su primo vivía en España y hacía muchos años que no lo veía. La última vez que se vieron , los dos tenían veinte años. En esa época, su primo, al que le decían Paco, pintaba autorretratos y murales. Una día, mi padre decidió contactar a Paco y llamó a su tía Ana por teléfono. Ana se emocionó mucho al escuchar la voz de mi padre y le contó que Paco vivía ahora en los Estados Unidos y que era un escultor famoso. Mi padre finalmente se comunicó con Paco y decidieron encontrarse. Ese día acompañé a mi padre al encuentro. Fue muy emocionante, ninguno de los dos paraba de hablar.

Actividad K

A veces todos tenemos días un poco extraños o en los que sucede algo diferente a lo habitual. Piensa en algún día en el que las cosas te salieron diferentes. En una hoja aparte, escribe un párrafo describiendo ese día. Si quieres, puedes inventar una situación. En tu descripción incluye:

- lo que hiciste cuando te levantaste (usa el pretérito)
- cómo era el tiempo (usa el imperfecto)
- lo que pasó cuando llegaste a la escuela (usa el pretérito)
- lo que hacían tus amigos (usa el imperfecto)
- cómo terminó el día, etc. (usa el pretérito)

> **Estrategia**
>
> **Usar palabras de conexión**
> Al escribir una narración en orden cronológico no te olvides de usar las palabras o frases de conexión adecuadas, como *primero, luego,* etc. Si dos acciones suceden al mismo tiempo, puedes usar como expresiones de conexión *mientras tanto, durante, a lo largo de,* etc.

Fondo cultural

(página 78)

En la página 78 de tu libro de texto leíste sobre David Alfaro Siqueiros, un gran artista del muralismo mexicano. A continuación tienes más información sobre este movimiento artístico. Lee el texto y luego responde a las preguntas.

El muralismo mexicano

Al finalizar la Revolución Mexicana, la situación política del país llevó al desarrollo de un arte nacional. El gobierno quería que este arte tuviera un papel importante en la formación de la nueva nación. A su vez, los artistas volvieron a descubrir el país en el que vivían y nació en ellos una admiración por sus raíces históricas.

Fue José Vasconcelos el principal estimulante de los artistas muralistas. Vasconcelos, que era Ministro de Educación, deseaba que el sector popular de la población pudiera tener acceso al arte. Gracias a su gran tamaño y exposición pública, los murales cumplían los requisitos ideales para esta difusión. Los muralistas se inspiraron tanto en las pinturas precolombinas como en los frescos del Renacimiento italiano. Además, querían contar historias a través de las imágenes. Usaron símbolos claros y fáciles de entender para ilustrar tanto la Revolución Mexicana como los temas cotidianos del país.

Los pintores más famosos de este movimiento fueron Diego Rivera, José Clemente Orozco y David Alfaro Siqueiros, conocidos como "Los Tres Grandes". Entre ellos, Diego Rivera es tal vez el más reconocido, tanto por su matrimonio con la también artista Frida Kahlo, como por las obras que realizó en los Estados Unidos en ciudades como San Francisco y Nueva York, y su gigantesco mural de 27 páneles sobre el industrialismo estadounidense, en el Detroit Institute of Arts.

1. Vuelve a leer el texto, prestando atención al uso de los tiempos verbales. Subraya los verbos en pretérito y encierra en un círculo los verbos en imperfecto.

2. Los muralistas a veces ilustraban eventos de la vida diaria. ¿Qué temas de hoy incluirías en un mural? ¿Por qué? Escríbelo en una hoja aparte.

Actividad L

Lee otra vez el texto en la página 80 de tu libro de texto sobre Pepón Osorio, un artista puertorriqueño.

Conexiones   El arte   (página 80)

Mira la foto del montaje *100% Boricua*. Observa que, para expresar su experiencia multicultural, Osorio usa diferentes elementos de las culturas puertorriqueña y neoyorquina, como por ejemplo una muñeca con un vestido típico puertorriqueño, un recuerdo con el logo *"I love NY",* un par de maracas y otros elementos de esas culturas. Si tuvieras que hacer un montaje para expresar tu experiencia multicultural, ¿qué elementos incorporarías? Haz una lista de tres elementos y describe cómo representan tu experiencia.

_____

_____

_____

_____

_____

_____

El español en la comunidad   (página 81)

El Museo del Barrio está buscando jóvenes de la secundaria para trabajar como voluntarios durante el verano. Rellena la siguiente planilla con la información que se pide. Incluye razones por las que piensas que el museo debe escogerte a ti como voluntario(a).

Nombre:	Edad:	Lugar de nacimiento:
Idiomas:		Experiencia previa de trabajo:
Estilo de arte favorito:		
Artista(s) favorito(s):		
¿Qué sabes acerca de nuestro museo?		
¿Por qué quieres ser voluntario(a)?		

Gramática

(páginas **79–81**)

Estar + participio

Muchos adjetivos son en realidad participios de verbos. Recuerda que para formar un participio pasado agregas -*ado* a la raíz de los verbos terminados en -*ar*, e -*ido* a la raíz de los verbos terminados en -*er* e -*ir*.

decorar	conocer	preferir
decorado	conocido	preferido

- El participio pasado se usa frecuentemente con *estar* para describir condiciones que son el resultado de una acción previa. En esos casos, el participio pasado concuerda con el sujeto en género y número.

  El pintor **está sentado.**
  Las paredes **están pintadas.**

- Recuerda que hay un número de casos en que el participio pasado es irregular.

  abrir: **abierto**   poner: **puesto**
  decir: **dicho**   resolver: **resuelto**
  escribir: **escrito**

  romper: **roto**   hacer: **hecho**
  ver: **visto**   morir: **muerto**
  volver: **vuelto**

Gramática interactiva

Inténtalo
Escribe, en una hoja aparte, oraciones usando *estar* y el participio pasado de los verbos *poner, decir, hacer* y *romper*.

¡Ojo! Es fácil confundirse al formar el participio pasado de un verbo. Como se menciona anteriormente, muchos verbos tienen participios pasados irregulares. En estos casos, nunca se agrega la terminación -*ido* para formar los participios.
La mejor forma de recordar cuáles son los participios irregulares de los verbos es memorizándolos. Observa los siguientes ejemplos de errores que se cometen a menudo al formar los participios pasados.

Forma incorrecta del participio	Forma correcta
escribido	escrito
morido	muerto
rompido	roto
abrido	abierto
ponido	puesto
volvido	vuelto

Actividad M

Completa las siguientes oraciones con el participio pasado de los verbos *poner, romper, escribir* y *representar* según corresponda.

1. Todos los pinceles largos están _____. Ya no se pueden usar.

2. El informe que teníamos que hacer para la clase ya está _____.

3. Los sentimientos del artista están _____ en esta obra de arte.

4. Los resultados del examen están _____ en el tablero de anuncios.

Actividad N

Lee los siguientes mini diálogos. Usa el participio pasado de los verbos entre paréntesis para expresar el estado o la condición de lo que se describe. Recuerda que debes usar el presente del verbo *estar* y la forma correcta del participio pasado de los verbos entre paréntesis.

Modelo   **A:** *¿Qué observa Ud. en esta obra?*

   B: *La tristeza del pintor está expresada en las nubes de color gris. (expresar)*

1. **A:** Debemos comprar las entradas para ver la nueva exposición de arte del museo.

   B: Creo que la boletería aún no _____ _____. *(abrir)*

2. **A:** ¿Dónde está el escultor?

   B: _____ _____ junto a su escultura. *(parar)*

3. **A:** ¡Qué poema tan bonito! Estoy segura de que lo escuché antes.

   B: Sí. _____ _____ de una manera muy

   familiar. *(escribir)*

4. **A:** ¿Cuál cree que fue la fuente de inspiración del artista en esta obra de arte?

   B: Creo que la obra _____ _____ en lo que sucedió

   el 5 de mayo en México. *(inspirar)*

5. **A:** ¿Qué pasa con tu paleta?

   B: Me parece que _____ _____. *(romper)*

Actividad Ñ

Imagina que vas con tus compañeros a visitar un museo de arte. Describe lo que ves en el museo usando la expresión *estar* + participio pasado. Escribe en una hoja aparte por lo menos seis oraciones con tus descripciones. Usa las palabras del recuadro como ayuda.

cerámica	abstracto	figura	tema
pintura	naturaleza	inspirar	representar
mural	muerta	expresar	influir

A primera vista 2 (páginas 82–85)

¿Qué palabras usas para hablar de música, teatro, danza, poesía…? Clasifica las palabras del vocabulario de esta lección que usas para hablar de arte. Escribe cada una en la categoría correspondiente. Ten en cuenta que algunas palabras pueden ir en varias categorías.

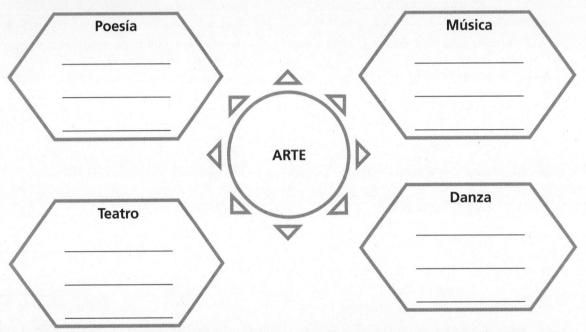

Luego, copia en una hoja aparte el organizador gráfico anterior con las casillas *poesía, danza, teatro, arte* y *música*. Haz una lluvia de ideas de otras palabras que podrías usar para describir estas expresiones artísticas y escríbelas en las casillas correspondientes. Piensa en palabras que se usan comúnmente en el país de tu herencia cultural, así como otras palabras relacionadas con el tema.

Ampliación del lenguaje

Género de palabras

La palabra *poema* es un sustantivo masculino que termina en *a*. Según las reglas generales, las palabras terminadas en *a* suelen ser femeninas. Pero muchas palabras de origen griego terminan en *-ma* y son masculinas. Escribe otros sustantivos masculinos que terminen en *-ma* con su artículo correspondiente.

_____

_____

También se dice . . .

En otras partes del mundo hispano usan vocabulario diferente para algunas palabras del vocabulario de esta lección. Consulta un diccionario o pregunta a gente hispana qué otras palabras usan para referirse a lo siguiente:

• las entradas _____

• la reseña _____

• el conjunto _____

• la danza _____

Actividad P

Escribe dos artículos de periódico sobre una exhibición o actuación de tu artista favorito(a). Uno de los artículos puede aparecer antes del evento, y el otro, después de que haya ocurrido. Puedes anunciar el evento, describirlo y luego comentar sobre cómo fue la reacción de la gente. Usa el vocabulario de la lección en tus oraciones.

El sábado que viene _____

_____

_____

_____

_____

_____

> **¿Recuerdas?**
>
> **Marco temporal**
> Cuando hablas acerca de un evento en el presente o en el futuro, debes mantener el marco temporal consistente a lo largo de tus párrafos. Para ello, trata de usar el mismo tiempo verbal en las distintas oraciones de un párrafo.

El sábado pasado _____

_____

_____

_____

_____

_____

Manos a la obra 2 (páginas 86–87)

1 En una hoja aparte, escribe una reseña sobre un espectáculo que hayas visto recientemente. Incluye la siguiente información:

- tipo de espectáculo
- quién y dónde actuó
- cuál era el programa
- cómo fue la interpretación
- cómo reaccionó el público
- cuál es tu opinión general

2 Después, lee tu reseña a la clase.

> **Estrategia**
>
> **Separar hechos de opiniones**
> Al escribir una reseña, no solo debes contarle a tus lectores ciertos detalles y hechos acerca de la actuación, sino también compartir con ellos tu opinión sobre la misma. Presenta primero los detalles acerca de la actuación, y luego, tu opinión.

Contesta las siguientes preguntas personales, según tu experiencia.

1. ¿Cuáles son los espectáculos más populares del país de tu herencia cultural?

_____

_____

2. ¿Qué espectáculos te gusta más ir a ver? ¿Por qué?

_____

_____

3. ¿Alguna vez has estado en un escenario? ¿Qué hiciste? ¿Cómo te sentiste?

_____

_____

4. ¿Cuál ha sido el mejor espectáculo que has visto en tu vida? Descríbelo.

_____

_____

Ampliación del lenguaje

Relación entre palabras

Observa la relación entre las siguientes palabras.

Verbos	Sustantivos	Adjetivos
animar	ánimo	animado
desanimar		desanimado
emocionar(se)	emoción	emocionado
entrenar(se)	entrenador, entrenamiento	entrenado
impresionar	impresión	impresionante, impresionado
participar	participante, participación	

Actividad S

Escribe el sustantivo y el adjetivo de los siguientes verbos.

actuar _____ _____

interpretar _____ _____

presentar _____ _____

exagerar _____ _____

explicar _____ _____

crear _____ _____

Ampliación del lenguaje

Cognados falsos

Realizar y "realize" son cognados falsos, es decir, parece que sean la misma palabra en inglés y en español, pero no lo son. La traducción al inglés de *realizar* es "to carry out; to perform", mientras que "to realize" significa *darse cuenta.*

El bailarín realizó una danza espectacular. (perform)
No me di cuenta de que las entradas eran tan caras. (realize)

(páginas **88–89**)

Gramática • Repaso

Ser y estar

En español, los verbos *ser* y *estar* se usan en diferentes situaciones y tienen significados distintos.

Usa *ser*:

- para describir características fijas de objetos y personas

    Esa canción **es** muy original.

- para indicar origen, nacionalidad y profesión

    Mi tía **es** escritora. **Es** de Madrid.

- para indicar cuándo y dónde tiene lugar algo

    El concierto **es** el viernes. **Es** en el teatro.

- para indicar posesión

    La guitarra **es** de Elisa.

Usa *estar*:

- para describir características temporarias, estados emocionales o condiciones

    El teatro **está** cerrado a esa hora.

    Los actores **están** muy nerviosos.

- para indicar ubicación

    El conjunto **está** en el escenario.

- para formar el tiempo progresivo

    El bailarín **está** interpretando a Cabral.

Algunos adjetivos tienen significados diferentes dependiendo de si se usan con *ser* o *estar*.

La bailarina **es** bonita. (Es una persona bonita.)
La bailarina **está** muy bonita. (Está bonita *hoy*. No siempre se ve tan bonita.)

El cómico **es** aburrido. (No es gracioso.)   El cómico **está** aburrido. (Se siente aburrido.)

El cantante **es** rico. (Tiene mucho dinero.)   El postre **está** rico. (El postre sabe delicioso.)

Gramática interactiva

Más ejemplos
Piensa en otros adjetivos que cambien de significado según se usen con *ser* o *estar*. Escríbelos en una hoja aparte.

Inténtalo
En una hoja aparte, escribe oraciones adicionales para cada uso de *ser* y *estar*.

Existen otros adjetivos que cambian de significado según se usen con *ser* o *estar*. Empareja cada oración de la derecha con la apropiada de la izquierda.

1. ____ Mercedes es muy lista.

2. ____ Al final de la obra, muestran que el gatito está vivo.

3. ____ El traje del actor era verde.

4. ____ Los bailarines están listos para salir al escenario.

5. ____ El ritmo de la música es vivo.

6. ____ Esta manzana está verde.

A. Era del mismo color del césped.

B. Es fuerte e intenso.

C. Es muy inteligente.

D. Están preparados.

E. No se murió.

F. No se puede comer todavía.

Actividad U

Escribe una oración con cada uno de los dos significados de los siguientes adjetivos. Recuerda usar *ser* o *estar* en tus oraciones, según corresponda.

1. bueno

    a. _____

    b. _____

2. bonito

    a. _____

    b. _____

3. listo

    a. _____

    b. _____

Actividad V

1 Mario y Bárbara tenían que preparar un informe sobre las características del teatro. Para ello, decidieron ir a ver una obra de teatro y tomar notas de lo que observaban. Completa sus anotaciones usando el presente de *ser* o *estar*, según corresponda.

- La obra de teatro _____ de un escritor muy famoso.

- Bárbara y yo _____ sentados muy cerca del escenario y vemos los gestos de los actores en forma muy clara.

- Los actores tienen todo preparado para comenzar con la obra. Ellos _____ listos.

- El actor principal _____ bueno, pero el mejor es el actor que interpreta al policía.

- La actriz que siempre hace el papel de la abuela no actúa hoy. Ella _____ enferma.

2 Usa las anotaciones de Mario y Bárbara para hacer en una hoja aparte un pequeño informe sobre el teatro. Agrega todos los detalles que quieras. Recuerda usar *ser* y *estar* en tus oraciones.

Gramática
(páginas 90–93)

Verbos con distinto sentido en el pretérito y en el imperfecto

Algunos verbos tienen significados diferentes en el imperfecto y en el pretérito.

	IMPERFECTO	PRETÉRITO
saber	*tener conocimiento de algo* ¿**Sabías** que el concierto empezaba tarde?	*averiguar, enterarse* Sí, **supe** ayer que empezaba tarde.
conocer	*tener trato y comunicación con alguien* Pedro **conocía** muy bien a esa actriz.	*tener trato con alguien por primera vez* Luis la **conoció** el año pasado.
querer	*desear, tener ganas* Luis **quería** comprar las entradas hoy.	*intentar* Yo **quise** comprarlas, pero me enfermé.
no querer	*no tener ganas* **No querían** ver esa obra de teatro.	*rehusarse a* No **quisieron** ver esa obra de teatro.
poder	*tener habilidad para algo* Ella **podía** aprender la letra de la canción.	*conseguir* Ella **pudo** aprender la letra de esa canción.

¡Ojo! Recuerda que algunos verbos, como *querer*, *poder* y *saber*, tienen formas irregulares en el pretérito pero no en el imperfecto.

Gramática interactiva

Más ejemplos

Escribe oraciones en el pretérito y en el imperfecto para cada uno de los verbos del recuadro que cambian de significado.

_____

_____

_____

_____

_____

_____

_____

_____

Actividad W

Lee la siguiente narración sobre un concierto de música salsa. Completa los párrafos con el pretérito o el imperfecto de los verbos entre paréntesis.

Mi amigo Juan me invitó el otro día a un concierto de música salsa.

Yo no _____ (conocer) ese estilo de música, pero como no

_____ (querer) desilusionarlo, le dije que sí a su invitación. Antes

de ir al concierto, _____ (poder) escuchar un CD de música salsa que

tenía una amiga. Así _____ (saber) que el ritmo era muy alegre.

El concierto fue muy divertido. Toda la gente bailaba. Juan

_____ (saber) muchos pasos de baile así que me enseñó algunos.

Al principio yo no _____ (poder) seguir el ritmo, pero luego, poco

a poco, _____ (poder) hacer los pasos con más facilidad. Los músicos

tenían mucho entusiasmo, _____ (querer) ver bailar a todo el mundo.

Fue una noche increíble. Gracias a Juan _____ (conocer) un estilo de

música y baile que nunca olvidaré.

Actividad X

En el párrafo anterior leíste que el amigo de Juan aprendió sobre algo completamente nuevo y disfrutó mucho de la experiencia. Piensa en alguna vez que hayas aprendido o descubierto algo nuevo y describe tu experiencia en una hoja aparte. Puede ser una actividad artística, un deporte o cualquier otra cosa que te gustaba hacer. Usa el presente y el imperfecto de los verbos *saber, conocer, querer* y *poder* en tus oraciones. Puedes comenzar tu párrafo de la siguiente manera:

Cuando era más joven, yo quería…

> **Estrategia**
>
> Generar ideas
> Para escoger un tema sobre el cual escribir, haz una lista de actividades que te gusten. Luego, intenta recordar la primera vez que hiciste cada una y describe la que recuerdes mejor.

(página **91**)

Cada país tiene su música y bailes típicos. Piensa en el baile nacional del país de tu herencia cultural o, si prefieres, escoge un baile de algún país latinoamericano (por ejemplo, el merengue dominicano, el tango argentino o el joropo venezolano). Utilizando la Red u otras fuentes de información, realiza una investigación acerca de ese baile. Luego, escribe un párrafo basándote en la información que obtuviste. Puedes completar la tabla de abajo como ayuda.

Nombre del baile

País de origen	Orígenes del baile	Ropa que llevan los bailarines	Instrumentos musicales	Intérpretes más famosos

_____

_____

_____

_____

_____

_____

_____

_____

_____

En el mundo del espectáculo se realizan numerosas entregas de premios. Ya sea en el cine, el teatro, la música o la televisión, los premios que se entregan en determinado año son, por lo general, para galardonar eventos del año anterior. En los Estados Unidos se realizan entregas de premios para hispanos, como los "Premios Lo Nuestro", y se transmiten en español algunas de las ceremonias de premios más importantes, como la entrega de los Oscars.

Imagina que eres periodista y tienes que escribir un artículo sobre una ceremonia de entrega de premios. En una hoja aparte, escribe un artículo de dos párrafos describiendo lo que sucede en la ceremonia. Puedes hablar sobre los premios que se dan, quiénes los reciben, en dónde se realiza el evento y qué categorías reciben premios. Usa el vocabulario de la lección en el artículo.

En voz alta

(página 91)

Juan Luis Guerra es probablemente el artista que más ha dado a conocer el merengue de manera internacional. Sus discos han vendido cientos de miles de copias en Europa, Estados Unidos y toda Latinoamérica. Guerra llama a su música "el merengue dual", es decir, música para bailar y pensar al mismo tiempo. Aunque algunas personas critican la letra de sus canciones por ser muy complicadas y difíciles de entender, la mayoría de la gente aprecia los elementos poéticos que Juan Luis Guerra ha traído a la música nacional de su país.

Lee en voz alta el fragmento de *Amigos,* la canción de Juan Luis Guerra que aparece en la página 91 de tu libro. Recuerda que debes leer con claridad y pronunciar correctamente las palabras. Luego completa las actividades.

1. ¿Qué crees que quiere decir el autor cuando escribe "Yo soy tu carga que no pesa nada"?

_____

_____

_____

2. Tal vez algún compañero de clase tenga el álbum con la canción original. Pueden tocarla y escuchar cómo suena con el arreglo musical.

3. Escribe tu propio poema o canción sobre la amistad. Luego, léelo en voz alta.

_____

_____

_____

_____

¡Adelante! (páginas 94–95)

Puente a la cultura
El mundo de Francisco Goya

Lectura interactiva

Nota cultural
La Real Fábrica de Tapices de Santa Bárbara fue fundada en 1721. Continúa hoy en día la producción artesanal de tapices con los mismos procedimientos que se usaban hace casi 300 años.

Nota histórica
En 1808, Napoleón Bonaparte, emperador de Francia, invadió con su ejército España. El rey Fernando VII fue obligado a renunciar al trono en favor de José Bonaparte, hermano de Napoleón. Sin embargo, el pueblo español se resistió al gobierno francés, y con el apoyo de Gran Bretaña y Portugal, lograron derrotar al ejército de Napoleón.

Gramática
Busca todos los verbos que aparecen en estas páginas. Subraya con una línea los verbos en pretérito y con dos líneas los verbos en imperfecto.

Estrategia

Hallar la idea principal
Tendrás una mejor idea de lo que trata el resto de una lectura si comprendes cuál es la idea principal del primer párrafo. Ejemplo: ¿Cuál es la idea principal del primer párrafo de *El mundo de Francisco Goya?* (Respuesta: Goya fue muy prolífico durante su vida y es uno de los pintores más conocidos de todos los tiempos.)

Francisco Goya nació en 1746 en España. Murió en Francia en 1828, a los 82 años de edad y sordo, a causa de una misteriosa enfermedad. Goya es uno de los artistas más conocidos de todos los tiempos. Su obra es extensa y muy variada. Realizó murales religiosos, retratos de la corte española, dibujos de toros, cuadros sobre la guerra, y hasta sus propias pesadillas que pintó en las paredes de su casa.

Uno de sus grandes triunfos artísticos fue llegar a ser Pintor de Cámara, o sea el pintor oficial de los reyes. Goya pintó retratos de la familia real y de otros personajes de la corte madrileña. De esta época son muy conocidos los retratos que hizo de la Duquesa de Alba, según algunos, una de las mujeres más hermosas de su época. Durante 18 años, Goya trabajó para la Real Fábrica de Tapices de Santa Bárbara. Allí se dedicó a dibujar bocetos de escenas alegres y pintorescas, que representaban la vida cotidiana en Madrid. Estos bocetos luego aparecían en tapices que adornaban las paredes de los palacios reales.

La pintura de Goya cambió con el tiempo para mostrar los sucesos que ocurrían en su país. Los españoles lucharon durante siete años contra las tropas francesas que Napoleón envió para invadir España. La obra más famosa de Goya sobre el tema de la guerra contra Francia es el cuadro *El 3 de mayo de 1808*.

Al final de su vida, Goya estuvo muy enfermo. Sus obras de esta época se llaman las Pinturas Negras, ya que Goya representaba imágenes de pesadillas, como monstruos, en pinturas que eran oscuras.

Los cuadros de Goya están en los museos más importantes del mundo. Para celebrar los 250 años del nacimiento del pintor, el Museo del Prado de Madrid organizó una gran exposición en 1996. La obra de Goya es todavía muy popular hoy en día. ¿Por qué crees que es así?

Comprueba
¿Por qué dos tipos de pinturas fue famoso Goya? ¿Cuáles eran sus temas?

_____

_____

_____

_____

_____

_____

Piénsalo
¿Por qué crees que Goya pintaba sus propias pesadillas? Escribe tu respuesta en una hoja aparte.

Investiga en la Red
Busca en la Red información sobre Francisco Goya. Trata de hallar ejemplos de sus retratos, tapices, pinturas políticas y Pinturas Negras. Luego, usa la lectura y la información que hallaste en la Red para hacer una lista de tres características de cada período. Escribe tu lista en una hoja aparte. Por último, compártela con la clase.

Actividad Z

¿Comprendiste?

1. Las pinturas de Goya tratan temas muy diferentes. ¿Cuáles son algunos ejemplos de esa variedad?

_____

_____

_____

_____

2. ¿Por qué crees que era un logro importante para Goya llegar a ser Pintor de Cámara? ¿Qué ventajas y qué desventajas podría haber en este cargo?

_____

_____

_____

_____

_____

Actividad AA

Los cuadros de Goya cambiaron con el tiempo y las circunstancias que rodearon su vida. ¿Cómo crees que fue la vida de Goya cuando era Pintor de Cámara? ¿Cómo fue su vida durante la guerra o cuando estaba enfermo? ¿Cómo crees que estos eventos influyeron en su arte?

_____

_____

_____

_____

¿Qué me cuentas? (página 96)

Imagínate que debes escribir la guía de un museo de arte en el que se exponen las siguientes pinturas. Escribe una descripción de las obras de arte que los visitantes pueden ver. Usa las palabras de vocabulario de este capítulo y otros términos de arte que conozcas. Recuerda que debes hacer que la guía sea entretenida para que las personas vuelvan al museo.

Guía del museo de arte

_____

_____

_____

_____

_____

_____

_____

_____

Presentación oral (página 97)

Imagínate que en tu clase van a seleccionar a un(a) artista como candidato(a) al premio "Artista del Año" u otro evento que se te ocurra, por ejemplo "Artista preferido por los jóvenes". Puede ser un(a) pintor(a), un actor, una actriz o un(a) cantante que te guste. Haz una presentación oral explicando quién debe ser el / la candidato(a) y por qué.

Escoge tu artista preferido(a) e investiga sobre él / ella en la Red u otras fuentes de información. Completa una tabla como la siguiente sobre tu candidato(a). Recuerda que puedes usar tus notas para prepararte, pero no al hacer la presentación oral.

Nombre	
Tipo de artista	
Lugar y fecha de nacimiento	
Vida familiar / infancia	
Estudios	
Logros artísticos	
Razones por las que merece el premio	

Haz tu presentación ante el grupo. Al hablar, presta atención al tono de tu voz. Recuerda que los cambios de entonación ayudan a expresar diferentes sentimientos. Si quieres, puedes mostrar fotografías de tu artista así como también ejemplos de sus obras mientras hablas.

Luego de que todos hayan hecho su presentación, se va a hacer una votación para escoger a un(a) ganador(a). Si tu candidato(a) es el / la escogido(a), pasa al frente y agradece a tus compañeros por su elección. Prepara unas palabras de agradecimiento.

Tu profesor(a) te explicará cómo va a evaluar tu presentación. Para tu profesor(a) es importante ver que explicaste con detalles la vida del artista, diste razones convincentes de por qué esa persona merece ganar el premio y que tu presentación se entendió bien y usaste la voz como ayuda para que tu discurso fuera más convincente.

Presentación escrita (páginas 98–99)

Estrategia

Organizar en categorías
Cuando escribes un informe, debes incluir la mayor cantidad de información de la manera más clara posible. Si organizas la información en categorías y escribes todos los detalles sobre un tema específico antes de pasar al siguiente, el lector podrá entender tu informe fácilmente.

Imagínate que te piden que escribas sobre un(a) artista y que digas por qué deben aceptarlo(a) en una escuela famosa. Haz un informe en una hoja aparte para explicar por qué crees que será un(a) buen(a) estudiante.

Usa la estrategia *organizar en categorías* para ordenar tus ideas para la composición.

Una vez que hayas escrito el borrador de tu informe, responde a las siguientes preguntas para saber si incluyes los siguientes elementos:

- **Tema principal:** ¿De qué trata el informe?
- **Detalles:** ¿Qué se dice acerca de la técnica del estudiante? ¿Cuál es la personalidad del / de la artista?
- **Información adicional:** ¿Qué experiencia tiene el / la artista?
- **Conclusión:** ¿Se basa la recomendación en la información presentada a lo largo del texto?

Luego, identifica en tu borrador uno o dos elementos específicos de gramática con los que tengas dificultad. Concéntrate en estos puntos específicos y corrige los errores que encuentres.

- Recuerda que en tu clase de Artes del lenguaje has aprendido el uso de transiciones en la escritura. Incluye transiciones que ayuden a los lectores a darse cuenta que estás cambiando de una idea principal a otra.

Lee otra vez tu borrador y realiza las correcciones y los cambios necesarios. Por último, escribe tu composición en limpio.

Tu profesor(a) te explicará cómo va a evaluar tu presentación. Probablemente, para tu profesor(a) es importante ver que:

- explicaste claramente tu opinión y usaste suficientes detalles
- organizaste bien tu presentación
- usaste correctamente el vocabulario y la gramática

Repaso del capítulo

Vocabulario y gramática

formas de arte

la cerámica	pottery
la escultura	sculpture
el mural	mural
la pintura	painting

géneros de arte

el autorretrato	self-portrait
la naturaleza muerta	still life
el retrato	portrait

materiales de arte

la paleta	palette
el pincel	brush

profesiones artísticas

el / la escritor(a)	writer
el / la escultor(a)	sculptor
el / la poeta	poet

para describir una obra de arte

abstracto, -a	abstract
expresar(se)	to express (oneself)
famoso, -a	famous
la figura	figure
el fondo	background
la fuente de inspiración	source of inspiration
la imagen	image
influir (i→y)	to influence
inspirar	to inspire
la obra de arte	work of art
el primer plano	foreground
representar	to represent
el sentimiento	feeling
el siglo	century
el tema	subject

en el escenario

el aplauso	applause
la entrada	ticket
el escenario	stage
el espectáculo	show
el micrófono	microphone

otras palabras y expresiones

a través de	through
mostrar (ue)	to show
parado, -a	to be standing
pararse	to stand up
parecerse (a)	to look, seem (like)
el poema	poem
realizar	to perform, accomplish
la reseña	review
sentado, -a	to be seated
sonar (ue) (a)	to sound (like)
el taller	workshop
volverse (ue)	to become

sobre la música y la danza

clásico, -a	classical
el compás	rhythm
el conjunto	band
la danza	dance
la letra	lyrics
la melodía	melody
el movimiento	movement
el paso	step
el ritmo	rhythm
el tambor	drum
la trompeta	trumpet

sobre la actuación

actuar	to perform
destacar(se)	to stand out
el entusiasmo	enthusiasm
exagerar	to exaggerate
el gesto	gesture
identificarse con	to identify oneself with
la interpretación	interpretation
interpretar	to interpret

pretérito e imperfecto

Usa el **pretérito** para hablar sobre una acción que ocurrió una vez y fue completada. Ayer **escribí** un poema.	Usa el **imperfecto** para hablar sobre acciones habituales en el pasado. A menudo **cantábamos** juntos.	Usa el **imperfecto** para dar detalles de apoyo, como el tiempo, la fecha y las condiciones meteorológicas. **Eran** las ocho y **hacía** mucho frío.	Usa el **pretérito** y el **imperfecto** a la vez cuando una acción interrumpa otra que esté ocurriendo en el pasado. **Caminábamos** por el parque cuando **empezó** a llover.

estar + participio

El **participio pasado** se usa frecuentemente con el verbo *estar*.	
El teatro **está cerrado**.	El tren **está parado**.

En los casos a continuación, el **participio pasado** es irregular.

hacer: **hecho**	cubrir: **cubierto**	morir: **muerto**	escribir: **escrito**
abrir: **abierto**	decir: **dicho**	poner: **puesto**	volver: **vuelto**
descubrir: **descubierto**	romper: **roto**	ver: **visto**	resolver: **resuelto**

ser y estar

Recuerda que *ser* y *estar* equivalen a "**to be**" en inglés, pero tienen diferentes significados en español.	Usa *ser*:
	para describir características permanentes
	  La actriz **es** bonita.
	para decir la fecha
	  Mañana **es** miércoles.
	para indicar posesión
	  Los pinceles **son** de Luis.
		Usa *estar*:
		para describir características temporales
		  El escenario **está** oscuro.
		para indicar ubicación
		  Están sobre la mesa.
		para formar los tiempos progresivos
		  Estoy dibujando un retrato.
			Algunos adjetivos tienen diferente significado según se usen con *ser* o *estar*.
			
			Los niños **están** aburridos. *(The children are bored.)*
			Los niños **son** aburridos. *(Children are boring.)*

verbos con significados diferentes en el pretérito y en el imperfecto

Los siguientes verbos tienen significados diferentes en el imperfecto y en el pretérito.	
Yo **conocía** ese cuadro. *(I knew about that painting.)*	Él **conoció** a su maestro en Perú. *(He met his teacher in Perú.)*
No sabíamos que era tan tarde. *(We didn't know it was so late.)*	Nunca **supe** dónde estaba. *(I never found out where he/she was.)*
Ellos **querían** viajar hoy. *(They wanted to travel today.)*	Sofía **quiso** ir, pero perdió el avión. *(Sofía tried to go, but she missed the plane.)*
Antes **no podía** dibujar. *(Before, I couldn't draw.)*	Nunca **pude** dibujar. *(I was never able to draw.)*

⬤ **Más práctica** ·················
Practice Workbook
Organizer 2-13, 3-14

Capítulo
2

Repaso del capítulo

Preparación para el examen

Como preparación para el examen,
comprueba que

• sabes la gramática y el vocabulario
nuevos

• puedes hacer las tareas de las
páginas 74 y 75 de este cuaderno

1 Vocabulario Escribe la letra de la palabra o expresión que mejor complete cada frase.

1. El surrealismo fue _____ de inspiración
de los pintores Miró y Dalí.
   a. el espectáculo   c. la melodía
   b. la fuente   d. la reseña

2. El actor principal _____ por su actuación
y entusiasmo.
   a. se interpretó   c. se destacó
   b. se volvió   d. se inspiró

3. Si quieres bailar salsa, necesitas aprender
_____.
   a. la letra   c. los pasos
   b. los gestos   d. la actuación

4. La familia es _____ principal de muchos
cuadros de Botero.
   a. el estilo   c. la forma
   b. el fondo   d. el tema

5. Picasso fue un pintor del _____ XX.
   a. estilo   c. año
   b. siglo   d. ritmo

6. Cuando termina una obra se oye _____.
   a. un paso   c. un aplauso
   b. el micrófono   d. la paleta

7. La paleta de ese pintor _____ colores
vivos como el rojo y el anaranjado.
   a. actúa   c. muestra
   b. interpreta   d. realiza

8. Los actores no dijeron nada pero se
expresaron muy bien con _____
exagerados.
   a. gestos   c. escenarios
   b. poemas   d. compases

2 Gramática Escribe la letra de la palabra o expresión que mejor complete cada frase.

1. La semana pasada _____ en una clase de
cerámica.
   a. me inscribo   c. me inscribe
   b. me inscribía   d. me inscribí

2. No te van a oír bien porque el micrófono
está _____.
   a. roto   c. rompiendo
   b. rotas   d. romper

3. El museo estaba _____ todos los sábados.
   a. abrí   c. abiertos
   b. abriendo   d. abierto

4. Marta siempre _____ nerviosa antes de
un ensayo.
   a. está   c. es
   b. están   d. era

5. Ayer, a causa de los truenos, yo no
_____ dormir toda la noche.
   a. pude   c. puedo
   b. podía   d. pudo

6. ¿Dónde _____ a tu mejor amigo?
   a. conociste   c. conocías
   b. conoces   d. conocieron

7. Nos perdimos porque no _____ bien
la ciudad.
   a. conocemos   c. conocías
   b. conocimos   d. conocíamos

8. Yo _____ esta mañana que la función
tuvo mucho éxito.
   a. sabía   c. supe
   b. sabe   d. saben

En el examen vas a . . .	Éstas son las tareas de práctica que te pueden ser útiles para el examen . . .	Si necesitas repasar . . .
3 Escuchar Escuchar y comprender la descripción de un cuadro	El guía de un museo está describiendo uno de los cuadros de la galería de arte moderno. (a) ¿Qué tipo de pintura describe? (b) ¿Quién es el pintor? (c) ¿Qué se ve en primer plano? (d) ¿Qué se ve al fondo? (e) ¿Cómo son los colores?	**pp. 68–69** *A primera vista 1* **p. 73** Actividades 8–9 **p. 74** Actividad 11 **p. 75** Actividad 12
4 Hablar Hablar de las actividades que tienen lugar en una escuela de arte	Un nuevo estudiante visita por primera vez tu escuela de arte. Tu tarea es mostrarle los talleres de la escuela y explicarle lo que pasa en cada clase. Incluye en tu descripción (a) las clases que ofrecen, (b) los materiales que necesitan para cada clase, (c) las actividades que hacen en cada clase, (d) las obras que los estudiantes realizan en cada clase.	**p. 72** Actividad 7
5 Leer Leer y comprender las notas de un disco compacto	Lee la reseña sobre un disco compacto y di (a) ¿cuál es el tipo de música del disco compacto?, (b) ¿qué cosas le gustaron al crítico?, (b) ¿qué no le gustó?, (c) ¿qué cree que puede ser mejor? *La letra de las canciones del conjunto Sol y salsa suena a poesía. Pero creo que la interpretación puede ser mejor. El ritmo que da el tambor se destaca del de la trompeta y va bien con todo el conjunto. Me gustó mucho la melodía de la primera canción. Cuando tocan la trompeta en algunas canciones, creo que exageran. Se ve que el conjunto se inspiró mucho al tocar la música.*	**pp. 82–83** *A primera vista 2* **p. 87** Actividad 31 **pp. 92–93** Actividades 38–39
6 Escribir Escribir una reseña sobre una obra de teatro que presentaron en tu escuela	Trabajas como reportero(a) para el periódico de la escuela y tienes que escribir una reseña sobre una obra de teatro. Incluye (a) el nombre de la obra, (b) los actores principales, (c) una breve descripción del argumento, (d) la actuación de los protagonistas.	**pp. 84–85** *A primera vista 2* **p. 89** Actividad 34 **pp. 92–93** Actividades 38–39
7 Pensar Demostrar cómo las artes pueden expresar las perspectivas y actitudes del artista	Piensa en las obras de Goya, Dalí o Botero. ¿Cómo usaron su arte para expresar sus actitudes y sus perspectivas sobre lo que pasaba en sus vidas? ¿En qué maneras expresan los jóvenes de hoy sus actitudes por el arte?	**pp. 86–87** Actividades 29–31 **p. 89** Actividad 35 **pp. 94–95** *Puente a la cultura*

A ver si recuerdas . . . (páginas **108–111**)

En una hoja aparte, haz una lista de todas las frutas que conoces. Comparte tu lista con un(a) compañero(a). ¿Hay diferencias en sus listas? Comenta y describe tus frutas favoritas. Recuerda que el nombre de las frutas y verduras puede cambiar de un país a otro. Por ejemplo, en algunos países llaman *pomelos* a las *toronjas,* a los *duraznos* se les conoce también como *melocotones* y, dependiendo de la región, la *banana* se puede llamar *plátano* o *banano.*

Es cierto que las frutas y las verduras son nutritivas e importantes para la alimentación pero, ¿cuáles son las vitaminas y los minerales específicos que contienen? Usa lo que ya sabes, o busca en la biblioteca o en la Red, para completar el organizador gráfico.

Fruta o verdura	Elementos nutritivos	Por qué es importante
espinacas	hierro vitamina B_2	mantener energía ayudar a la visión
manzana		
naranja		
piña		
plátano		
zanahoria		

Go Online WEB CODE jed-0301 PHSchool.com

¿Qué haces para estar en forma? (páginas 112–113)

Arte y cultura

Objetivos del capítulo

- Hablar de síntomas y remedios
- Aconsejar sobre la salud y la nutrición
- Expresar cómo te sientes en algunas circunstancias
- Decirles a otros qué hacer
- Entender los aspectos culturales referentes a la buena salud y la nutrición

1 Rufino Tamayo pintó en sus obras muchas frutas. ¿Qué otros artistas conoces que hayan usado el mismo tema? ¿Puedes nombrar alguna obra?

_____

_____

_____

2 Usa la biblioteca o la Red para encontrar una de las obras de Tamayo.

a. ¿Qué puedes decir de las formas y colores que utilizó?

_____

_____

_____

b. Después de haber leído el texto en la página 113 de tu libro de texto, ¿por qué crees que Tamayo pintó sobre este tema?

_____

_____

_____

A primera vista 1 (páginas 114–117)

Actividad C

Clasifica los alimentos del cuadro en alimentos saludables y no saludables.
Completa la tabla.

cereal	helado de fresa	caramelos	mayonesa
papas fritas	un vaso de leche	chocolates	pechuga de pollo
soda	queso	manzanas	espinacas

Alimentos saludables	Alimentos no saludables

Actividad D

Lee la etiqueta de la medicina. Busca el significado de la palabra *cutánea* en el
diccionario. Luego, lee las oraciones y escoge la mejor respuesta.

1. Según el diccionario, la palabra
cutánea significa:

_____

2. Esta medicina es
  a. una crema.   b. un jarabe.
  c. una loción.   d. una pastilla.

3. Esta medicina es para
  a. los ojos.   b. la boca.
  c. la piel.   d. la garganta.

4. Esta medicina se usa
  a. tres veces al día.   c. por más de siete días.
  b. sólo en la mañana.   d. cada dos horas.

INPATOR Crema
Vía de administración: Cutánea
Indicaciones:
Auxiliar en el tratamiento de infecciones de la piel causadas por raspaduras, picaduras de insectos o cortes.
Modo de empleo
Aplicar sobre la parte afectada 3 veces al día. No se recomienda su uso durante más de 7 días. Si persisten las molestias consulte a su médico.

Actividad E

Contesta las siguientes preguntas.

1. ¿Cuándo suele tencr una persona dolor de estómago?

_____

2. ¿Qué síntomas muestra una persona que tiene alergia?

_____

3. ¿Qué le suele pasar a alguien que tiene gripe?

_____

4. ¿Qué partes del cuerpo te dolerían si hubieras jugado durante mucho tiempo al fútbol?

_____

Actividad F

Escribe al menos tres alimentos en las diferentes categorías de la pirámide nutricional.

Más vocabulario

Éstas son otras palabras que puedes usar para hablar de alimentos. Añade más palabras a esta lista según tu experiencia y compara tu lista con la de tu compañero(a).

piña: ananá

cacahuates: cacahuetes, maní

aguacate: palta

habichuelas: vainitas, gandules

betabel: remolacha

frijoles: frejoles, porotos

En una hoja aparte, escribe una receta para una ensalada de tu creación, usando algunos de los ingredientes de la lista de arriba.

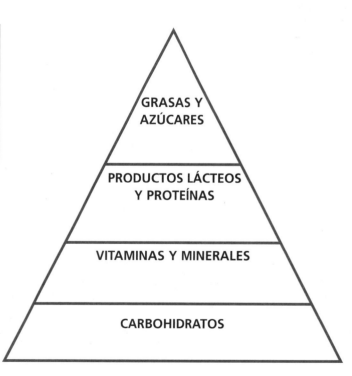

Manos a la obra 1 (páginas 118–120)

Lee la información nutricional de la leche condensada. Luego responde a las preguntas.

1. ¿Cuántas raciones hay en este producto?

_____

2. ¿Cuánto es cada ración?

_____

3. ¿Cuántas calorías por ración tiene este producto?

_____

4. ¿Crees que una persona con diabetes debe comer este producto? ¿Por qué?

_____

5. ¿Le recomendarías este producto a una persona que quiere perder peso?

LECHE CONDENSADA	
Datos de nutrición	
Tamaño por ración: 3 cucharadas	
Raciones por envase: 12	
Cantidad por ración	
Calorías 110 Cal. de grasa 20	
	% Valor diario*
Grasa total 2 g	**3%**
Grasa saturada 3 g	**9%**
Colesterol 12 mg	**4%**
Sodio 40 mg	**3%**
Total de carbohidratos 25 g	**9%**
Fibra dietética 0g	
Azúcares 18 g	
Proteínas 3g	
Vitamina A 2% • Calcio 8%	
Vitamina C 0% • Hierro 0%	

*El valor promedio está basado en una dieta de 2,000 cal. diarias.

Lee qué comen estos estudiantes y explica si llevan una dieta balanceada o no y por qué. Luego, en un hoja aparte, haz una lista de lo que comes en un día, intercámbiala con la de tu compañero(a) y comenten si llevan una dieta balanceada o no.

Diana Torres
Desayuno: un helado de fresa y una rosquilla
Almuerzo: papas fritas, una hamburguesa, una soda y, de postre, una barra de chocolate
Refrigerio (merienda): una soda y una barra de chocolate
Cena: arroz, una papa al horno y un bistec frito

Manuel Valdivia
Desayuno: un vaso de leche con cereal y una banana
Almuerzo: un sándwich de jamón y queso, una manzana y un vaso de jugo de naranja
Refrigerio (merienda): melón y galletas con queso
Cena: ensalada de verduras, un bistec asado, arroz y, de postre, fresas

Actividad I

Sabes que las familias de palabras son grupos de palabras que tienen la misma raíz. Completa la tabla y forma familias de palabras.

pan	*panadería, panadero*
pesar	
comer	
fruta	
médico	
salud	

Actividad J

Lee la siguiente receta y contesta las preguntas.

Tortilla de papas
(4 porciones)
Ingredientes:
3 huevos
4 papas rebanadas
1 taza de cebolla picada
1/4 de cucharadita de sal
4 cucharadas de aceite de oliva
pimienta al gusto

Preparación:
Se fríen las rebanadas de papa
en el aceite junto con la cebolla.
Aparte, se baten los huevos y
cuando la papa está casi cocida,
se agregan a la sartén. Se añade

> **Más vocabulario**
>
> Aquí tienes más medidas de capacidad para ayudarte a preparar recetas. Completa la lista con alimentos para cada medida. Luego escribe tres medidas más de capacidad y di con qué alimentos las usarías.
>
> una taza *de harina*   un pellizco *de sal*
>
> una pinta _____
>
> una onza _____
>
> _____
>
> _____
>
> _____

la sal y la pimienta. Una vez que las orillas del huevo están un poco doradas se cubre la sartén con un plato y se voltea sobre el plato. Se pasan los huevos del plato a la sartén para que se cocine el lado que falta. Se deja cocer el huevo y se apaga. Se puede servir fría.

1. ¿Cuáles son los ingredientes principales de esta receta?

_____

2. ¿Cuánta cebolla se necesita?

_____

3. ¿Con qué se puede acompañar este plato para hacer una comida balanceada?

_____

4. ¿Crees que este plato es saludable? ¿Por qué?

_____

(página **120**)

1 Usa la información de la página 120 de tu libro de texto y lo que ya sabes para completar la tabla. Escribe también tus ideas sobre otras cosas que puedes hacer cuando no te sientes bien. Por ejemplo, si estás resfriado, también te ayudaría descansar mucho.

Problema	Medicina	Planta medicinal	También ayudaría...
dolor de estómago			
tos			
estás resfriado(a)			
dolor de cabeza			

2 Como ya has leído, en toda América Latina se usa una gran variedad de plantas medicinales para curar problemas de salud comunes. Contesta las siguientes preguntas, según tu experiencia.

1. ¿Qué remedio(s) casero(s) conoces tú?

_____

_____

2. ¿Para qué se usa(n)?

_____

_____

3. ¿De qué se hace(n) o de dónde viene(n)?

_____

_____

4. ¿Cómo se toma(n)?

_____

_____

Gramática • Repaso

(página 121)

Mandatos afirmativos con *tú*

Para pedirle a un amigo o pariente cercano que haga algo, usamos el imperativo en la forma *tú*. Para el imperativo afirmativo en la forma *tú*, usamos la forma *Ud. / él / ella* del presente indicativo. Esta regla también se cumple para los verbos de raíz irregular.

camin**ar** → camin**a**	com**er** → com**e**	abr**ir** → abr**e**
jug**ar** → jueg**a**	volv**er** → vuelv**e**	ped**ir** → pid**e**

- El imperativo en la forma *tú* de algunos verbos es irregular.

decir → **di**	hacer → **haz**	ir → **ve**
mantener → **mantén**	poner → **pon**	salir → **sal**
ser → **sé**	tener → **ten**	venir → **ven**

- Añade los pronombres de complemento directo, indirecto o reflexivo al final del imperativo afirmativo. Añade el acento diacrítico para mostrar que la fuerza de la pronunciación cae en la misma sílaba.

¡**Toma** estas vitaminas! ¡**Tómalas** ahora mismo!
Siéntate aquí.

Gramática interactiva

Inténtalo
Escribe el imperativo con *tú* de los verbos *cantar, correr, escribir, servir* y *dormir*.

_____

_____

Más ejemplos
En una hoja aparte, escribe tres mandatos usando los verbos *hacer, ir* y *venir*.

Énfasis en la forma
Subraya los pronombres que aparecen al final de los mandatos que salen en el recuadro. Luego, en una hoja aparte, escribe dos mandatos más que incluyan pronombres y subraya los pronombres.

Actividad K

Julio no fue a la escuela porque está enfermo. Su mamá le dejó una nota sobre las cosas que debe hacer hoy. Completa la nota con el imperativo del verbo correcto. Encierra en un círculo los imperativos irregulares que uses en este párrafo.

Julio:

_____ (Quedarse, Abrir) en casa hoy; estás resfriado. Al levantarte,

_____ (tener, hacer) tu cama y _____ (comer, decir) el desayuno.

Después, _____ (tomar, pedir) la medicina y _____ (ir, hacer) la tarea

de ayer. _____ (Tomar, Volver) jugo de piña o naranja y mucha agua; eso es bueno

para el resfriado. A la hora del almuerzo, _____ (mantener, comer) el sándwich de

jamón y queso y _____ (tomar, venir) la vitamina C. Por la tarde, si te sientes bien,

_____ (ser, salir) al patio y _____ (jugar, decir) un poco

al baloncesto. _____ (Pedir, Llamar) al trabajo si necesitas algo.

Besos,

Mamá

Actividad L

Imagina que eres el padre o la madre de Julio. En una hoja aparte, escribe cinco consejos para que se sienta mejor.

Gramática · Repaso

(página **122**)

Mandatos negativos con *tú*

Para el imperativo negativo en la forma *tú* de los verbos regulares, quitamos la *-o* del tiempo presente de la primera persona del singular (*yo*) y añadimos los siguientes sufijos.

hablar hablo → habl + **es**	**No hables** ahora.
comer como → com + **as**	**No comas** tanto.
abrir abro → abr + **as**	**No abras** la boca.

- Esta regla también se cumple para los verbos cuya conjugación en presente para la primera persona del singular (*yo*) termina en *-go, -zco, -yo* y *-jo*.

No **salgas** si estás enferma.
No les **ofrezcas** comida basura a tus amigos.
No **escojas** comida con mucha grasa.

- El imperativo negativo en la forma *tú* de los siguientes verbos es irregular.

dar → **no des**   ir → **no vayas**
estar → **no estés**   ser → **no seas**

- Los verbos terminados en *-car, -gar* y *-zar* tienen las siguientes variaciones ortográficas en el imperativo en la forma *tú* para mantener su sonido original.

sa**car** (*c → qu*)   sa**qu** +es   **No saques** la basura.
lle**gar** (*g → gu*) lle**gu** + es **No llegues** tarde.
cru**zar** (*z → c*)   cru**c** + es   **No cruces** aquí.

- Si usas pronombres reflexivos o de complemento con imperativos negativos, ponlos después de *no*.

Estás enfermo. No **te** levantes de la cama.   No comas pastel. No **lo** comas.

Gramática interactiva

Inténtalo
Escribe el imperativo negativo en la forma *tú* de los siguientes verbos: *saltar, leer, pagar, tocar* y *poner*.

_____

_____

_____

Más ejemplos
En una hoja aparte, escribe tres mandatos negativos con los verbos *dar, estar, ir* y *ser*.

Énfasis en la forma
Subraya las terminaciones de los mandatos negativos de los verbos *sacar, llegar* y *cruzar*.

¿Cuántos negativos puedes usar en una oración? ¡Ponte a prueba! En una hoja aparte, escribe oraciones coherentes, usando más de una palabra negativa en cada oración. Intenta usar tantas palabras negativas como puedas.

Modelo   *¡No le digas nada de nada a nadie nunca!*

A veces, los jóvenes se cansan de que los maestros y los padres les digan que no hagan esto o aquello. Escribe en una hoja aparte una lista de las cinco cosas que menos te gusta escuchar y que comienzan con expresiones como *no hagas, no vayas, no compres, no llegues,* etc.

Go Online WEB CODE jed-0304
PHSchool.com

Gramática • Repaso

(páginas **123–125**)

Mandatos afirmativos y negativos con *Ud.* y *Uds.*

Para pedirle a una persona a la que no tratas de *tú* o para pedir a varias personas que hagan algo, usamos las formas *Ud.* y *Uds.* del imperativo. Para formar el imperativo en la forma *Ud.*, quita la -*s* del imperativo negativo para la forma *tú*. Para formar el imperativo en la forma *Uds.*, reemplaza la -*s* del imperativo negativo para la forma *tú* con una -*n*.

Gramática interactiva

Inténtalo

Escribe el imperativo para *Ud.* y *Uds.* de los verbos siguientes: *poner, ir, pedir, sacar, llegar, cruzar* y *volver.*

_____

_____

_____

No hable**s**.	Hable (Ud.).	Hable**n** (Uds.).
No traiga**s** la receta.	Traig**a** (Ud.) la receta.	Traiga**n** (Uds.) la receta.
No vaya**s** al consultorio.	Vay**a** (Ud.) al consultorio.	Vaya**n** (Uds.) al consultorio.

• Para formar imperativos negativos con *Ud.* y *Uds.* sólo tienes que añadir *no* antes del imperativo.

   Coma frutas, pero **no coma** muchos dulces.   **No salten** comidas.

• Añade los pronombres reflexivos y de complemento directo e indirecto al final de los imperativos para *Ud.* y *Uds.* Añade el acento ortográfico para mostrar que la fuerza de la pronunciación cae en la misma sílaba. En los imperativos negativos, añade el pronombre entre *no* y el imperativo.

   ¡Tomen esas pastillas! **¡Tómenlas** ahora mismo!   **Lleve** la receta. Por favor, **llévela.**
   ¡Cepíllense los dientes después de comer!   **No le pidan** dulces. **Pídanle** fruta.

Actividad Ñ

El joven médico le explica a un grupo de ancianos qué deben hacer para tener una buena dieta y sentirse mejor. Escribe sus oraciones para cada uno de los pacientes, con el mandato afirmativo o negativo del verbo que se indica.

Modelo   *Pedro y José / mantener*   ___*Mantengan*___ *una dieta equilibrada.*

1. Amalia / desayunar   _____ bien.

2. Petra y Leonor / no saltarse   _____ comidas.

3. Usted / tomar   _____ las pastillas que le receté.

4. Enrique y Alberto / hacer   _____ ejercicio regularmente.

Con las personas de la columna izquierda y las frases de la columna derecha, escribe, en una hoja aparte, cinco mandatos afirmativos y cinco negativos. Usa la forma del imperativo que corresponda a cada persona.

la profesora

tu hermanito

dos señoras mayores

tus compañeros de clase

tu mejor amigo(a)

la directora de la escuela

comer mucho

hacer ejercicio

cruzar la calle

tomar medicinas

salir al patio

volver a la casa

hacer la cama

> **¿Recuerdas?**
>
> Al pedir a alguien que haga una cosa, es de buena educación decir frases como "disculpe... por favor... si no le es molestia...".

Beatriz tiene muchos problemas en la escuela. Lee la nota que le dejó a su amiga y escríbele, en una hoja aparte, una serie de consejos sobre lo que no debe hacer en la escuela. Encierra en un círculo los imperativos de tu párrafo que tengan variaciones ortográficas para mantener su sonido original.

Todos los días me levanto tarde. Dejo el cuarto desorganizado y salgo corriendo a la escuela. Cruzo por el medio de la calle para tomar el autobús. Si no me gusta la clase, saco una novela y me pongo a leer. El resto del tiempo lo paso hablando con mis amigas. Si la maestra me hace callar, salgo hacia el patio o me voy a casa. Por la noche sólo veo la televisión. Siempre saco malas notas. Por eso no me gusta la escuela.

En una hoja aparte, escribe una receta de tu comida favorita, usando mandatos. Incluye lo siguiente:

- los ingredientes que lleva
- los pasos que hay que seguir para hacerla
- si es o no saludable y por qué

R

¿Cómo son los hábitos alimenticios de tus compañeros? Realiza un estudio informal para investigar qué comen los jóvenes de tu escuela para el desayuno. Usa la tabla para anotar la información que recojas. En una hoja aparte, escribe también una breve evaluación de los hábitos de cada persona.

Conexiones Las ciencias (página **124**)

	Nombre	Desayuno típico	Evaluación
1.			
2.			
3.			
4.			
5.			
6.			
7.			
8.			
9.			
10.			

S

Se dice que el desayuno es la comida más importante del día. Los nutricionistas señalan que un desayuno completo debe de contener por lo menos tres de los cuatro grupos de alimentos: *leche o productos derivados, frutas y verduras, cereales, y carne o sustitutos.* Usa el espacio de abajo para planear y dibujar un desayuno perfecto. Explica por qué elegiste los elementos que incluiste.

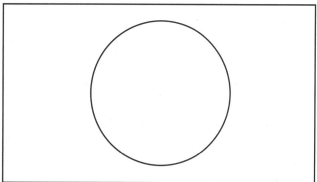

A primera vista 2 (páginas 126–129)

Actividad T

¿Qué tipo de ejercicio hacen tus compañeros? ¿Con qué frecuencia? Haz una encuesta y completa la tabla. Luego informa a la clase de tus averiguaciones. Explícales cuán a menudo hacen ejercicio y dónde, y cuáles son las formas más y menos populares de hacer ejercicio.

Nombre	Tipo de ejercicio	Frecuencia	Lugar

Actividad U

Contesta las siguientes preguntas según tu experiencia.

1. ¿Qué deportes se practican en el país del que procede tu familia?

_____

_____

2. ¿Qué tipo de ejercicio hace la gente del país?

_____

_____

3. En las escuelas del país, ¿es la educación física parte del currículum?

_____

_____

4. Cuando vas al gimnasio, ¿qué clase de ejercicio te gusta más hacer? ¿Por qué?

_____

_____

Actividad V

Lee las expresiones de abajo. Piensa en una situación en la que dirías cada una. Luego, escribe una descripción de la situación y pídele a un(a) compañero(a) que adivine qué expresión usaría.

1. Estoy de mal humor _____

_____

2. No tengo energía _____

_____

3. Me preocupo _____

_____

4. Le aconsejo a un(a) amigo(a) _____

_____

5. Me caigo de sueño _____

_____

6. Estoy estresado(a) _____

_____

Ortografía: Uso de *g* y *j*

La letra *g* tiene un sonido suave cuando va antes de *a, o, u,* por ejemplo: *gato, gusano.* Cuando va antes de *e, i,* tiene un sonido fuerte como el de la *j,* por ejemplo: *gendarme, girasol.*

Se escriben con *g:*
• los verbos que terminan en *ger, gir. Tejer* y *crujir* son la excepción.
• las palabras que empiezan y terminan en *gen.* Ejemplo: *general.*

Se escriben con *j:*
• las palabras que terminan en *aje, eje* y *jería.* Ejemplo: *conserje.*

Actividad W

Busca en las páginas 128 a 131 de tu libro de texto palabras que se escriben con *g* y *j* antes de *e, i.* Escríbelas en una hoja aparte.

Manos a la obra 2 (páginas 130–131)

Actividad X

Lee las expresiones y escribe otras que tengan el mismo significado o que se puedan usar en las mismas situaciones. Luego, pídele a un(a) compañero(a) que adivine las expresiones que has usado y trata de adivinar tú las suyas.

1. No aguanto más.

_____

2. No me puedo concentrar.

_____

3. Me siento fatal.

_____

4. Estoy en la luna.

_____

5. Estoy harto(a).

_____

6. ¡Qué lata!

_____

Actividad Y

Imagínate que uno(a) de tus amigos(as) está muy estresado(a) porque va a participar en una competencia de natación. En una hoja aparte, escríbele un correo electrónico donde le aconsejes cómo prevenir el estrés.

Una buena estrategia de lectura es leer el título y los subtítulos antes de leer el texto completo. Ellos te darán una buena idea de sobre qué vas a leer y eso te permitirá comprender más fácilmente el texto. Lee el título y los subtítulos del artículo de abajo. ¿Cuál te parece que es el objetivo del artículo?

_____

Ahora, lee el artículo y luego responde a las preguntas.

¿Tiene tu gimnasio el equipo necesario?

Un buen gimnasio debe tener el equipo básico necesario para que las personas que allí se entrenan obtengan los mejores resultados de su entrenamiento. Además, debe ser un lugar limpio, con personal especializado que pueda orientarte en el uso y manejo de las pesas, máquinas y aparatos. A continuación resumimos qué equipo es necesario.

Mancuernas
Debe haber suficientes pares de mancuernas, con pesos desde 1 kg hasta 40 kg. Recuerda que el aumento de carga o peso debe hacerse gradualmente.

Barras olímpicas
Estas barras deben pesar 20 kg y no deben confundirse con las barras que se utilizan para hacer flexiones de piernas.

Soporte para barras
Éste es el lugar donde se pueden colocar y ajustar las barras, dependiendo del ejercicio que vayas a hacer. Se pueden hacer flexiones de piernas o de pecho.

Bancos
Asegúrate que haya bancos para ejercitar el pecho, los hombros y los triceps.

Equipo cardiovascular
Incluye bicicletas y escaladoras donde se puede variar la resistencia.

Máquinas
Las principales son las que sirven para ejercitar los muslos, las pantorrillas y la espalda.

1. Según el artículo, ¿cómo debe ser un gimnasio?

   _____

2. ¿Con qué equipo se hacen las flexiones de piernas?

   _____

3. ¿Cuál es el equipo cardiovascular?

   _____

4. Piensa en el gimnasio al que tú vas: ¿Qué instalaciones tiene? ¿Qué servicios ofrece? ¿Reúne todos los requisitos que se mencionan en el artículo? En una hoja aparte, escribe un párrafo en el que describas tu gimnasio. Si no vas a un gimnasio, describe el gimnasio de tu escuela.

Fondo cultural

(página **131**)

■◆■◆◇■◆◇■◆■◆◇■◆◇■◆◇■◆■◆■◇■◆■◇■◆◇■◆

En el *Fondo cultural* de la página 131 de tu libro de texto, leíste que muchas escuelas en España no tienen los equipos deportivos necesarios para hacer ejercicio. Ahora imagínate que eres el / la director(a) de un club deportivo. Quieres que tu club sea el mejor y el más moderno para que las personas asistan. Haz una lista de los equipos y programas que tendría tu club y explica por qué los escogiste. Escoge también un nombre para el club y escribe un lema para el mismo (por ejemplo: "Fuerza, el club deportivo de los fuertes").

Nombre: _____

Equipo que tiene: _____

_____

_____

_____

_____

Programas / clases que ofrece: _____

_____

_____

_____

_____

_____

Lema: _____

El español en el mundo del trabajo · · · · · · · · · · · (página **133**)

Los consejeros escolares apoyan y aconsejan a los estudiantes sobre sus estudios, relaciones personales y a la hora de elegir una futura carrera. También ayudan a los nuevos estudiantes que llegan y no conocen el ambiente de la escuela.

Imagina que llega un(a) estudiante nuevo(a) a tu escuela. Puede ser una escuela de tu país de herencia cultural o la escuela a la cual asistes actualmente. ¿Qué le aconsejarías al / a la estudiante? ¿Qué cosas debe hacer y qué cosas debe evitar? ¿Qué le recomendarías? Escribe tus consejos a continuación.

¡Bienvenido a mi escuela!

Te aconsejo que hagas _____

_____

_____

_____

Te aconsejo que evites _____

_____

_____

_____

Lo que más te recomiendo es _____

_____

_____

_____

_____

Gramática • Repaso

(páginas **132–134**)

El subjuntivo: Verbos regulares

Para decir que una persona desea, sugiere o pide que otra persona haga algo, usamos el *modo subjuntivo*. Una oración que contiene una forma subjuntiva tiene dos partes: la cláusula principal y la cláusula subordinada, ambas conectadas por la palabra *que*.

Quiero que respires lentamente.
Sugiero que bebas agua antes de correr.

El entrenador **exige que** los atletas **estiren** los músculos.

También puedes sugerir ideas más generales o impersonales con el uso de expresiones como *es necesario…, es bueno…* y *es importante…* seguidas por la palabra *que* y un verbo en presente subjuntivo.

Es necesario que hagas ejercicio.
Es importante que los jóvenes **coman** bien.

Para formar el subjuntivo, quita la *-o* al final de la conjugación del verbo en la primera persona del singular *(yo)* en presente y añade las terminaciones del subjuntivo presente a la raíz del verbo.

saltar	conocer	decir
salte	conozca	diga
saltes	conozcas	digas
salte	conozca	diga
saltemos	conozcamos	digamos
saltéis	conozcáis	digáis
salten	conozcan	digan

Gramática interactiva

Énfasis en la forma
Subraya las cláusulas principales de las oraciones que aparecen en el recuadro.

Énfasis en la ortografía
¿Qué cambio ortográfico ocurre en la forma subjuntiva de los verbos *tocar, llegar* y *cruzar*?

_____

_____

Los verbos que terminan en *-car, -gar* y *-zar* tienen una variación ortográfica para mantener la pronunciación original.

buscar (c → qu)	pagar (g → gu)	cruzar (z → c)
busque	pague	cruce
busques	pagues	cruces
busque	pague	cruce
busquemos	paguemos	crucemos
busquéis	paguéis	crucéis
busquen	paguen	crucen

Actividad AA

Completa el siguiente párrafo usando el verbo apropiado en subjuntivo. Subraya con una línea las cláusulas principales y con dos líneas las cláusulas subordinadas.

Mañana es necesario que todos _____ *(llegar, saltar)* a tiempo a la

sesión de entrenamiento y que _____ *(volver, traer)* el uniforme del

equipo. También es necesario que _____ *(correr, hablar)* con el profesor de

matemáticas y le _____ *(decir, dormir)* que van a llegar tarde a la clase.

Les sugiero que _____ *(dedicar, hablar)* 10 minutos al calentamiento.

Quiero que _____ *(comenzar, comer)* el entrenamiento con unas flexiones y

que _____ *(buscar, estirar)* sus músculos antes de jugar.

Go Online   WEB CODE jed-0307
PHSchool.com

Gramática • Repaso   (páginas **135–136**)

El subjuntivo: Verbos irregulares

Los siguientes verbos son irregulares en presente subjuntivo.

dar	estar	haber	ir	saber	ser
dé	esté	haya	vaya	sepa	sea
des	estés	hayas	vayas	sepas	seas
dé	esté	haya	vaya	sepa	sea
demos	estemos	hayamos	vayamos	sepamos	seamos
deis	estéis	hayáis	vayáis	sepáis	seáis
den	estén	hayan	vayan	sepan	sean

Gramática interactiva

Énfasis en la forma
Encierra en un círculo todas las formas de los verbos irregulares que llevan acento.

Más ejemplos
Escribe en una hoja aparte oraciones usando el subjuntivo de cada uno de los verbos irregulares del recuadro.

Actividad BB

Completa los refranes que aparecen a continuación. Si no conoces el refrán, puedes preguntarle a tu familia o a tus amigos. Luego subraya el verbo en subjuntivo en cada refrán. Después inventa cuatro refranes que tengan un verbo en subjuntivo.

Más vale que estés solo _____

No hay mal que _____

Aunque la mona se vista de seda, _____

Más vale que llegues tarde _____

_____

_____

_____

_____

Gramática • Repaso

(páginas **137–139**)

El subjuntivo: Verbos con cambio de raíz

En presente subjuntivo, los verbos terminados en -*ar* y -*er* con cambio en la raíz presentan cambios en la raíz en todas las formas excepto en las de *nosotros* y *vosotros*.

jugar (u → ue)	pensar (e → ie)	entender (e → ie)
juegue	**pie**nse	ent**ie**nda
juegues	**pie**nses	ent**ie**ndas
juegue	**pie**nse	ent**ie**nda
juguemos	pensemos	entendamos
juguéis	penséis	entendáis
jueguen	**pie**nsen	ent**ie**ndan

- Otros verbos que ya conoces y siguen el mismo patrón son:

  o → ue: *contar, poder, volver, costar, probar(se), llover, doler*

  e → ie: *querer, sentarse, calentar, despertar(se), empezar, entender*

Los verbos que terminan en -*ir* y cuyas raíces presentan las variaciones *e → ie, e → i* u *o → ue* tienen cambios en la raíz en todas las formas del subjuntivo.

- Otros verbos que ya conoces y siguen estos patrones son:

  e → ie: *divertirse, preferir*

  e → i: *reír, repetir, servir, vestir(se), seguir, conseguir*

  o → ue: *morir*

sentirse (e → ie)	pedir (e → i)
me s**ie**nta	pida
te s**ie**ntas	pidas
se s**ie**nta	pida
nos sintamos	pidamos
os sintáis	pidáis
se s**ie**ntan	pidan

Gramática interactiva

Énfasis en la forma
Encierra en un círculo todas las formas verbales del subjuntivo de *jugar, pensar* y *entender* que contengan cambios de raíz.

Más ejemplos
Escribe cinco oraciones en una hoja aparte con la forma subjuntiva de los verbos *poder, pensar, servir, repetir* y *dormir*. Luego, subraya las formas verbales que muestren cambios de raíz.

Mariana le escribe una carta a Pablo para animarlo, pues el muchacho está triste. Lee la carta. Subraya los verbos en subjuntivo y encierra en un círculo los cambios de raíz que muestran los verbos en subjuntivo.

Deseo que te sientas mejor. Es importante que tus padres entiendan lo que te pasa. Por eso es necesario que les cuentes cómo te sientes, para que ellos puedan ayudarte. También te sugiero que vayas a la fiesta en casa de Iliana este sábado; es muy importante que te diviertas un poco. Te espero allí.

Mariana

Trabaja con otro(a) estudiante para intercambiar consejos sobre las cosas que deben hacer para hacer una buena sesión de ejercicios. Usa expresiones de las dos listas y escribe las oraciones en una hoja aparte.

> **Modelo**   *importante / estirar*
> *Es importante que estires los músculos antes de comenzar la sesión.*

1. bueno   flexionar
2. importante   seguir
3. mejor   levantar
4. necesario   cuidar
5. importante   correr
6. bueno   hacer yoga
7. necesario   respirar
8. muy importante   relajarse

(página 138)

En voz alta

1. Lee la letra de la canción popular La Adelita de la página 138 de tu libro de texto.

   • En una hoja aparte, identifica el verbo en el subjuntivo que hay en la letra de la canción.

   • Escribe este verbo en infinitivo.

2. En la canción, el autor escribe los deseos de amor que tiene hacia alguien que está enamorado. Imagina que tú eres un compositor de canciones populares que va a escribir una canción sobre tus deseos. Escribe una canción corta expresando tus deseos y utiliza "no vayas" como en la letra de la canción.

_____

_____

_____

_____

_____

¡Adelante! (páginas 140–141)

Puente a la cultura

Un juego muy antiguo

Lectura interactiva

Etimologías

¿Sabías que hay palabras españolas que tienen sus raíces en nahuatl, el idioma de los aztecas? Algunos ejemplos son las palabras *chocolate,* *tomate* y *coyote.*

Los deportes

El artículo explica que las competiciones de pelota, además de ser espectáculos públicos, eran eventos sociales y religiosos. ¿Cómo comparas esta visión del deporte de la sociedad indígena con los deportes modernos? ¿Son nuestros atletas, equipos y competiciones tan importantes en la vida pública? Responde a las preguntas en una hoja aparte.

Estrategia

Hacer comparaciones

Cuando lees un artículo sobre el pasado, puedes comparar la información que se presenta con la actualidad. Piensa en qué se parece y en qué se diferencia lo que se menciona en el artículo y lo que conoces tú hoy en día. Esto te ayudará a entender mejor el contexto de lo que estás leyendo.

La historia del juego de pelota comenzó hace unos 3,000 años alrededor del golfo de México. Los olmecas inventaron este deporte pero otros pueblos conocidos de Mesoamérica, como los mayas y los aztecas, también lo jugaban. Hasta la llegada de los españoles en el siglo XV, el juego de pelota era uno de los eventos más importantes en el Nuevo Mundo.

Llamado *ullamalitzi* por los aztecas, el juego de pelota fue el primer deporte que se jugó en grupo. En la sociedad indígena, estos eventos sociales eran tanto actos religiosos como espectáculos para el público. Los pueblos indígenas creían que los dioses, la naturaleza y el hombre no podían separarse. La vida, la astronomía y las matemáticas, la organización política y social, el arte, las guerras y hasta los deportes se relacionaban con la religión. Se cree que, para los pueblos indígenas, en el juego de pelota la competencia entre dos equipos representaba la lucha entre el Sol y otros astros. Según los mayas, los dioses miraban el juego desde arriba. Por eso, aunque todos podían ver el juego, solamente jugaban los nobles y los atletas entrenados por los sacerdotes.

Hasta hoy se han descubierto más de 600 canchas de pelota en México. Todas tenían dos paredes, una en cada lado, con un anillo de piedra en el centro de cada una. Algunas eran tan grandes como una cancha de fútbol moderna. Las paredes estaban decoradas con escenas del juego.

Para jugar se necesitaba una pelota de caucho que pesaba unas ocho libras y era tan grande como una pelota de básquetbol. La pelota no podía tocar el suelo y los jugadores no podían tocarla con las manos. Usaban la cabeza, los codos, las caderas y las rodillas para pasar la pelota a través de uno de los anillos.

Los atletas llevaban cascos y ropa de cuero para protegerse. También llevaban uniformes especiales que se cree que formaban parte de las ceremonias religiosas anteriores al juego.

Más información
La cancha de pelota más grande se encuentra en Chichén Itzá, México. La cancha mide 168 m de largo por 70 m de ancho. Las dos paredes se encuentran a 36 metros de distancia una de otra. Los anillos de piedra están a 7 metros de altura.

Verificar la comprensión
A veces, es bueno parar a media lectura y comprobar que estás entendiendo lo que lees. Piensa: ¿De qué trata el texto? ¿Qué me han explicado hasta ahora? Según lo que he leído hasta ahora, ¿qué puedo esperar que venga a continuación? Responde a las preguntas en una hoja aparte.

Análisis literario
El artículo dice que los atletas llevaban cascos y ropa de cuero para protegerse. ¿Qué te dice este detalle sobre el juego? Escríbelo en una hoja aparte.

¿Comprendiste?

1. ¿Qué visión tenían los pueblos indígenas sobre la vida? ¿Cómo influyó esto en el juego de pelota?

   _____

   _____

   _____

   _____

2. Mira el dibujo de la página 140 y las fotos de la página 141 en tu libro de texto. En base a lo que leíste en el artículo, ¿qué más puedes decir sobre el juego de pelota?

   _____

   _____

   _____

   _____

¿En qué se parece el juego de pelota a tu deporte favorito? ¿En qué se diferencia? Piensa en las reglas del juego, la cancha, los uniformes y la participación del público. Completa el diagrama de Venn para comparar ambos deportes.

Juego de pelota   _____

Go Online WEB CODE jed-0310
PHSchool.com

¿Qué me cuentas? (página **142**)

Actividad GG

Los cuentos pueden tener versiones cortas y largas. Mira las ilustraciones de esta página. Vas a narrar el cuento de dos maneras, una larga y detallada y otra corta y concisa. En una hoja aparte escribe algunas notas para ayudarte a organizar la historia, y después ponle un título al cuento. Luego narra el cuento dos veces en voz alta, sin usar tus notas. Para la primera narración, añade información y usa descripciones y diálogos para que el cuento sea más largo. Después cuenta la versión resumida.

1

2

3

4

5

6

Presentación oral (página 143)

Imagina que tu escuela va a organizar un evento especial para que los estudiantes aprendan cómo tener una vida más sana. A ti te toca hacer una presentación oral. Busca algunos materiales y haz un cartel que te pueda servir para la presentación. Usa la información que aprendiste en este capítulo y busca en la biblioteca o en la Red para encontrar algunos datos interesantes acerca de los jóvenes y la salud. Piensa los temas generales que vas tocar en tu presentación y piensa qué imágenes puedes usar en el cartel, para cada tema. Usa una tabla como la de abajo para anotar los temas que vas a tratar, de qué hablarás en cada tema y las ayudas visuales que pondrás en el cartel.

> **Estrategia**
>
> Relacionarte con el público
> Cuando haces una presentación oral es importante mirar al público. Puedes mirar de manera alternada entre las personas que están directamente frente a ti y las que están hacia los lados. Modula el volumen y articula bien las palabras para que todos te puedan oír.

Una vida más sana

temas	qué voy a decir sobre el tema	imágenes sobre el tema que voy a poner en el cartel
el ejercicio	• tipos de ejercicio _____ _____	• fotos de un gimnasio bien equipado _____
la alimentación	• alimentos saludables • comida basura _____ _____ _____	• pirámide alimenticia _____ _____

Vuelve a leer la información que escribiste. Usa mandatos con *Uds.* o recomendaciones con el subjuntivo para explicar a tus compañeros qué deben hacer para tener una vida más sana.

Imagínate que estás en un auditorio. Habla claro y en voz alta. Explica el tema y muestra el cartel. Limita tu presentación a un máximo de cinco minutos. Al final, pregunta a los estudiantes si tienen un comentario que hacer o alguna pregunta.

Tu profesor(a) te explicará como va a evaluar tu presentación. Probablemente, para tu profesor(a) es importante ver que presentaste cada sección en forma clara y organizada, explicaste cada punto completamente y en un orden lógico, hiciste uso adecuado del subjuntivo y de los mandatos con *Uds.* y usaste imágenes apropiadas para ilustrar los temas.

Presentación escrita (páginas 144–145)

Actividad 11

Imagina que trabajas para una revista y te piden que escribas un artículo sobre cómo las personas pueden llevar una vida más saludable. Presenta razones para persuadir a las personas de que cambien sus hábitos para estar más saludables.

Piensa en qué aspectos vas a tratar. Busca información en la biblioteca o en la Red, si lo necesitas. Recuerda apoyar tus opiniones con hechos y ejemplos. Crea una tabla con la información que tienes.

> ### Estrategia
>
> **Escritura persuasiva**
> La escritura persuasiva se usa para convencer a alguien de algo. Usa palabras que expresen con exactitud tu opinión acerca del tema. Incluye hechos y ejemplos para apoyar tus opiniones. Recuerda que la escritura persuasiva está dirigida a un público específico. Por eso es importante escoger las palabras, el tono y el estilo adecuados.

Para llevar una vida saludable	Ventajas y problemas que se evitan
• mantener una dieta equilibrada	• se evitan las enfermedades • el cuerpo se mantiene sano •
• mantenerse en forma	• • •

Escribe el borrador en forma de artículo dirigido a un público específico. Pon las ideas que anotaste en tu tabla en una composición. Empieza por la idea principal. Usa escritura persuasiva para convencer a tu público y da ejemplos para apoyar tus opiniones. Termina el artículo con tu conclusión.

Después de escribir el primer borrador, intercambia trabajos con otro(a) estudiante para revisarlos. Sugiérele a tu compañero(a) cómo puede mejorar su composición y escucha sus sugerencias.

Lee de nuevo tu borrador y haz las correcciones y los cambios necesarios. Escribe una copia en limpio.

Tu profesor(a) te explicará cómo va a evaluar tu escritura persuasiva. Probablemente, para tu profesor(a) es importante ver que escribiste un artículo persuasivo, incluiste razones y ejemplos para convencer al público y que usaste el vocabulario y la gramática del capítulo.

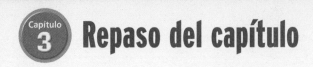

Repaso del capítulo

Capítulo 3

Vocabulario y gramática

los síntomas y las medicinas

la alergia	allergy
el antibiótico	antibiotic
la aspirina	aspirin
estar resfriado, -a	to have a cold
estornudar	to sneeze
la fiebre	fever
el grado centígrado	centigrade degree
la gripe	flu
el jarabe	syrup
la tos	cough

partes del cuerpo

el corazón	heart
el músculo	muscle
el oído	ear
el pecho	chest

actividades relacionadas con la salud

aconsejar	to advise
contener	to contain
desarrollar	to develop
evitar	to avoid
exigir	to demand
incluir	to include
quejarse	to complain
saltar (una comida)	to skip (a meal)
tomar	to take, to drink

para estar en forma

abdominales	crunches
el calambre	cramp
débil	weak
ejercicios aeróbicos	aerobics
estar en forma	to be fit
estirar	to stretch
flexionar	to flex, to stretch
fuerte	strong
la fuerza	strength
hacer bicicleta	to use a stationary bike
hacer cinta	to use a treadmill
hacer flexiones	to do push-ups
relajar(se)	to relax
respirar	to breathe
yoga	yoga

la nutrición

la alimentación	nutrition, feeding
los alimentos	food
apropiado, -a	appropriate
el calcio	calcium
el carbohidrato	carbohydrate
la comida basura	junk food
la dieta	diet
la edad	age
la energía	energy
equilibrado, -a	balanced
la estatura	height
la fibra	fiber
el hábito alimenticio	eating habit
el hierro	iron
lleno, -a	full
la merienda	snack
nutritivo, -a	nutritious
el peso	weight
la proteína	protein
saludable	healthy
vacío, -a	empty
la vitamina	vitamin

expresiones útiles

aguantar	to endure, to tolerate
aunque	despite, even when
el consejo	advice
la manera	way
el nivel	level

estados de ánimo

caerse de sueño	to be exhausted, sleepy
concentrarse	to concentrate
confianza en sí mismo, -a	self-confidence
estar de buen / mal humor	to be in a good / bad mood
el estrés	stress
estresado, -a	stressed out
preocuparse	to worry
sentirse fatal	to feel awful

Mandatos afirmativos y negativos

Verbos regulares y con cambios en la raíz, y verbos terminados en *-car*, *-gar* y *-zar*			
	tú	Ud.	Uds.
evitar	evita, no evites	(no) evite	(no) eviten
volver	vuelve, no vuelvas	(no) vuelva	(no) vuelvan
abrir	abre, no abras	(no) abra	(no) abran
sacar	saca, no saques	(no) saque	(no) saquen
llegar	llega, no llegues	(no) llegue	(no) lleguen
cruzar	cruza, no cruces	(no) cruce	(no) crucen

Verbos irregulares			
	tú	Ud.	Uds.
decir	di, no digas	(no) diga	(no) digan
poner	pon, no pongas	(no) ponga	(no) pongan
ir	ve, no vayas	(no) vaya	(no) vayan
hacer	haz, no hagas	(no) haga	(no) hagan
tener	ten, no tengas	(no) tenga	(no) tengan
mantener	mantén, no mantengas	(no) mantenga	(no) mantengan
ser	sé, no seas	(no) sea	(no) sean
salir	sal, no salgas	(no) salga	(no) salgan

Colocación de pronombres

Agrega pronombres reflexivos o de objeto al final de los mandatos afirmativos. Agrégalos después de la palabra *no* en los mandatos negativos.

Toma esas vitaminas.　　　　¡Tómalas ahora mismo!　　　　No las tomes.

El subjuntivo: Verbos regulares y verbos con cambios de raíz

saltar

salte	saltemos
saltes	saltéis
salte	salten

poder (o → ue)

pueda	podamos
puedas	podáis
pueda	puedan

pedir (e → i)

pida	pidamos
pidas	pidáis
pida	pidan

El subjuntivo: Verbos irregulares

dar

dé	demos
des	déis
dé	den

haber

haya	hayamos
hayas	hayáis
haya	hayan

ir

vaya	vayamos
vayas	vayáis
vaya	vayan

estar

esté	estemos
estés	estéis
esté	estén

ser

sea	seamos
seas	seáis
sea	sean

saber

sepa	sepamos
sepas	sepáis
sepa	sepan

● **Más práctica** ●
Practice Workbook Organizer 3-13, 3-14

Preparación para el examen

1 Vocabulario Escribe la letra de la palabra o expresión que mejor complete cada frase.

1. El médico le aconseja a Lucía que coma queso y tome leche todos los días porque contienen _____.
   a. comida basura   c. dulces
   b. calcio   d. fibra

2. Estoy enfermo(a) cuando _____.
   a. hago yoga   c. hago ejercicio
   b. tengo fiebre   d. tengo sueño

3. Te voy a recetar _____ para la tos.
   a. una gripe   c. un jarabe
   b. carbohidratos   d. una aspirina

4. Para evitar los calambres les recomiendo que _____.
   a. estiren los   c. hagan
      músculos   flexiones
   b. hagan   d. corran rápido
      abdominales

5. Si _____, te aconsejo que hagas yoga.
   a. estás en la luna   c. haces cinta
   b. estás estresado   d. te caes de sueño

6. Doctor, _____ y tengo dolor de cabeza.
   a. tengo el oído   c. me duele la gripe
   b. me duele el   d. estoy en forma
      pecho

7. Tengo fiebre, cuando _____.
   a. tengo 39°   c. tengo calambres
      centígrados
   b. evito los   d. mantengo
      antibióticos   mi dieta

8. *¡No aguanto más!* significa que _____.
   a. estás muy   c. tienes energía
      contento(a)
   b. te gusta hacer   d. estás muy
      ejercicio   estresado(a)

2 Gramática Escribe la letra de la palabra o expresión que mejor complete cada frase.

1. Jorge, no _____ al gimnasio hoy. Está cerrado.
   a. vas   c. ve
   b. vayas   d. vayan

2. Sra. Díaz, por favor _____ las vitaminas allí.
   a. ponga   c. pongan
   b. pon   d. pones

3. El doctor me aconseja que _____ una dieta equilibrada.
   a. mantenga   c. mantengo
   b. mantén   d. mantener

4. ¿Estás estresado? _____ con tus amigos para divertirte.
   a. Salgas   c. Sal
   b. Sales   d. Salgan

5. Es importante que ustedes _____ de buen humor durante las clases de yoga.
   a. estemos   c. estamos
   b. están   d. estén

6. ¡Tomen las vitaminas! ¡_____ por la mañana!
   a. Tómenlas   c. Tómalas
   b. Tómenlo   d. Tómenlos

7. Niños, ¡_____ comida basura a la escuela!
   a. no traen   c. no traigan
   b. no traiga   d. no traes

8. Quiero que tú me _____ las reglas del club.
   a. explicas   c. explique
   b. expliquen   d. expliques

En el examen vas a . . .	Éstas son las tareas de práctica que te pueden ser útiles para el examen . . .	Si necesitas repasar . . .
3 Escuchar Escuchar y comprender un programa de radio sobre consejos para la salud	En este programa de radio, varias personas llaman al Dr. Salvavidas para pedirle consejos. (a) ¿Qué síntomas tiene cada uno?, (b) ¿Qué tienen que tomar?, (c) ¿Qué más les aconseja el doctor?	**pp. 114–117** *A primera vista 1* **p. 115** Actividad 2 **p. 119** Actividad 9
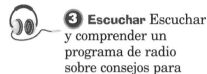 **4 Hablar** Aconsejar a otros sobre los hábitos alimenticios	La directora de la guardería infantil de tu barrio te pide que vengas a hablarles a los niños sobre lo importante que es tener buenos hábitos alimenticios. Haz cinco recomendaciones.	**p. 114–117** *A primera vista 1* **p. 116** Actividad 3 **p. 118** Actividad 7 **p. 124** Actividad 17 **p. 125** Actividades 18 y 20
5 Leer Leer y entender un anuncio	Lucía quiere aprender a preparar alimentos nutritivos y tomar clases para tener músculos fuertes. Lee el anuncio que ella vio y dile: (a) por qué no le recomiendas las clases de ejercicio y (b) por qué debe tomar las clases para preparar alimentos.	**pp. 126–129** *A primera vista 2* **p. 136** Actividad 36 **p. 139** Actividad 40

Centro Fuente de la Salud

Si estás estresado(a) y no puedes concentrarte, tenemos clases de ejercicios para ayudarte a relajar.

Aprende a tener una alimentación equilibrada. Prepara galletas nutritivas y bebidas que dan energía.

6 Escribir Escribir una carta para dar consejos	Tu trabajo en una revista es contestar las cartas que mandan los jóvenes. En una carta, un chico te dice que siempre se siente cansado y de mal humor. Escríbele una respuesta con por lo menos cuatro consejos.	**p. 121** Actividad 11 **p. 125** Actividad 18 **p. 129** Actividad 25 **p. 135** Actividad 35 **p. 136** Actividad 36
 **7 Pensar** Pensar en los antiguos juegos de los olmecas de Mesoamérica	En tu clase puedes ganar "puntos extra" si compartes algo que aprendiste en otra clase. ¿Cómo puedes explicar el juego de pelota de los olmecas de hace 3,000 años? ¿Hoy en día hay algún juego similar? Descríbelo.	**pp. 140–141** *Puente a la cultura*

A ver si recuerdas . . . (páginas **154–157**)

1 La forma en que te relacionas con las personas que te rodean varía según la persona. Completa la siguiente tabla describiendo tu relación con cada una de las siguientes personas. Puedes describir cómo te llevas con esa persona, qué cosas tienen en común o cuál es tu sentimiento hacia ella. En las categorías en que haya más de una persona, puedes escoger alguna de la que te gustaría hablar.

Persona	Mi relación con...
Madre / Padre	
Mejor amigo(a)	
Pariente favorito	
Compañeros de clase	
Profesores(as)	

2 Escoge una de las personas de la tabla y escribe más sobre ella. Describe cómo es y por qué es especial para ti. Puedes compartir alguna anécdota que tengan en común. Usa una hoja aparte para escribir tu párrafo.

Go Online WEB CODE jed-0401
PHSchool.com

¿Cómo te llevas con los demás? (páginas 158–159)

Arte y cultura

Las relaciones entre la familia y los amigos en América Latina se ven reforzadas a través de la tradición del **compadrazgo**, que es una costumbre similar a aquélla de los padrinos en Estados Unidos. Los padres de un niño recién nacido escogen una **comadre** y un **compadre**. Los adultos se ponen de acuerdo luego para ayudar al niño y también ayudarse entre sí.

Piensa en otra tradición entre familias de los países de América Latina o Estados Unidos y busca información sobre ella. Puedes entrevistar a amigos o familiares de otros países y buscar datos en la Red. Luego escribe un breve informe sobre lo que hallaste. Recuerda explicar por qué es importante esta tradición para la gente y en qué consiste.

Objetivos del capítulo

- Expresar cómo te relacionas con amigos y familiares
- Explicar qué hay que hacer para mantener las amistades
- Expresar cómo te sientes bajo determinadas circunstancias
- Hablar sobre conflictos familiares y cómo resolverlos
- Comprender diferentes perspectivas culturales acerca de cómo tratar a amigos y familiares

_____

_____

_____

_____

_____

_____

_____

_____

_____

_____

_____

_____

A primera vista 1 (páginas 160–163)

Actividad B

Lee lo que opina Raúl sobre sus compañeros. Subraya los adjetivos y escribe un sinónimo o un antónimo para cada uno.

"En general, me llevo bien con todos mis compañeros. Son todos muy simpáticos. Pero amigos íntimos son Julián y Mario. Lo pasamos muy bien juntos y tenemos muchas cosas en común. Sé que son buenos amigos porque siempre puedo contar con ellos. Son sinceros y generosos, y nunca hablan mal de los demás. Aunque soy un poco chismoso, ellos me aceptan tal como soy".

_____

_____

_____

Más vocabulario

Éstas son otras palabras y expresiones que puedes usar para describir el carácter de la gente. Añade a la lista otras que sepas.

En su relación con otros		Individualmente	
sociable	falso(a)	amargado(a)	alegre
dispuesto(a)	envidioso(a)	optimista	jovial
sincero(a)	afable	pesimista	ingenioso(a)
_____	_____	_____	_____
_____	_____	_____	_____

Actividad C

Completa las siguientes oraciones de forma lógica.

1. Una persona dispuesta… _____

_____

2. Una persona envidiosa… _____

_____

3. Alguien jovial… _____

_____

También se dice . . .

En otras partes del mundo hispano usan vocabulario diferente para algunas palabras del vocabulario de esta lección. Escribe otras palabras que sepas y compártelas con la clase.

• chismoso(a)   _____

• entrometido(a)   _____

• vanidoso(a)   _____

Actividad D

Escribe un párrafo describiendo cómo es tu mejor amigo(a). Usa al menos cinco de los adjetivos que has aprendido en esta lección.

_____

_____

_____

_____

_____

> ### Estrategia
> **Dar ejemplos**
> Cuando usas un adjetivo para describir a alguien, asegúrate de respaldarlo con un ejemplo de por qué ese adjetivo lo / la describe. "Él es muy sincero; siempre hace lo que dice".

_____

_____

_____

_____

_____

_____

_____

_____

_____

Manos a la obra 1 (páginas **164–167**)

Ortografía: *¿c, z o s?*

El uso de **c**, **z** o **s** es siempre confuso para el hispanohablante, ya que en muchos países hispanohablantes las tres letras se pronuncian con el mismo sonido [s].

La regla más estricta para diferenciar el uso de **c** y **z** es que se escribe **c** antes de las letras *e* e *i*, y **z** antes de las letras *a*, *o* y *u*.

celos   **c**ielo
confian**z**a   **z**orro   a**z**ul

Lamentablemente, no hay reglas para diferenciar las palabras que se escriben con **c** y **z** de las que se escriben con **s**. En ocasiones, es útil pensar en palabras de la misma familia y ver si nos resulta más fácil de reconocer cómo se escribe la palabra relacionada.

dos**c**ientos (viene de *cien*)
Ha**z** este trabajo. (viene del verbo *hacer*)
celeste (viene de *cielo*)

La práctica y la lectura te van a ayudar a aprender de memoria qué palabras se escriben con **c** y **z** y cuáles se escriben con **s**.

Lee las siguientes oraciones y completa con *c*, *z* o *s* las palabras que lo necesiten.

1. Tengo confian_____a en mis amigos porque me a_____eptan tal como _____oy.

2. Ha_____ de _____er _____in_____ero con tus amigos.

3. Compré para mi novia un anillo con un _____afiro a_____ul.

4. Para _____elebrar su cumpleaños, _____alimos a _____enar.

5. Fran_____isco es muy _____evero, pero también compren_____ivo.

6. Irma y yo tenemos en común que a las dos nos gustan las _____ien_____ias.

Actividad F

Contesta las siguientes preguntas sobre tu relación con tus amigos y tu personalidad.

1. ¿Cómo te describirías como amigo(a)?

_____

_____

_____

2. ¿Qué valoras tú en la amistad?

_____

_____

_____

3. ¿Alguna vez te peleaste con un(a) amigo(a)? ¿Qué pasó?

_____

_____

_____

4. ¿Qué te molesta de tu mejor amigo(a)?

_____

_____

_____

También se dice . . .

Escribe otras expresiones que se usen, según tu herencia cultural, para hablar de la amistad y de las relaciones entre las personas. Se da un ejemplo.

mano (hermano)

_____   _____

_____   _____

Fondo cultural

(página 167)

En tu libro leíste sobre "El Día de la Rosa y del Libro". A continuación tienes más información sobre la celebración del 14 de febrero. Lee el texto y luego responde a las preguntas.

Aunque el 14 de febrero se asocia con San Valentín, el origen de la celebración no es claro. Algunas personas piensan que empezó con un antiguo festival romano llamado *Lupercalia*. Otros expertos opinan que se basa en la vieja creencia inglesa de que los pájaros escogían sus parejas el 14 de febrero. Incluso los que asocian la fiesta con San Valentín mencionan dos historias diferentes sobre él.

Estrategia

Comprobar la lectura
Cuando leas el texto, haz una pausa después de cada párrafo y responde a la pregunta *¿Qué pasó?* Si no la puedes responder, vuelve a leer el párrafo.

Según una versión, el emperador romano Claudio II prohibió que los jóvenes que formaban parte de su ejército se casaran. Un sacerdote llamado Valentín desobedeció al emperador y siguió casando a los jóvenes enamorados con sus novias. Otra historia cuenta que Valentín era un cristiano que fue encarcelado por los romanos. Sus amigos le escribieron cartas y se las arrojaron a su celda a través de los barrotes de la ventana.

El 14 de febrero fue nombrado Día de San Valentín en el año 496. Se cree que la costumbre de enviar mensajes románticos empezó a principios del siglo XV. Las primeras tarjetas comerciales aparecieron a inicios del siglo XVIII. Hoy en día tanto los enamorados como los amigos se envían tarjetas, dulces, globos y otros regalos.

1. ¿Cuáles son dos de las teorías sobre el origen del "día de los enamorados"?

_____

_____

_____

2. ¿Cómo se relacionan las dos leyendas de San Valentín con el amor?

_____

_____

_____

3. ¿Cuál sería tu regalo ideal para el Día de San Valentín? ¿Por qué?

_____

_____

_____

Actividad G

Dar la mano es una costumbre antigua, pero no es la única manera de saludarse o despedirse. En muchos países de Latinoamérica, la gente se saluda dándose un beso o un abrazo. Además de estas expresiones físicas, las personas utilizan palabras y frases interesantes para decir "hola" y "adiós".

Conexiones Las ciencias sociales

(página **170**)

Realiza una encuesta en tu clase. Pregunta entre tus compañeros qué gestos y expresiones verbales usan para saludar a sus amigos y familiares. La tabla de abajo te servirá para mostrar los resultados. Primero, escribe los distintos tipos de saludos en la columna de la izquierda (el primero ya está hecho). Luego, haz una marca de conteo en la casilla correspondiente por cada respuesta que te den tus compañeros. Por último, determina qué tipo de saludo es el más común entre los jóvenes.

¿Cómo saludas a...

Tipo de saludo	tus amigos?	tus familiares?	otras personas?
Dar la mano			I

Gramática

(páginas **168–170**)

El subjuntivo con verbos de emoción

Como ya sabes, usamos el subjuntivo después de los verbos
para indicar sugerencias, deseos o demandas. El subjuntivo
también se usa después de verbos y frases impersonales
que indican emoción, como *ojalá que, temo que, tengo miedo
de que, me alegro de que, me molesta que, me sorprende
que, siento que, es triste que* y *es bueno que,* entre otras.
Una oración en subjuntivo tiene dos partes, la cláusula
principal y la cláusula subordinada. Ambas cláusulas están
conectadas por la palabra *que.*

> **Tememos que** nuestros amigos **desconfíen** de
> nuestras palabras.

Cuando la oración tenga sólo un sujeto, usamos en
general el infinitivo en lugar del subjuntivo.

> Siento no **pasar** (yo) más tiempo con mis amigas.
> Siento que ellas no **pasen** más tiempo conmigo.

Gramática interactiva

Más ejemplos
Haz una lista de otros
verbos o expresiones de
emoción que se usan con
el subjuntivo.

_____

_____

_____

_____

_____

Eva le escribe un correo electrónico a su amigo Héctor. Completa lo que dice usando
la forma correcta de los verbos entre paréntesis.

Querido Héctor:

Siento mucho no _____ *(poder)* ir a tu fiesta. El examen de

literatura es el lunes y tengo miedo de que el examen _____ *(ser)*

muy difícil. Marcia me contó que te peleaste con Ana porque no confías en ella. Yo la

conozco bien y me sorprende que _____ *(desconfiar)* de ella. Ana

es muy honesta y sincera. No creo que _____ *(engañarte)* con

otro chico. Lo mejor es que los dos _____ *(hablar)* y que

_____ *(aclarar)* lo que sucede. Es triste que

_____ *(pelearse)*… hacen una pareja muy bonita.

Saludos,

Eva

Actividad I

Imagina que estás hablando con un(a) amigo(a) sobre tus compañeros de clase. Lee las siguientes oraciones y escribe otras usando las expresiones del recuadro.

es triste	me molesta que	me alegro de que
siento que	es triste que	ojalá que

Modelo   *Mario es muy celoso.*
<u>*Es triste que Mario sea tan celoso.*</u>

1. Carla no puede guardar ningún secreto.

_____

2. Siempre la pasamos bien juntos.

_____

3. Teresa parece muy considerada con sus amigos.

_____

4. Víctor no acepta a sus amigos tal como son.

_____

Actividad J

Uno(a) de tus amigos(as) del grupo se está comportando de manera extraña. Un día se reúnen para hablar del problema. Completa las oraciones expresando lo que sienten sobre su amigo(a). Puedes usar las siguientes palabras como ayuda.

vanidoso(a)	desconfiar	sincero(a)	entrometido(a)	guardar	en común

Modelo   *Siento que <u>Marta desconfíe de mí.</u>*

1. Ojalá que… _____

2. Tememos que… _____

3. Me alegro de que… _____

4. Ellos sienten que… _____

Gramática · Repaso

(páginas **171–173**)

Los usos de *por* y *para*

Tanto *por* como *para* son preposiciones, pero se usan de manera diferente.

Usa *por* para indicar:

• duración de tiempo o distancia

Estuvieron discutiendo **por** una hora.

• lugar donde se desarrolla una acción

Ayer caminamos **por** el parque.

• un intercambio

Cambiamos la silla vieja **por** una nueva.

• razón o motivo

Se pelearon **por** un programa de televisión.

• sustitución o acción en nombre de alguien

Los padres hacen mucho **por** sus hijos.

• medios de comunicación / transporte

Ayer hablé con Analía **por** teléfono.

Usa *por* también en ciertas expresiones:

por ejemplo	**por lo general**
por la mañana (tarde, noche)	**por primera (segunda, tercera) vez**
por favor	
por eso	**por supuesto**

Usa *para* para indicar:

• propósito (a fin de)

Salí temprano **para** ver a mis amigos.

• destino

En unos minutos nos vamos **para** la playa.

• un punto en el tiempo, fecha tope

Debemos terminar el trabajo **para** el lunes.

• uso, propósito

Las tijeras sirven **para** cortar.

• opinión

Para mí, no hay nada mejor que viajar.

Gramática interactiva

Inténtalo

Escribe oraciones que ejemplifiquen algunos usos de *por* y *para*.

_____

_____

_____

_____

_____

Actividad K

Con tus amigos hablas de lo que hacen tus compañeros. Completa las oraciones con *por* o *para*, según corresponda.

1. Carolina es muy cariñosa y hace muchas cosas _____ su familia.

2. Mi amigo Pedro es muy bueno _____ guardar los secretos.

3. Con mis amigas fuimos de compras _____ la mañana.

4. _____ supuesto que Mario confía en Analía.

5. Nos reuniremos en casa de Sofía _____ hablar de la chismosa de Teresa.

Actividad L

Haz una descripción de tu mejor amigo(a) y habla sobre las cosas que hacen juntos. Usa como mínimo tres veces *por* y tres veces *para* en tus oraciones. Cuando termines el párrafo encierra en un círculo *por* y *para* para comprobar que las has usado correctamente. Puedes usar las siguientes expresiones y palabras como ayuda.

- por ejemplo
- sincero(a)
- considerado(a)
- por supuesto
- cambiar de opinión
- llevarse bien
- enojarse
- aceptarme tal como soy

_____

_____

_____

_____

_____

_____

_____

_____

A primera vista 2 (páginas 174–177)

Lee con atención la historia de Julio y Andrés en las páginas 174 y 175 de tu libro de texto. Luego, contesta las siguientes preguntas, según tu opinión.

1. En la situación 1, según los pensamientos de los chicos en la foto, ¿qué tipo de amigo te parece que es Andrés? ¿Qué piensas de Julio?

_____

_____

2. En la situación 2, ¿qué hubieras hecho tú al hablar con la entrenadora?

_____

_____

3. En las situaciones 3 y 4, ¿crees que Julio reaccionó bien? ¿Por qué?

_____

_____

4. En la situación 5, ¿piensas que Andrés hizo bien en darle una explicación a Julio? ¿Crees que Julio hizo bien en perdonar a Andrés? ¿Por qué?

_____

_____

Ampliación del lenguaje

Palabras compuestas

La palabra *malentendido* es una palabra compuesta. Viene del adverbio *mal* y el verbo *entender.* Hay muchas palabras compuestas de uso diario. Estas palabras vienen de dos o más palabras que se unen para formar una palabra cuyo significado se relaciona con el de las palabras originales. ¿Sabes otras palabras compuestas? Escríbelas.

_____

_____

_____

Nombre ____________________ Fecha ____________

Actividad N

Escribe de qué palabras vienen y qué significan las palabras compuestas de la tabla. Sigue el modelo de la primera fila. Luego, piensa en una palabra compuesta más que conozcas para completar la tabla.

Palabra	Viene de...	Quiere decir...
malentendido	*mal* y *entender*	problema de comprensión
metomentodo		
enhorabuena		
malinterpretar		
sacacorchos		

Actividad Ñ

A continuación aparecen algunas de las expresiones que has aprendido en esta lección. Organízalas en la columna correspondiente, según si forman parte de los problemas de relación o de las soluciones.

perdonar	tener la culpa	pensar en sí mismo(a)
reconciliarse	dar una explicación	no hacer caso
criticar	pedir perdón	reconocer
romper la armonía	ponerse de acuerdo	malentendido
ignorar	hacer las paces	

Problema	Solución
______________	______________
______________	______________
______________	______________
______________	______________
______________	______________
______________	______________
______________	______________

Manos a la obra 2 (páginas 178–181)

También se dice . . .

En otros países de habla hispana se usan expresiones diferentes para hablar de relaciones y conflictos personales. Añade a la lista otras que sepas.

¡Qué va!   ¡Ni hablar!   ¡De ninguna manera!   _____

resolver   solucionar   solventar   _____

pelear   discutir   _____

Explica en tus propias palabras lo que quieren decir las siguientes expresiones.

1. hacer las paces _____

2. ponerse de acuerdo _____

3. ¡Ojalá! _____

4. tener una diferencia de opinión _____

① Haz una entrevista a tus compañeros y maestros de otras clases sobre qué conflictos han tenido con otras personas y cómo los han resuelto. Prepara tu entrevista por adelantado escribiendo en una hoja aparte cuatro o cinco preguntas para hacer a la gente.

② Una vez que obtengas las respuestas, pásalas en limpio. Puedes escribir la pregunta y debajo de ésta, numerar las distintas repuestas que obtuviste.

③ Por último, lee la entrevista a la clase y comenta cuáles fueron las tendencias generales de las personas para resolver los conflictos.

Fondo cultural ■◆■◇■◆□◇□◆■◇◆■◇◆◇■◇◆□◇■◆□◇■◆■◇■◆

Las telenovelas contemporáneas son una fuente de distracción para muchas personas. No sólo sirven para entretener a la gente con sus historias, sino también como el caso de las telenovelas de época, para educar a las personas acerca de los diferentes períodos históricos.

¿Qué piensas tú? Para cada sección, escribe algunos puntos positivos o negativos sobre las telenovelas. Piensa en las telenovelas del país de tu herencia cultural, o en las que has visto en los Estados Unidos, ya sean en inglés o en español.

Las telenovelas son buenas porque...

- _____

- _____

- _____

- _____

- _____

- _____

Las telenovelas son malas porque...

- _____

- _____

- _____

- _____

- _____

Actividad Q

Lee otra vez el texto en la página 179 de tu libro sobre Carmen Lomas Garza.

Conexiones El arte _____ (página **179**)

En sus cuadros, Carmen Lomas Garza ilustra costumbres, fiestas y la vida cotidiana de su cultura. Imagínate que fueras a pintar un cuadro para mostrar elementos de tu cultura. Piensa en las fiestas y tradiciones que celebras con tus amigos, o en las costumbres de tu familia. Primero, responde a las preguntas. Luego, en una hoja aparte, describe el cuadro que pintarías.

¿Quién o quiénes estarían en tu cuadro? _____

_____

¿Qué actividad(es) se realiza(n) y por qué? _____

_____

_____

Actividad R

Mira la encuesta de la página 181 de tu libro de texto. Observa la tabla con atención y después escribe un breve párrafo sobre la información que se presenta en ella, como si fuera un artículo para publicarse en una revista para jóvenes mexicanos.

_____

_____

_____

_____

_____

_____

Estrategia

Pensar en tus lectores
Cuando escribas algo, toma en cuenta quiénes lo van a leer. En este caso, estás preparando un artículo de revista para jóvenes como tú. Piensa en lo que te ha gustado de las revistas que has leído, y así escribirás un artículo que será interesante para tus lectores.

Gramática

(páginas **182–183**)

Mandatos con *nosotros*

Existen dos formas de sugerirle a alguien que haga una actividad contigo.

Puedes usar la construcción *vamos a* + infinitivo.

Vamos a hacer las paces.

Puedes usar también un mandato con la forma para *nosotros*. La forma del mandato para *nosotros* es la misma forma para *nosotros* del presente del subjuntivo.

Resolvamos el conflicto.
No **reaccionemos** tan rápido.

Recuerda que los verbos que cambian la raíz y cuyos infinitivos terminan en *-ir* tienen un cambio de raíz de *e* → *i* o de *o* → *u* en la forma para *nosotros*.

Pidamos perdón por el malentendido.
No **durmamos** al aire libre.

Los verbos cuyos infinitivos terminan en *-car*, *-gar* o *-zar* tienen un cambio en la ortografía en la forma para *nosotros* en el presente del subjuntivo y, por tanto, en el mandato para *nosotros*.

No **critiquemos** a nuestros padres.
Empecemos a pensar un poco en ellos.

Gramática interactiva

¡Ojo!
Recuerda que el mandato para *nosotros* al que se le agregan pronombres reflexivos o recíprocos lleva, por lo general, acento. Por ejemplo, **alegrémonos, pidámosle**.

Inténtalo
En una hoja aparte, escribe un mandato para *nosotros* con un pronombre de objeto directo, un mandato con un pronombre de objeto indirecto y un mandato con un pronombre recíproco.

Los pronombres de objeto directo e indirecto se agregan al final de la forma afirmativa de los mandatos para *nosotros*, y se escriben antes en el caso de la forma negativa de los mandatos para *nosotros*.

Celebremos la amistad. **Celebrémosla.**
Digámosle todo. **No le mintamos.**

Al agregar pronombres reflexivos o recíprocos al final del mandato para *nosotros*, no se incluye la *-s* final del mandato antes del pronombre.

¡Alegrémonos con sus éxitos!
Atrevámonos a darles nuestras opiniones.

Esta semana hubo muchos conflictos entre tus compañeros de clase y deciden hacer algo para resolverlos. Lee las siguientes decisiones y cambia cada una a un mandato con la forma para *nosotros*.

1. Vamos a hacer las paces. _____

2. Vamos a ponernos de acuerdo. _____

3. Vamos a resolver el conflicto entre Sara y Felipe.

_____

4. No vamos a criticar a Emilio por lo que hizo.

_____

Actividad T

Imagina que estás en una fiesta y escuchas los siguientes mini diálogos. Escribe la segunda parte de cada mini diálogo usando un mandato para *nosotros*. Usa las palabras del recuadro y el vocabulario de la lección como ayuda.

| llevar | decir | ir | ignorar | reconciliarse | contar | pedir |

Modelo —¿Qué le podemos decir a Daniel?
—*Digámosle que le pida perdón a su hermana.*

1. —¿Sabe María la historia sobre la pelea de Joaquín con su novia?

_____

2. —¿Cómo podemos sorprender a Roberto para su cumpleaños?

_____

3. —¿Cuándo vamos a la casa de Enrique?

_____

4. —Mercedes está todavía enojada con ustedes.

_____

Actividad U

Todos los días te encuentras en situaciones diferentes que debes resolver. Escribe mandatos para las siguientes situaciones. Usa la forma *vamos a* + infinitivo o el mandato para *nosotros,* para cada situación. Agrega todos los detalles que quieras.

Modelo *cambiar de opinión*
Cambiemos de opinión sobre Elisa. Ella no es una chica vanidosa.

1. ponerse de acuerdo

_____

2. no criticar a los demás

_____

3. ignorar el malentendido

_____

4. ser más considerado

Go Online WEB CODE jed-0407
PHSchool.com

Gramática

(páginas **184-185**)

Pronombres posesivos

Para formar los pronombres posesivos, usa la forma larga de los adjetivos posesivos precedida por el artículo definido que corresponda. Tanto el artículo como el adjetivo posesivo deben coincidir en número y género con el sustantivo que reemplazan.

Mis padres son muy serios. ¿Y **los tuyos**?
Los míos son bastante divertidos.

Tu **familia** es muy pequeña. **La mía** es bastante grande.

Muchas veces omitimos el artículo entre el verbo *ser* y el pronombre posesivo.

Estas maletas **son nuestras.**
Mi hermano siempre dice que toda la culpa **es mía.**

Gramática interactiva

Reemplaza los siguientes adjetivos posesivos y sustantivos con pronombres posesivos.

mis camisas, tus padres, su familia, nuestros gatos

_____

_____

_____

¿Recuerdas?

Las formas largas de los adjetivos posesivos se usan para clarificar o enfatizar.

1ra., 2da. y 3ra. persona del singular		1ra., 2da. y 3ra. persona del plural	
mío(s)	mía(s)	nuestro(s)	nuestra(s)
tuyo(s)	tuya(s)	vuestro(s)	vuestra(s)
suyo(s)	suya(s)	suyo(s)	suya(s)

Actividad V

Llegó la hora de irse de la fiesta para Raúl y no encuentra su chaqueta. Lee el siguiente diálogo y complétalo con los pronombres posesivos que correspondan.

Raúl: ¿Has visto mi chaqueta, Carlos? No la encuentro por ningún lado.

Carlos: ¿No es ésta la _____?

Raúl: No, la _____ es de color marrón. Creo que alguien de la fiesta se la llevó por equivocación.

Carlos: Me parece que Sergio tiene tu chaqueta. ¿Por qué no le preguntas?

Raúl: Sergio, esa chaqueta que tienes en la mano, ¿es _____?

Sergio: Creo que sí… déjame ver. No… es muy parecida pero no es la _____.

Raúl: Entonces es la _____.

Sergio: Discúlpame, pero no sabía que esta chaqueta era la _____.

Raúl: No te preocupes. Las _____ son chaquetas muy parecidas.

Actividad W

Hoy es un día muy agitado. A todas las personas que conoces les sucede algo. Lee las preguntas y escribe una respuesta para cada una, usando los pronombres posesivos.

Modelo   *¿Cuál es nuestra maleta?*
La nuestra es la de color negro.

1. ¿Dónde está mi amigo?

_____

2. ¿Cuáles son tus maletas?

_____

3. ¿De quiénes son estos libros?

_____

4. ¿De quién es este informe?

_____

5. ¿Tu madre es tan amable como la mía?

_____

Actividad X

Piensa en algo que tengan en común tanto tú como un(a) amigo(a). Puede ser una característica física, como el cabello o los ojos, o un objeto, como una computadora o una prenda de vestir. Compáralos usando los pronombres posesivos.

Modelo   *el cabello*
El mío es negro. El de Rosario es castaño.
El suyo es rizado y el mío es liso. El suyo está siempre suelto. El mío está siempre recogido en una cola. Los nuestros son cabellos muy bonitos.

_____

_____

_____

_____

Go Online WEB CODE jed-0409 PHSchool.com

El español en la comunidad (página 185)

El español es uno de los idiomas más hablados del mundo y dominar este idioma puede tener muchos beneficios. El aumento de la población hispana en los Estados Unidos ha incrementado la demanda de intérpretes de español en tres especializaciones: legal, médica y general. Busca en la biblioteca o en la Red las profesiones que existen bajo cada especialización. Organiza tu información usando la gráfica siguiente. Luego contesta las preguntas que siguen.

Intérprete

Especializaciones

Legal	Médica	General

1. ¿Qué área de especialización te interesa más? ¿Por qué?

_____

_____

_____

2. Lee la lista de profesiones que escribiste bajo tu especialización preferida. ¿Cuáles te interesan más? ¿Por qué?

_____

_____

_____

¡Adelante! (páginas 186–187)

Puente a la cultura

El amor en las artes

> ### Estrategia
>
> **Idea principal**
>
> Cuando lees un artículo que contiene mucha información, puedes leer la primera oración de cada párrafo antes de leer el artículo completo. La primera oración te puede dar la idea principal del párrafo. Así podrás saber a rasgos generales de lo que trata el artículo.

A través de su arte y literatura, los países de América Latina y España han expresado siempre la importancia que tiene el amor. Esta característica de la cultura del mundo hispanohablante se mantuvo a través de los siglos y sigue viva hoy.

El amor en la pintura

Quizá el sentimiento de amor más importante en la cultura latinoamericana y española es el amor a la madre. Además de poemas y estatuas, el amor a la madre ha inspirado a muchos pintores. Uno de ellos es Diego Rivera (1886–1957). Este famoso pintor y muralista disfrutaba pintando mujeres con niños, especialmente mujeres indígenas a quienes presentaba con hermosos niños, y vestidas de brillantes colores.

La pintura en murales ha sido otra forma de expresión artística del amor, el amor a la comunidad. Judith Francisca Baca es una artista de California que ha fundado programas de creación de murales. Con su arte ha ayudado a embellecer la comunidad, a hacer conocer otras culturas y a alentar a miles de jóvenes a interesarse en las artes. En la creación de uno de sus murales, *The Great Wall*, participaron más de 400 jóvenes de 14 a 21 años de edad.

Lectura interactiva

Piénsalo

¿Por qué crees que el amor es un tema constante en el arte? Escribe uno o dos párrafos sobre tu opinión en una hoja aparte.

Análisis cultural

Aunque el Día de la Madre se celebra en casi todo el mundo, según el país se realiza en diferentes fechas. En la mayoría de las regiones de Europa se celebra el primer domingo de mayo, y en los Estados Unidos, el segundo. En Argentina, sin embargo, se celebra el tercer domingo de octubre. En Nicaragua y Guatemala hay fechas fijas: el 30 y el 10 de mayo, respectivamente.

Conocimientos previos

Piensa en lo que aprendiste sobre Diego Rivera y otros artistas mexicanos en el Capítulo 2. ¿Qué recuerdas sobre el muralismo? Escribe en una hoja aparte las características generales de este movimiento, como ayuda para comprender mejor lo que dice el texto.

El amor en la música

La música es otra de las artes que se han usado para expresar el amor. Se escucha siempre en los grandes festivales y eventos patrióticos, en las elegantes bodas, en paseos y en funerales.

Agustín Lara (1896–1970), uno de los grandes compositores mexicanos, compuso la letra y la melodía de más de 600 canciones y sus éxitos suman cientos. La fuente de inspiración de la mayoría de sus canciones fue el amor a la mujer, ya que su vida estuvo llena de romances. Pero Agustín también fue un enamorado de España y dedicó canciones a las ciudades de Sevilla, Toledo, Navarra, Murcia, Valencia y Madrid. Su Canción *Granada* ha dado la vuelta al mundo en las voces de los más famosos artistas.

El amor en la poesía

De todas las formas de expresar el amor en la literatura, quizás la más apropiada es la poesía. Un ejemplo es la obra de la gran poeta uruguaya Juana de Ibarbouru (1892–1979). Cuando Juana tenía 22 años publicó *Lenguas de diamante,* su primer libro de poesía, con el que obtuvo un éxito instantáneo. Su poesía se caracteriza por un ritmo armonioso, un amor ingenuo y transparente, sin tonos dramáticos o angustiosos. Sus temas incluyen el amor, la maternidad, la belleza física y la naturaleza.

¿Lo sabías?
Agustín Lara escribió la canción *Granada…* ¡sin haber viajado a España! Observa el mapa de España y busca las ciudades sobre las que escribió Lara.

Estrategia de lectura
A medida que leas la sección *El amor en la poesía,* subraya los adjetivos que encuentres. Luego, en una hoja aparte, escribe una definición para cada uno según el contexto del párrafo.

Actividad Y

¿Comprendiste?

1. Nombra ejemplos de artistas y los temas que usaron para expresar el amor en la pintura, en la música y en la poesía.

_____

_____

_____

_____

2. ¿Cómo ayudó el mural de Judith Baca a su comunidad?

_____

_____

Inspiración poética

Agustín Lara escribió canciones de amor a varias ciudades de España y México, inspirado por la belleza y el espíritu de estos sitios. Piensa en un lugar que sea especial para ti. Primero explica brevemente por qué escogiste ese lugar. Luego, escríbele un poema o una canción de amor.

Lugar: _____

Por qué es especial para mí: _____

_____

_____

_____

_____

_____

Estrategia

Usar símiles y metáforas

Los poetas y otros escritores a menudo usan símiles y metáforas. Un **símil** usa *como* para comparar los dos elementos. Por ejemplo, *"Tus ojos son como ríos profundos"*. Una **metáfora** hace una comparación sin usar *como*. Por ejemplo, *"La plaza es un tren que nunca para"*. Al escribir tu poema o canción de amor, trata de usar símiles y metáforas para hacer más interesante lo que escribas.

¿Qué me cuentas?   (página 188)

Siempre que hay más de una persona involucrada en un evento, habrá más de una versión acerca del mismo. Mira las ilustraciones que representan el cuento. Piensa cómo cada una de las protagonistas describiría lo que sucedió. Escribe, en una hoja aparte, notas sobre lo que diría cada niña. Luego cuenta la historia desde el punto de vista de cada una. Recuerda usar las palabras que estudiaste en esta lección.

1

2

3

4

5

6

Presentación oral (página 189)

Actividad AA

Los concejos estudiantiles son grupos de estudiantes que ayudan a resolver problemas en la escuela. Trabaja con un grupo para representar ante la clase una sesión del concejo estudiantil.

Al reunirse el concejo, algunos miembros presentarán problemas y otros deberán hacer sugerencias de cómo resolverlos. Piensen en problemas que haya en la escuela. Digan quiénes participan en estos problemas, porqué surgen y cuáles serían las soluciones posibles. Luego decidan cuál sería la mejor solución de todas. Pueden anotar sus ideas en una tabla como ésta.

> **Estrategia**
>
> **Representar un personaje**
> Una presentación oral te exigirá, a veces, que actúes como cierto personaje. Ten en cuenta el tipo de personaje que vas a representar para poder actuar, hablar e incluso pensar como lo haría él o ella.
>
> Para esta presentación oral, recuerda que tu personaje no está frente a la clase, sino que está resolviendo un problema de la escuela en un concejo estudiantil.

Problema:	Soluciones posibles:	Mejor solución:

Practiquen la presentación en la que uno(a) de ustedes presentará un problema y explicará las características del mismo, y otra persona explicará las soluciones posibles mencionando cuál de todas es la mejor y por qué. Lean lo que escribieron en la tabla y túrnense para que todos presenten por lo menos un problema o sugieran una solución. Recuerda que deben explicar claramente los conflictos y las soluciones posibles, dar detalles de por qué sugieren esas soluciones y explicar qué beneficios traerían. Al hacer la presentación ante la clase recuerden mirar al público a los ojos y esperar a que termine de hablar la otra persona para empezar a hablar. Limiten la presentación a 10 minutos. Tu profesor(a) te explicará cómo va a evaluar la presentación. Probablemente, para tu profesor(a) es importante ver que el problema y las soluciones fueron presentados claramente, que los oradores representaron personajes realistas y que el público entendió la presentación.

Nombre _____   Fecha _____

Presentación escrita (páginas 190–191)

Actividad BB

Piensa en algún cuento que viste en un programa de televisión o una película de cine, o que leíste en un libro, sobre la amistad entre dos personas. Escribe en una hoja aparte una composición sobre los personajes del cuento. Describe cómo son, qué cosas tienen en común, en qué se diferencian, cómo es su relación y qué tipo de conflicto viven. Si quieres puedes inventar una historia en base a tu experiencia personal.

Estrategia

Describir relaciones
Los buenos escritores ayudan a sus lectores a deducir las relaciones entre los personajes a partir de sus acciones, palabras y pensamientos. Mientras planeas lo que vas a escribir, piensa en las causas de los conflictos o amistades entre las personas sobre las que vas a escribir. ¿De qué manera las acciones, los pensamientos y las palabras causan la reacción de otros personajes? ¿Por qué?

Piensa en tus personajes. ¿Cómo son? ¿Qué cualidades tienen? ¿Qué cosas tienen en común? ¿En qué se diferencian? ¿Qué conflicto tienen? ¿Cómo pueden resolver el conflicto? Completa la tabla que aparece en esta página con los detalles que reúnas en base a cada pregunta. Agrega toda la información que quieras.

Escribe tu borrador usando la información de la tabla. Presenta primero a los personajes usando palabras específicas para describirlos. Luego, explica cuál es el conflicto principal y describe las acciones de los personajes y sus consecuencias. Por último, relata cómo los personajes resuelven el conflicto y cuál es tu conclusión final acerca de su relación. Recuerda usar palabras específicas para describir las diferentes situaciones y revisa que haya concordancia entre sustantivos, adjetivos, verbos y pronombres.

Antes de hacer la versión final, revisa tu borrador y corrige los errores que encuentres. Tu profesor(a) te explicará cómo va a evaluar tu narración. Probablemente, para tu profesor(a) es importante ver que la elección y la organización de la información crean un mensaje convincente, que tus personajes son representados claramente, y que usas la gramática y la ortografía correctamente.

Nombre	Cualidades / Defectos	Razones del conflicto	Cómo lo resuelven

Repaso del capítulo

Capítulo 4

Vocabulario y gramática

cualidades

amable	kind
cariñoso, -a	loving, affectionate
celoso, -a	jealous
chismoso, -a	gossipy
comprensivo, -a	understanding
considerado, -a	considerate
egoísta	selfish
entrometido, -a	meddlesome, interfering
honesto, -a	honest
íntimo, -a	intimate
sincero, -a	sincere
vanidoso, -a	vain, conceited

sustantivos

la amistad	friendship
la armonía	harmony
el comportamiento	behaviour
la confianza	trust
el conflicto	conflict
la cualidad	quality
la explicación	explanation
el malentendido	misunderstanding
la pelea	fight
el secreto	secret

verbos

acusar	to accuse
alegrarse	to be delighted
apoyar(se)	to support, to back (each other)
atreverse	to dare
colaborar	to collaborate
confiar (i → í)	to trust
contar con	to count on
criticar	to criticize
desconfiar	to mistrust
esperar	to hope (for)
estar equivocado, -a	to be mistaken
guardar (un secreto)	to keep (a secret)
ignorar	to ignore
mejorar	to improve

pedir perdón	to ask for forgiveness
perdonar	to forgive
ponerse de acuerdo	to reach an agreement
reaccionar	to react
reconciliarse	to become friends again
reconocer (c → zc)	to admit, recognize
resolver (o → ue)	to resolve
sorprender(se)	to (be) surprised
temer	to fear

expresiones

aceptar(me) tal como (soy)	to accept (me) the way (I am)
cambiar de opinión	to change one's mind
la diferencia de opinión	difference of opinion
hacer caso	to pay attention / to obey
hacer las paces	to make peace (with)
juntos, -as	together
ojalá	I wish, I hope
pensar en sí mismo(a)	to think of oneself
¡Qué va!	No way!
tener en común	to have in common
tener celos	to be jealous
tener la culpa	to be guilty
¡Yo no fui!	It was not me!

Capítulo 4

El subjuntivo con verbos de emoción

Usa el *subjuntivo* después de verbos que indiquen sugerencias, deseos o mandatos.	Usa el *subjuntivo* después de verbos y frases impersonales que indiquen emoción.	Cuando la oración sólo tenga un sujeto, por lo general usamos el *infinitivo* en vez del subjuntivo.
Te sugiero que **vengas.** **Esperamos** que **llueva.** **Nos exigió** que **estudiemos.** **¡Ojalá** que **se diviertan!**	**Tememos** que nuestros amigos **desconfíen** de nosotros. **Es una lástima** que no **hagan** las paces.	**Espero ir** mañana al cine. **Espero ver** esa película.

Los usos de *por* y *para*

Usa *por* para indicar: duración de tiempo o distancia, el lugar donde ocurre una acción, un intercambio, una razón o un motivo, una acción a favor o de parte de alguien, un medio de comunicación o de transporte.	Usa *por* en ciertas expresiones:	Usa *para* para indicar: propósito, lugar de destino, un momento en el tiempo, uso, opinión.
Bailamos **por** varias horas. Busqué **por** todos los pasillos. Te cambio el café **por** un dulce. Me puse muy feliz **por** tu llegada. Fue a una marcha **por** la paz. Mandó la carta **por** avión.	**por** ejemplo **por** eso (tanto) **por** la (mañana, tarde, noche) **por** favor **por** lo general **por** primera (segunda, tercera, última) vez **por** supuesto	Estudio **para** tener un buen futuro. Salimos **para** la ciudad dentro de una hora. **Para** las ocho ya estaban allí. Ponte la chaqueta **para** no tener frío. **Para** ustedes todo es divertido.

Mandatos con *nosotros*

Verbos regulares	Verbos con cambios en la raíz cuyos infinitivos terminan en *-ir*	Verbos terminados en *-car, -gar* y *-zar*
olvidar **olvidemos** pensar **pensemos** reconocer **reconozcamos**	pedir **pidamos** dormir **durmamos**	criticar **critiquemos** pagar **paguemos** empezar **empecemos**

Los pronombres **directos** e **indirectos** se agregan al final de los mandatos afirmativos con *nosotros*, pero preceden las formas negativas de los mandatos con *nosotros*.	Para agregar pronombres **reflexivos** o **recíprocos** al final de un mandato con *nosotros*, quita la *-s* al final del mandato antes del pronombre.
Digámosle toda la verdad. No **les** mintamos.	**Alegrémonos** con nuestro éxito. **Abracémonos** uno al otro.

Pronombres posesivos

Para formar los **pronombres posesivos**, usa la forma larga de los adjetivos posesivos precedidos por el artículo definido.

Mis padres son muy serios. ¿Y **los suyos**?
Su vestido es grande. **El nuestro** es pequeño.

A menudo omitimos el artículo entre el verbo *ser* y el pronombre posesivo.

Esas maletas **son nuestras**, pero la mochila **es suya.**

● Más práctica..........................
Practice Workbook Organizer 4-13, 4-14

Capítulo 4 *Realidades* para hispanohablantes **137**

Capítulo
4

Preparación para el examen

Como preparación para el examen, comprueba que

- sabes la gramática y el vocabulario nuevos
- puedes hacer las tareas de las páginas 138 y 139 de este cuaderno

1 Vocabulario Escribe la letra de la palabra o expresión que mejor complete cada frase.

1. Mis sobrinos siempre me besan y me abrazan. Son muy _____.
   a. cariñosos
   b. sinceros
   c. entrometidos
   d. honestos

2. Cuando dos amigos se reconcilian, _____.
   a. piensan en sí mismos
   b. hacen las paces
   c. piensan en los demás
   d. tienen la culpa

3. Una persona _____ no sabe guardar secretos.
   a. vanidosa
   b. egoísta
   c. celosa
   d. chismosa

4. Beto y Graciela son _____. Nunca mienten.
   a. armonía
   b. sinceros
   c. amables
   d. comprensivos

5. Cuando acusé a mi amigo de romper mi cámara, él me contestó, "_____. ¡Yo no fui!"
   a. ¡Qué lástima!
   b. ¡Ojalá!
   c. ¡Qué va!
   d. ¡Tienes razón!

6. Mis padres nunca me _____. Me aceptan tal como soy.
   a. hacen caso
   b. critican
   c. temen
   d. piden perdón

7. Mis amigos y yo tenemos _____. Nos gusta montar en monopatín y jugar videojuegos.
   a. celos
   b. mucha confianza
   c. muchas peleas
   d. mucho en común

8. El cariño y la confianza son dos _____ importantes en una amistad.
   a. cualidades
   b. conflictos
   c. consejos
   d. explicaciones

2 Gramática Escribe la letra de la palabra o expresión que complete mejor cada frase.

1. Me molesta que ustedes _____ tan chismosos.
   a. son
   b. seas
   c. sean
   d. es

2. Ojalá que ella me _____.
   a. perdone
   b. perdonado
   c. perdona
   d. perdonando

3. Es triste _____ nuestra amistad.
   a. rompa
   b. romper
   c. roto
   d. rompo

4. Fernando y Pedro _____ todos los días.
   a. nos escribíamos
   b. se escribían
   c. les escribí
   d. se escribió

5. Mis hermanas y yo _____ contábamos todos los secretos.
   a. nos
   b. me
   c. se
   d. lo

6. Después de pelearse con su mejor amigo, Jorge le dijo: "_____ las paces".
   a. Hacíamos
   b. Hacemos
   c. Hicimos
   d. Hagamos

7. "¿Nos reconciliamos?", preguntó Ana. "Sí, _____," contestó Gaby.
   a. reconciliarme
   b. reconciliémonos
   c. reconciliémosnos
   d. reconciliamos

8. Mis padres son muy comprensivos. ¿Cómo son _____?
   a. los tuyos
   b. tuyos
   c. las tuyas
   d. tuyas

En el examen vas a . . .	Éstas son las tareas de práctica que te pueden ser útiles para el examen . . .	Si necesitas repasar . . .
3 Escuchar Escuchar y comprender la descripción de un buen amigo o de una buena amiga	El locutor de un canal de televisión entrevistó a varios jóvenes sobre lo que piensan de sus amigos. Escucha lo que dijo cada joven y, según lo que dijo, decide: (a) qué cualidades tiene su mejor amigo(a); (b) qué le molesta de su amigo(a); (c) qué tienen en común.	**pp. 160–163** *A primera vista 1* **pp. 164–165** Actividades 6–7 **p. 166** Actividad 8
4 Hablar Expresar opiniones y emociones sobre el comportamiento de otra persona	Estás cuidando a tu hermano menor que a veces se porta bien y a veces bastante mal. Dile a tu hermano lo que piensas y sientes acerca de su comportamiento. Usa por lo menos cinco oraciones. Por ejemplo, puedes decir: *Me alegro de que no tengas celos de nuestra hermanita. Es triste que no le hagas caso a mamá.*	**p. 168** *Subjuntivo con verbos de emoción* **p. 169** Actividades 13–14 **p. 170** Actividad 17 **p. 181** Actividades 31–32
5 Leer Leer y comprender un mensaje en un salón de chat	Lee este mensaje que una joven puso en un salón de chat. Decide por qué tiene tantos conflictos con sus amigos y qué debe hacer para mejorar su relación con ellos. **No entiendo por qué mis amigos están enojados conmigo. Ana dice que nunca le presto mis revistas. Lucía está enojada porque le conté a su mamá que sacó una mala nota. Luis está furioso porque llegué dos horas tarde al cine y no pudimos ver la película. En fin, ¡mi vida es un desastre! ¿Qué puedo hacer?**	**p. 161** *A primera vista 1* **p. 168** Actividad 12 **p. 173** Actividad 21 **pp. 174–176** *A primera vista 2*
6 Escribir Escribir sobre un conflicto entre amigos(as)	Escribe sobre un conflicto que ocurre entre dos amigos(as) en una película que viste o entre amigos(as) de la vida real. Explica por qué se rompe la armonía y cómo se reconcilian esas personas.	**p. 170** Actividad 15 **p. 172** Actividad 20 **p. 173** Actividad 21 **p. 179** Actividad 26 **p. 181** Actividad 32
7 Pensar Pensar en cómo se relacionan los jóvenes con sus familias	En México se hizo una serie de encuestas sobre la vida de los jóvenes y sus familias. Piensa en la información que leíste sobre este tema en el capítulo y compara las respuestas de los jóvenes mexicanos con tu propia experiencia.	**pp. 176–177** Actividades 23–24 **p. 181** Actividad 31

A ver si recuerdas . . . (páginas 200–203)

Actividad A

Piensa en algún trabajo que hayas hecho que fuera importante para ti. Puede ser algún proyecto voluntario, como un jardín comunitario o un programa educativo para niños. Puede ser un trabajo que hayas hecho después de la escuela, durante los fines de semana o en el verano, como en una tienda o en un campamento. Explica por qué este trabajo era importante para ti y también para tu comunidad. Completa las oraciones siguientes con detalles sobre tu experiencia.

Yo trabajaba en. . .

_____

_____

Yo trabajaba con muchas personas interesantes, por ejemplo con. . .

_____

_____

Lo que me gustaba más del trabajo era que. . .

_____

_____

Las actividades típicas de este trabajo eran. . .

_____

_____

Este trabajo era especial para mí porque. . .

_____

_____

Este trabajo era importante para mi comunidad porque. . .

_____

_____

Go Online WEB CODE jed-0501
PHSchool.com

Trabajo y comunidad (páginas 204–205)

Arte y cultura

A algunas personas les agrada el sentido de comunidad que resulta de compartir un jardín comunitario. Otras, sin embargo, prefieren tener un espacio privado en su propio jardín. Piensa en las ventajas y desventajas de participar en un jardín comunitario. Escribe tus ideas en la tabla.

Ventajas	Desventajas

Objetivos del capítulo

- Hablar sobre maneras de conseguir un trabajo
- Describir las destrezas y habilidades necesarias para hacer un trabajo
- Hablar sobre oportunidades para trabajar de voluntario(a) en tu comunidad
- Explicar cómo puedes ayudar y ser útil en tu comunidad
- Comprender perspectivas culturales sobre trabajos para estudiantes y trabajo voluntario

¿Cuál es tu planta, fruta o verdura favorita? Tal vez sea la flor de girasol, como las que aparecen en la pintura de Rivera. Usa lo que ya sabes, la biblioteca o la Red para averiguar qué necesitarías para cultivar tu planta, fruta o verdura favorita. Describe las condiciones ideales.

tipo de suelo: _____

sol / sombra: _____

cantidad de agua: _____

temperatura: _____

A primera vista 1 (páginas **206–209**)

Muchas palabras tienen sinónimos, es decir, palabras o expresiones con significado equivalente. Relaciona las dos columnas escribiendo en la línea de la izquierda la letra del sinónimo correspondiente que aparece en la lista de la derecha.

_____ **1.** soler   **a.** trabajo

_____ **2.** salario   **b.** aptitudes

_____ **3.** solicitar   **c.** tener la costumbre

_____ **4.** puesto   **d.** pedir

_____ **5.** habilidades   **e.** sueldo

Lee las descripciones y escribe el nombre del trabajo del que se trata.

1. Persona que se dedica a repartir paquetes de una oficina a otra.

_____

2. Persona que trabaja con jóvenes adolescentes para ayudarlos con sus estudios o problemas de conducta. _____

3. Persona encargada de dar la bienvenida a otros en una oficina. También se encarga de contestar los teléfonos y pasar los recados. _____

4. Persona encargada de supervisar. _____

5. Persona que cuida a niños en su casa. _____

6. Persona propietaria de un negocio. _____

7. Persona que compra en una tienda. _____

Fíjate en la página 207 de tu libro de texto y, en una hoja aparte, escribe un diálogo sobre la entrevista entre Miguel y el dueño de la tienda.

Actividad E

1 Repasa tus respuestas de la encuesta de la página 208 de tu libro de texto y completa la gráfica.

Mis cualidades
_____
_____
_____

Mis conocimientos
_____
_____
_____

2 En una hoja aparte, escribe un párrafo donde expliques cómo eres y lo que sabes. Usa las expresiones siguientes:

- Soy . . .
- Sé . . .
- Me gusta . . .
- Para mí es importante . . .
- Quiero . . .

Actividad F

Lee los anuncios de la página 209 de tu libro de texto. En una hoja aparte, explica qué trabajo te interesa y por qué serías un(a) buen(a) candidato(a) para ese trabajo.

Estrategia

Escribir para persuadir
Cuando escribes para persuadir, intentas convencer a otra persona de algo. Para lograr esto, debes escribir de manera clara y ordenada, presentar información veraz y usar argumentos lógicos.

Actividad G

Imagínate que eres el / la director(a) de tu escuela y necesitas contratar a un(a) profesor(a) de español. ¿Qué requisitos tiene este trabajo? ¿Cómo debe ser la persona ideal para el puesto? Escribe un anuncio para el periódico.

SE SOLICITA
_____
_____
_____
_____
_____

Manos a la obra 1 (páginas 210–213)

Ortografía: ¿a o ha?
El presente de la 3ª persona del verbo *haber* es *ha.* No debe confundirse con la preposición *a* que se escribe sin *h.*   El profesor nos **ha** dejado mucha tarea.   El profesor felicitó **a** Rosa por su trabajo.

Actividad H

Lee las siguientes oraciones y completa con *a* o *ha* según corresponda.

Mi hermano _____ empezado a trabajar esta semana. Dice que va

_____ ahorrar para comprarse una guitarra eléctrica. _____ él

siempre le _____ gustado la música y _____ estudiado guitarra

desde pequeño. Su sueño es ser el guitarrista de su propio conjunto musical. Ayer

llamó por teléfono _____ sus amigos y los invitó _____ la casa

_____ oírlo tocar. Todos dijeron que toca muy bien.

Actividad I

Mira las ilustraciones de la página 211 de tu libro de texto. Escribe qué cualidades y conocimientos se necesitan para cada trabajo.

1. Para ser niñero(a) _____.

2. Para ser cartero(a) _____.

3. Para ser mensajero(a) _____.

4. Para ser vendedor(a) _____.

5. Para ser salvavidas _____.

6. Para ser locutor(a) _____.

7. Para ser mesero(a) _____.

8. Para ser cajero(a) _____.

Nombre _____ Fecha _____

Ampliación del lenguaje

Los oficios

El trabajo o la ocupación de una persona es el *oficio*. Algunos oficios se aprenden con la práctica y otros se tienen que estudiar. Algunos de los oficios más tradicionales son los oficios de zapatero, herrero, carpintero, etc.

¿Qué otros ejemplos de oficios conoces? Escríbelos en una hoja aparte y añade una breve descripción de ellos.

Actividad J

1 Pregunta a tus padres o a algún familiar qué oficios son los más populares en el país de tu herencia cultural.

_____

_____

2 A pesar de que muchos oficios no se estudian formalmente, requieren ciertas condiciones. Piensa en dos oficios que conozcas y haz una lista de las habilidades y los conocimientos que crees que se necesitan para ejercerlos con éxito.

_____

_____

_____

_____

Actividad K

¿Has trabajado alguna vez? Piensa en tus experiencias laborales (de trabajo) y responde a las preguntas. Escribe tus repuestas en una hoja aparte.

1. ¿En qué lugares has trabajado? ¿Cuál ha sido tu mejor trabajo?

2. ¿Cuáles eran tus responsabilidades en ese trabajo?

3. ¿Cuál era tu horario de trabajo?

4. ¿Cómo conseguiste ese trabajo?

5. ¿Cuál ha sido tu peor trabajo? ¿Por qué ha sido el peor?

6. ¿Qué planes tienes para trabajar en un futuro?

Gramática • Repaso

(páginas **214–216**)

El presente perfecto

Para formar el presente perfecto, combina el presente del verbo *haber* con un participio pasado.

No **he reparado** la bicicleta todavía.
¿Qué trabajos **has tenido?**

A continuación aparecen las formas del presente perfecto de *hablar*.

he hablado	hemos hablado
has hablado	habéis hablado
ha hablado	han hablado

- Recuerda que para formar el participio pasado de un verbo en español, añades *-ado* a la raíz de los verbos terminados en *-ar,* e *-ido* a la raíz de los verbos terminados en *-er* e *-ir.*

  hab**lar** → habl**ado**
  co**mer** → com**ido**
  viv**ir** → viv**ido**

- Los verbos que tienen dos vocales juntas en el infinitivo (excepto *ui*) llevan acento en la *í* del participio pasado.

  caer → ca**í**do   oír → o**í**do
  traer → tra**í**do   reír → re**í**do
  leer → le**í**do   creer → cre**í**do

- Muchos verbos en español tienen participios irregulares. Tú ya has aprendido algunos de ellos.

  abrir → **abierto**   resolver → **resuelto**
  decir → **dicho**   escribir → **escrito**
  romper → **roto**   ser → **sido**
  poner → **puesto**   ver → **visto**

- Las palabras negativas, pronombres de objeto directo e indirecto y los pronombres reflexivos se ponen delante de la forma de *haber.*

  No he repartido las flores todavía.
  Mi profesora **me** ha escrito una carta de recomendación.
  El dueño **se** ha ido temprano de la oficina.

Gramática interactiva

Énfasis en la forma
Subraya las dos vocales juntas en los infinitivos. Encierra en un círculo la *í* acentuada en los participios.

Inténtalo
Escribe los participios irregulares de los siguientes verbos:

hacer _____

ir _____

devolver _____

volver _____

morir _____

descubrir _____

Go **Online**
PHSchool.com
WEB CODE
jed-0503

Actividad L

Los voluntarios de tu comunidad son muy trabajadores. Di qué ha hecho cada uno cuando el director viene a inspeccionar el centro, según la información entre paréntesis. Sigue el modelo.

Modelo   *Tienen que limpiar el parque. (Micaela y Rodri)*
Micaela y Rodri ya lo han limpiado.

1. Deben juntar fondos para el centro recreativo. *(nosotros)*

_____

2. Es bueno que ustedes ayuden a la gente sin hogar. *(Lidia)*

_____

3. Tienen que preparar un comedor de beneficencia. *(yo)*

_____

4. Deberíamos organizar una manifestación a favor del medio ambiente. *(Esteban)*

_____

5. Yo debería contratar a más voluntarios. *(¡tú!)*

_____

Actividad M

Imagina que buscas trabajo como voluntario(a). En una hoja aparte, escribe una breve carta de presentación para llevar a las entrevistas en la que expliques qué trabajos has hecho, dónde has trabajado y qué experiencias has tenido. Usa el presente perfecto.

> **Estrategia**
>
> **Escribir una carta**
> Las cartas de solicitud de trabajo deben estar bien presentadas. Recuerda incluir la dirección del destinatario y el remitente (tú), así como la fecha. El saludo y la despedida deben ser respetuosos y el lenguaje debe ser formal y serio.

(página 215)

En voz alta

Lee otra vez el poema de Antonio Machado "He andado mucho caminos" que aparece en la página 215 de tu libro de texto. Busca ejemplos de usos del presente perfecto y escríbelos en una hoja aparte.

Fondo cultural

(página **216**)

1 En la página 216 de tu libro de texto, leíste sobre la Fundación de Premios de Herencia Hispana. Busca información sobre el premio en la Red y escoge un(a) ganador(a) que te interese conocer más a fondo. Después, usa la biblioteca o la Red para completar la tabla de abajo.

Nombre	
Herencia hispana	
Estudios	
Profesión	
Logros importantes	

2 Usa la información de arriba para escribir una breve biografía sobre la persona que escogiste. Incluye tus pensamientos y opiniones sobre la importancia del trabajo de esta persona.

> **Estrategia**
>
> Pensar como un lector
>
> Cuando escribas un texto informativo sobre algo o alguien, piensa en lo que a ti te gustaría saber sobre el tema. Así escogerás la información más útil e importante para incluir en tu escrito. Si incluyes detalles interesantes, las personas disfrutarán más y seguirán leyendo.

_____

_____

_____

_____

_____

_____

(páginas **217–219**)

Gramática

El pluscuamperfecto

El tiempo pluscuamperfecto se usa para describir una acción en el pasado que ocurrió *antes* que otra acción en el pasado. Para formar el tiempo pluscuamperfecto, se combina el imperfecto del verbo *haber* con un participio pasado.

Cuando llegué a la oficina, el gerente ya **había leído** mis cartas de recomendación.

Después de la entrevista, yo estaba muy nerviosa porque la dueña me **había pedido** referencias.

A continuación aparecen las formas del pluscuamperfecto de **hablar.**

había hablado	habíamos hablado
habías hablado	habíais hablado
había hablado	habían hablado

Gramática interactiva

Énfasis en la ortografía
Recuerda que las formas del imperfecto de *haber* siempre llevan acento en la *í*. En la tabla de verbos de la izquierda, encierra en un círculo las *í* acentuadas.

Subraya los participios pasados que veas en la explicación de gramática.

Inténtalo
Escribe el pluscuamperfecto de cada forma verbal:
yo / poner; tú / escribir; nosotros / decir

_____

_____

_____

1 Juan está buscando trabajo, pero tiene muy mala suerte. Escribe oraciones con la información que se da, en la que describas las cosas que le pasan. Sigue el modelo.

Modelo *cuando Juan llegar a la primera entrevista / la oficina cerrar*
Cuando Juan llegó a la primera entrevista, la oficina ya había cerrado.

1. el director no recibir las referencias de Juan / el fax romperse

_____

2. Juan sentirse mal / él dejar el currículum en casa

_____

3. cuando Juan presentarse a la entrevista / el gerente salir a comer

_____

4. cuando Juan hablar con el gerente / ellos ya darle el puesto a otro

_____

2 Lee las oraciones que escribiste y subraya una vez los verbos en pretérito y dos veces los verbos en pluscuamperfecto.

Actividad Ñ

Escribe varios párrafos en los que expliques una anécdota que te pasó en el pasado. Usa al menos seis verbos en pluscuamperfecto.

_____

_____

_____

_____

_____

_____

_____

_____

_____

_____

_____

_____

_____

_____

_____

_____

_____

_____

_____

Go Online WEB CODE jed-0504
PHSchool.com

1 En la página 219 de tu libro de texto se puede observar un detalle del mural del Detroit Institute of Arts pintado por el muralista mexicano Diego Rivera. En la página 296 encontrarás otro detalle de un mural de Rivera. Éste se llama *La civilización Totonaca*. Compara y contrasta los detalles de los dos murales. Piensa en las figuras, los colores, el lugar y la composición. Usa la gráfica de abajo para anotar tus observaciones.

 Conexiones El arte   (página **219**)

Detroit Institute of Arts   La civilización Totonaca

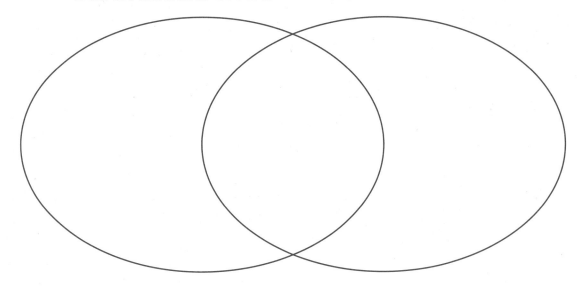

2 En el año 1932, Diego Rivera obtuvo el encargo de John D. Rockefeller, Jr. de crear un mural para la entrada del Centro Rockefeller de la ciudad de Nueva York. El mural que Rivera hizo suscitó una polémica debido a su contenido político y fue destruido en 1934. Sin embargo, Diego Rivera lo volvió a crear en 1936 en el Palacio de Bellas Artes de México.

¿Piensas que un pintor tiene el derecho de expresar sus opiniones políticas en su trabajo? ¿Por qué?

_____

_____

_____

_____

A primera vista 2 (páginas 220–223)

Actividad P

Describe cada uno de los lugares que se muestran en la página 220 de tu libro de texto. Explica qué se hace en cada uno y a quiénes se ayuda.

1. el hogar de ancianos _____

_____

2. el centro de rehabilitación _____

_____

3. el centro recreativo _____

_____

4. el comedor de beneficencia _____

_____

Más vocabulario

Éstas son otras palabras que se usan para nombrar lugares cuyo objetivo es proteger y beneficiar a personas necesitadas. Investiga el significado de las palabras en el diccionario. Algunas palabras son sinónimos de otras que ya conoces.

Lugares	Significado
asilo	_____
albergue	_____
hospicio	_____
orfanato	_____
dispensario	_____
casa de maternidad	_____
refugio	_____

152 Capítulo 5 A primera vista 2

Capítulo
5

Nombre _____

Fecha _____

Algunos trabajos son remunerados *(pagados),* algunos no son remunerados y otros
pueden ser de ambos tipos. Mira la lista de trabajos y en una hoja aparte, haz un
diagrama de Venn para clasificarlos según sean remunerados o no. Luego piensa en
otros trabajos y agrégalos al diagrama.

ser maestro(a) de primer grado en una escuela	dar clases de español a los empleados de una empresa
servir en un comedor de beneficencia	trabajar en una tienda de ropa
dar clases de inglés a inmigrantes	visitar a los enfermos de un hospital
recaudar fondos para un orfanato	enseñar a leer a adultos
ser mesero(a) en un restaurante	

Busca en la Red una muestra de un examen
para obtener la ciudadanía estadounidense.
Imagina que eres un(a) maestro(a) voluntario(a)
y haz una lista de tres puntos importantes que
debas enseñarles a un(a) inmigrante para
ayudarlo(la) a prepararse para el examen.

Estrategia

Identificar puntos importantes
Es posible que tengas que mirar en más
de una página Web para identificar los
tres puntos más importantes.

1. _____

2. _____

3. _____

Actividad S

❶ Lee el folleto de la sociedad de beneficencia de la página 223 de tu libro de texto.
¿Por cuál de los candidatos a la presidencia votarías? ¿Por qué?

_____

_____

_____

❷ Si tú fueras un(a) candidato(a), ¿cuáles serían tus causas?

_____

_____

_____

Manos a la obra 2 (páginas 224–226)

Trabaja con un(a) compañero(a).

a. Piensen en cuáles son los principales problemas de las personas más necesitadas de su comunidad.

b. Investiguen si existe ya alguna organización de apoyo a estas personas y qué tipo de ayuda ofrece.

c. Expliquen cómo pueden cooperar con el trabajo de dicha organización. Si no existe ninguna organización, propongan un plan para ayudar a estas personas.

Preparen un breve informe con la información que recopilaron y sus ideas.

_____

_____

_____

_____

_____

_____

_____

_____

_____

En una hoja aparte, haz un anuncio donde invites a la gente a colaborar con la organización de ayuda de la que hablaste en tu informe. Recuerda mencionar el nombre de la organización, sus objetivos, a quién ayuda y cómo. Puedes usar como guía el anuncio de la página 224 de tu libro de texto.

Actividad V

¿Has trabajado como voluntario(a)? Escribe un párrafo sobre el trabajo voluntario que te gustaría hacer en tu comunidad. Usa las siguientes expresiones:

Me encantaría

Me interesaría

No me gustaría

Me es imposible

Tengo ganas de

_____

_____

_____

_____

_____

_____

Actividad W

Mira las ilustraciones de la página 225 de tu libro de texto. Imagina que estas ilustraciones se publicarán en un periódico de la comunidad. Escribe un pie de foto para cada ilustración para describir lo que muestra.

1. _____

2. _____

3. _____

4. _____

5. _____

6. _____

Fondo cultural   ■◆■◇■◆■◇■◆■◇■◆■◇■◆■◇■◆■◇■◆■◇■◆■◇■◆■

(página **226**)

El Premio Cervantes

En la página 226 de tu libro de texto leíste sobre José Gálvez, que obtuvo el Premio Pulitzer en 1984. A continuación tienes información sobre el Premio Cervantes, considerado el premio de literatura más importante del mundo hispanohablante.

El Premio "Miguel de Cervantes" es conocido como el Premio Nobel de las letras hispanas. El premio lleva el nombre del famoso escritor de *Don Quijote de la Mancha,* que se considera la primera novela escrita en castellano. *Don Quijote* se escribió en 1605.

El Premio Cervantes fue establecido en España para premiar la obra literaria completa de un autor que escribe en español, y la primera entrega fue realizada en 1976. La entrega del premio es concedida por el Ministerio de Educación y Cultura. Oficialmente, la hace el Rey de España.

Los candidatos al premio pueden ser propuestos por miembros de la Real Academia Española de la Lengua en España, miembros de la Academia de los países de habla hispana y los ganadores anteriores del premio. El premio se entrega el 23 de abril, fecha en la que se conmemora la muerte de Miguel de Cervantes.

En 1979 el jurado otorgó el Premio Cervantes a dos escritores: Jorge Luis Borges y Gerardo Diego. A partir de entonces, se estableció que el premio no podía ser dividido, declarado desierto o ser concedido a un autor que hubiese fallecido. Entre los ganadores del premio están Octavio Paz, Ernesto Sábato, Carlos Fuentes, Mario Vargas Llosa y Gonzalo Rojas, este último ganador en 2003.

1 Según lo que leíste, escribe si las siguientes afirmaciones son ciertas o falsas. Usa *C* y *F*.

1. El Premio Cervantes es muy prestigioso. _____

2. Los anteriores ganadores del premio pueden proponer candidatos para el mismo. _____

3. El premio se entrega en el aniversario de la muerte de Cervantes. _____

4. El Premio Cervantes siempre lo ha ganado un sólo escritor en cada año de entrega. _____

5. Gonzalo Rojas ganó el Premio Cervantes en 2001. _____

2 Tu postulación
¿A qué escritor(a) postularías tú para el Premio Cervantes? En una hoja aparte, escribe un breve párrafo explicando a quién escogerías y por qué.

Gramática

(páginas **227–228**)

El presente perfecto del subjuntivo

El presente perfecto del subjuntivo se refiere a acciones o situaciones que pueden haber ocurrido antes de la acción que describe el verbo principal.

Me alegro de que **hayas trabajado** de voluntario.

Estoy orgullosa de que Julián **haya trabajado** en el centro de rehabilitación.

Ojalá que ellos **hayan juntado** mucho dinero.

Siento que no **hayan participado** en la campaña.

Para formar el presente perfecto del subjuntivo, usamos el presente del subjuntivo del verbo *haber* con un participio pasado. A continuación aparecen las formas del presente perfecto del subjuntivo de *trabajar*.

haya trabajado	hayamos trabajado
hayas trabajado	hayáis trabajado
haya trabajado	hayan trabajado

• El presente perfecto del subjuntivo usa los mismos participios pasados regulares e irregulares que los otros tiempos perfectos que ya conoces. Para repasar los participios pasados irregulares, consulta de las páginas 214 a 217 de tu libro de texto.

Gramática interactiva

Énfasis en la forma
Escribe las formas del presente perfecto del subjuntivo del verbo *escribir.*

_____

_____

_____

Completa las oraciones usando una forma del presente perfecto del subjuntivo.

1. Es fantástico que _____

2. Dudo que _____

3. Estoy triste de que _____

4. Espero que _____

5. No es justo que _____

Actividad Y

El presidente del centro comunitario va a dar un discurso a los voluntarios. Ayúdale a escribirlo, completando las oraciones de abajo con las ideas de la caja. Usa el presente perfecto del subjuntivo.

ayudar a la gente sin hogar	juntar fondos para los servicios comunitarios
organizar una manifestación a favor del medio ambiente	donar comida y ropa
colaborar en las tareas de reciclaje	escribir cartas de protesta al alcalde
	trabajar como voluntarios

1. Me alegro de que ustedes _____

2. Es importante que cada voluntario(a) _____

3. Estoy contento de que el tesorero del centro _____

4. Creo que es justo que tú _____

5. Ojalá que nosotros _____

Actividad Z

Escribe el discurso del presidente usando, entre otras, las oraciones de la actividad anterior.

_____

_____

_____

Estrategia

Usar conjunciones para conectar ideas

Cuando escribes puedes usar conjunciones para relacionar ideas. Usa conjunciones como *y, o, pero, además, sino, aunque* y *sin embargo* para hacer que tu texto sea más fluido y organizado.

_____

_____

_____

_____

_____

Go Online
WEB CODE
jed-0507
PHSchool.com

Gramática • Repaso
(páginas 229–231)

Los adjetivos y los pronombres demostrativos

Recuerda que se usan adjetivos demostrativos para señalar a gente o cosas que están cerca y lejos. Un adjetivo demostrativo siempre va delante de un sustantivo y concuerda con él en género y número.

Me gusta mucho trabajar en **este** centro recreativo.

¿Quién donó **esa** comida?

Voy a ayudar a **aquellos** pacientes.

Los adjetivos demostrativos también se pueden usar como pronombres para reemplazar sustantivos. Para diferenciarlos de los adjetivos demostrativos, llevan un acento escrito.

Me es imposible trabajar para **este** candidato, pero me encantaría trabajar para **ése**.

¿Ves **esas** bolsas? Por favor, recoge **ésa**, pero no recojas **aquélla**.

Para referirte a una idea o a algo que no ha sido identificado, usa los pronombres demostrativos *esto*, *eso* o *aquello*. Ninguno de ellos lleva acento.

Esto es injusto.

Me encantaría **eso**.

¿Qué es **aquello**?

• A continuación aparecen todos los adjetivos y pronombres demostrativos.

Gramática interactiva

Énfasis en la forma
Escribe sólo los pronombres demostrativos de estos ejemplos.

_____

_____

_____

Más ejemplos
En una hoja aparte, escribe seis oraciones que representen los adjetivos y pronombres de la caja.

	Cerca tuyo		Más cerca de la persona con la que hablas		Lejos de ambos	
Adjetivos	este	estos	ese	esos	aquel	aquella
	esta	estas	esa	esas	aquellos	aquellas
Pronombres	éste	éstos	ése	ésos	aquél	aquélla
	ésta	éstas	ésa	ésas	aquello	aquéllas
	esto		eso		aquéllos	

Actividad AA

Escribe un breve diálogo entre dos nuevos voluntarios, en el que uses al menos tres adjetivos demostrativos y tres pronombres demostrativos.

_____

_____

_____

_____

_____

Actividad BB

Lee el siguiente párrafo sobre los servicios de un vecindario. Subraya todos los pronombres demostrativos y ponles acento si es necesario. Pon un círculo alrededor de los adjetivos demostrativos.

¡Bienvenido al vecindario!

Éste es un vecindario lleno de servicios para todos. En la plaza Mayor, está el Centro

Recreativo. Ese centro se encarga de organizar actividades para aquéllos que lo

necesiten. Ese es su propósito principal. Aquel edificio es el centro de rehabilitación.

Aquello de allí es el centro de la comunidad y ése que sale por la puerta es el director

del centro. Esta casa es el hogar de ancianos, y ésta es la sala de ayuda a la gente

sin hogar.

Fondo cultural

■◆◇■◆■◇■□◆■◇■◆◇■□◆■◇□■◆■◇□■◇■◆□■◇◆

(página 231)

Lee el texto sobre Silvio Rodríguez, en la página 231 de tu libro de texto. Luego busca la letra de una de sus canciones en la Red. En una hoja aparte, copia la canción y escribe un breve párrafo explicando tu interpretación de la misma. Puedes leer la canción en voz alta ante la clase.

El español en la comunidad

(página 230)

En la página 230 de tu libro leíste sobre los voluntarios por la paz que trabajan en el *Peace Boat*.

Imagínate que eres un(a) profesor(a) del *Peace Boat* y que debes dar una de las clases de español. Puedes imaginarte que el barco visitará el país de tu herencia cultural u otro país de América Latina que te interese. Piensa sobre lo que les explicarías a los participantes de tu clase. ¿Qué vocabulario y elementos culturales deben aprender para poder relacionarse con la población? ¿Por qué? Toma en cuenta las características del país que escogiste. Escribe un breve párrafo explicando lo que le enseñarías a la clase.

_____

_____

_____

_____

_____

Estrategia

Organizar tu párrafo
Primero, haz una lista de las características y elementos culturales sobre los que vas a enseñar. Después, piensa en el vocabulario relacionado con estos temas. Escribe dos o tres oraciones sobre cada tema y su vocabulario relacionado.

_____

_____

_____

_____

_____

_____

_____

_____

_____

_____

_____

¡Adelante! (páginas 232–233)

Puente a la cultura

Estados Unidos . . . en español

Lectura interactiva

Investiga en la Red
El primer censo de los Estados Unidos tomó lugar en el año 1790 y hoy día hay un censo cada diez años. El objetivo original era contar los residentes del país, especialmente los hombres que podían servir en el ejército. El censo es una medida establecida por la Constitución, en el Artículo 1, Sección 2. Haz una investigación en la Red sobre el censo del año 2000 y, en una hoja aparte, escribe un breve informe sobre la composición de la población de Estados Unidos.

Análisis cultural
Haz un censo informal de tus compañeros. ¿Cuántos son hispanohablantes? ¿Cuáles son los otros idiomas que se hablan en los hogares de tu comunidad? Anota los datos en una hoja aparte.

Estrategia

Comprensión

Lee sin detenerte en las palabras no conocidas. Una vez acabes la lectura vuelve a ellas, decide si las palabras son importantes y si puedes adivinar sus significados. De no ser así, busca sus significados en el diccionario y escríbelos en una hoja aparte.

Desde el origen de nuestro país, los hispanohablantes han hecho importantes contribuciones. Ya en 1776, el capitán Jorge Ferragat había venido desde España para luchar por la independencia. Hoy día los hispanohablantes son una importante parte de la población y sus contribuciones se pueden observar en todas las áreas de la sociedad.

La población

Según datos de la oficina del censo en el año 2006, la población hispanohablante representa el 14 por ciento del total de la población y es el grupo minoritario más grande de los Estados Unidos. Durante los años noventa, este grupo tuvo un gran crecimiento. El número de estadounidenses que hablan español en el hogar aumentó más del 60 por ciento en la década de los noventa. Según el último censo del año 2000, uno de cada diez estadounidenses, 28 millones de personas, habla español en casa. Como el número de hispanohablantes sigue aumentando cada año, el español tiene cada vez más fuerza e influye en muchos campos del país. Por eso podemos decir que el español es ahora parte importante de la cultura de los Estados Unidos.

La política

El Secretario del Interior Ken Salazar fue también uno de los primeros senadores hispanos de los Estados Unidos. Salazar nació en Colorado. De ahí eran sus antepasados hispanos, que vivieron en el Suroeste desde el siglo XVI, cuando esta región era Nueva España.

Sonia Sotomayor es la primera jueza hispana de la Corte Suprema de los Estados Unidos y la tercera mujer en conseguir este puesto, en el año 2009. Sus padres se mudaron a Nueva York desde Puerto Rico. Sotomayor nació y se crió en el barrio neoyorquino del Bronx, donde hay una gran comunidad puertorriqueña. Estudió derecho en la Universidad de Yale, una de las más prestigiosas del país.

Hilda Solís, nacida en Los Ángeles de padres inmigrantes, fue la primera mujer hispana que trabajó como miembro del Senado de California y como Secretaria de Trabajo en el gobierno de Obama. La californiana de origen mexicano Rosa Gumataotao es la sexta latina en ocupar el puesto de Tesorera de los Estados Unidos, que obtuvo en el año 2009.

Los negocios

De las 1,000 compañías que la revista *Fortune* considera las más importantes de los Estados Unidos, trece tienen directores(as) hispanohablantes. Algunas de ellas son: ALCOA, Kellogg Co., Wal-Mart y Office Depot.

Además, de cada cinco hispanohablantes en los consejos de administración de esas compañías, una es mujer. Linda G. Alvarado, por ejemplo, además de ser directora general de su propia compañía, Alvarado Construction, es también presidenta de los consejos de administración de otras cinco compañías.

Las ciencias

Los hispanohablantes se han destacado también como científicos. Por ejemplo, el Dr. Luis W. Álvarez recibió el Premio Nobel de Física por sus estudios sobre partículas elementales y el Dr. Mario J. Molina ganó el Premio Nobel de Química por sus estudios sobre la capa de ozono.

Comprensión
Subraya las palabras que desconozcas. Usa el contexto para adivinar los significados. Después, usa el diccionario para confirmar tus ideas.

Análisis cultural
¿Consideras que es posible convertirse en estadounidense y al mismo tiempo mantener la cultura original? ¿Has sentido alguna vez una incompatibilidad entre las dos partes de tu identidad cultural?

Investiga en la Red
El cargo de Tesorero de los Estados Unidos es en realidad más antiguo que el propio Departamento del Tesoro. A partir del año 1777, el Tesorero comenzó a tener la responsabilidad de recibir y mantener los fondos monetarios del gobierno. Hoy día, la firma del Tesorero aparece en todos los billetes emitidos. Realiza una breve investigación en la Red sobre Rosa Gumataotao. En una hoja aparte, escribe un párrafo biográfico sobre ella.

Actividad CC

1 Usando lo que leíste en *Estados Unidos . . . en español*, haz inferencias para enlazar cada nombre de la izquierda con la información correcta de la derecha.

Luis W. Álvarez

Sus padres son inmigrantes y se conocieron tomando clases para obtener la ciudadanía. Se llaman: Juana Sequeira y Raúl Solís.

Ken Salazar

Mediante su cargo vela por la igualdad de derechos y la justicia para todos.

Sonia Sotomayor

Profesor de la Universidad de California, esta persona fue responsable del diseño y la construcción del acelerador de protones en Berkeley, California.

Linda Alvarado

Fue senador del Estado de Colorado durante el período 2005–2009.

Hilda Solís

Cuando empezó en el mundo de los negocios, esta persona solamente firmaba su nombre con la primera inicial. No quería que otros supieran que era mujer.

Mario Molina

Esta persona conoce mucho sobre los efectos medioambientales de la capa de ozono.

2 ¿Cuál de estas personas te causa mayor interés? ¿Por qué? ¿Qué le preguntarías si tuvieras la oportunidad?

_____

_____

_____

_____

_____

Go Online WEB CODE jed-0510
PHSchool.com

¿Qué me cuentas? (página 234)

Las ilustraciones de esta página representan un cuento que vas a narrar en voz alta. Tienes diez minutos para hacerlo. Primero, escribe algunas notas en una hoja aparte para ayudarte a organizar la historia. Usa tu imaginación y añade información para que el cuento resulte más interesante. Finalmente, ponle un título a tu cuento. Recuerda que no puedes usar tus notas mientras lo narras.

1

2

3

4

5

6

Presentación oral (página 235)

Estrategia

Usar ayudas visuales
Si utilizas ayudas visuales como gráficas y tablas para apoyar el tema de tu presentación, podrás reforzar tu propuesta a la vez que añades un atractivo visual.

Tus compañeros de clase van a dar discursos para presentarse como candidatos a presidente(a) de la clase. Tú debes dar un discurso para apoyar a uno(a) de ellos. Escoge a un(a) compañero(a) de clase que conozcas bien y explícale a la clase por qué él o ella es el / la mejor candidato(a). Acompaña tu presentación con un cartel.

Antes de dar tu discurso de apoyo, pon tus ideas en orden. Completa la tabla que aparece en esta página para describir las características de la persona que escogiste. Esto te ayudará a realizar una presentación más certera y segura. Repasa la información y prepara tu discurso. Explica con claridad las ventajas que tiene tu candidato(a) sobre los demás.

Al hacer tu presentación, recuerda que debes convencer a la clase de que tu candidato(a) es el / la mejor persona para ser presidente(a). Expresa tus ideas de manera convincente, mira al público cuando hables y utiliza el cartel que preparaste. Tu profesor te explicará cómo evaluará tu presentación. Para tu profesor(a) es importante que hayas explicado con claridad por qué tu candidato(a) es el / la mejor.

Personalidad y carácter	
Cualidades	
Habilidades	
Trabajo / experiencia previa	
Visión	

Presentación escrita (páginas **236–237**)

Imagina que vas a pedir trabajo en un centro recreativo. Escribe una carta en la que expliques por qué te gustaría trabajar allí y por qué deben contratarte.

> **Estrategia**
>
> **Escribir para persuadir**
>
> Cuando escribes para persuadir, tu finalidad es convencer a otra persona para que haga algo o piense sobre algún tema como tú. En este caso, te propones como el / la mejor candidato(a) para un puesto. Cuando escribas para persuadir debes hacer lo siguiente:
> - Pensar en las necesidades de las personas a quienes estás escribiendo.
> - Pensar en las razones por las que eres el / la mejor candidato(a).
> - Organizar las razones e informar a la persona de que tú eres la solución.
> - Invitar al lector a tomar una decisión.

Piensa en la información que quieres incluir en la carta. Primero debes poner tu dirección y la del destinatario. Luego vienen el saludo y la introducción, donde enumeras las razones por las que escribes. Después, en el desarrollo, explicas tus cualidades y experiencia. Concluye explicando por qué piensas que deben contratarte y luego escribe la despedida.

Escribe tu borrador y luego intercámbialo con un(a) compañero(a) para leerlos y realizar comentarios. Corrige los errores de tu borrador, escribe tu carta en limpio en una hoja aparte y entrégale una copia a tu profesor(a). En la evaluación, para tu profesor(a) es importante ver que seguiste el formato de una carta para solicitar empleo y que usaste detalles para mostrar que eres el / la mejor candidato(a).

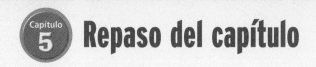

Repaso del capítulo

Capítulo 5

Vocabulario y gramática

en el trabajo

el anuncio clasificado	classified ad
los beneficios	benefits
el / la cliente(a)	client
la compañía	firm / company
el / la dueño(a)	owner
la fecha de nacimiento	date of birth
el / la gerente	manager
el puesto	position
el salario (o el sueldo)	salary
la solicitud de empleo	job application

los trabajos

la computación	computer science
el / la consejero(a)	counselor
el / la mensajero(a)	messenger
el / la niñero(a)	babysitter
el / la repartidor(a)	delivery person
el / la recepcionista	receptionist
el / la salvavida	lifeguard

cualidades y características

agradable	pleasant
dedicado, -a	dedicated
flexible	flexible
injusto, -a	unfair
justo, -a	fair
puntual	punctual
la responsabilidad	responsibility
responsable	responsible

para la entrevista

los conocimientos	knowledge
la entrevista	interview
la habilidad	skill
la referencia	reference
el requisito	requirement

el trabajo

a tiempo completo	full time
a tiempo parcial	part time

actividades

atender	to help, to assist
construir (i→y)	to build
cumplir con	to carry out, to perform
donar	to donate
encargarse (de) (g→gu)	to be in charge of
juntar fondos	to fundraise
presentarse	to apply for a job
reparar	to repair
repartir	to deliver
seguir (+ gerund)	to keep on (doing)
sembrar (ie)	to plant
soler (ue)	to usually do something
solicitar	to request

la comunidad

la campaña	campaign
el centro de la comunidad	community center
el centro de rehabilitación	rehabilitation center
el centro recreativo	recreation center
la ciudadanía	citizenship
el / la ciudadano(a)	citizen
el comedor de beneficencia	soup kitchen
los derechos	rights
la gente sin hogar	homeless people
el hogar de ancianos	home for the elderly
la ley	law
la manifestación	demonstration
la marcha	march
el medio ambiente	environment
el servicio social	social service
la sociedad	society

acciones

beneficiar	to benefit
educar	to educate
garantizar	to guarantee
organizar	to organize
proteger	to protect

expresiones

a favor de	in favor of
en contra (de)	against
me es imposible	It's impossible for me…
me encantaría	I would love to. . .
me interesaría	I would be interested…

El presente perfecto

Para formar el **presente perfecto**, combina el presente del verbo *haber* con un participio pasado.

he hablado	**hemos hablado**
has hablado	**habéis hablado**
ha hablado	**han hablado**

Para formar el participio pasado de un verbo, agrega *-ado* a la raíz de los verbos terminados en *-ar* e *-ido* a la raíz de los verbos terminados en *-er* e *-ir*.

habl**ar** → habl**ado**   com**er** → com**ido**   viv**ir** → viv**ido**

Algunos verbos que tienen dos vocales juntas en el infinitivo (excepto *ui*) requieren acento ortográfico en la *í* en el participio pasado.

c**aer** → caído   **oír** → oído

Muchos verbos en español tienen participios pasados irregulares:

abrir	→	**abierto**	morir	→	**muerto**	romper	→	**roto**
decir	→	**dicho**	poner	→	**puesto**	ser	→	**sido**
escribir	→	**escrito**	resolver	→	**resuelto**	ver	→	**visto**

Cuando uses el presente perfecto, coloca las palabras negativas, los pronombres de objeto y los pronombres reflexivos antes de la forma verbal de *haber*.

No he repartido las flores.
Mi profesora **me** ha escrito un poema.
El dueño **se** ha ido temprano a la oficina.

El pluscuamperfecto

Para formar el **pluscuamperfecto**, combina el imperfecto del verbo *haber* con un participio pasado.

había hablado	habíamos hablado
habías hablado	habíais hablado
había hablado	habían hablado

El presente perfecto del subjuntivo

Para formar el **presente perfecto del subjuntivo**, usa el presente del subjuntivo del verbo *haber* con un participio pasado.

haya trabajado	hayamos trabajado
hayas trabajado	hayáis trabajado
haya trabajado	hayan trabajado

Los adjetivos y los pronombres demostrativos

	Cerca de ti		Más cerca de la persona con la que hablas		Lejos de ambos	
Adjetivos	este	estos	ese	esos	aquel	aquellos
	esta	estas	esa	esas	aquella	aquellas
Pronombres	éste	éstos	ése	ésos	aquél	aquéllos
	ésta	éstas	ésa	ésas	aquello	aquéllas
	esto		eso		aquélla	

Para referirte a una idea o a algo que no ha sido identificado, usamos los pronombres demostrativos *esto, eso* o *aquello*.

● **Más práctica** ....
Practice Workbook Organizer 5-13, 5-14

Preparación para el examen

1 Vocabulario Escribe la letra de la palabra o expresión que mejor complete cada frase.

1. Cuando llenas una solicitud de empleo te piden tu _____.
   a. derecho
   b. fecha de nacimiento
   c. requisito
   d. entrevista

2. Vamos a participar en una _____ para proteger a la gente sin hogar.
   a. campaña
   b. ciudadanía
   c. rehabilitación
   d. responsabilidad

3. No quiero trabajar todos los días. Necesito un puesto a tiempo _____.
   a. puntual
   b. completo
   c. clasificado
   d. parcial

4. Una recepcionista debe _____ bien a los clientes.
   a. reparar
   b. atender
   c. repartir
   d. conseguir

5. ¿Quieres ayudarnos a _____ árboles en el jardín de la comunidad?
   a. educar
   b. beneficiar
   c. sembrar
   d. solicitar

6. Me gustaría trabajar de _____ en una piscina.
   a. salvavida
   b. mensajero
   c. vendedor
   d. repartidor

7. Las leyes de nuestro país _____ educar a todos los niños.
   a. benefician
   b. solicitan
   c. rescatan
   d. garantizan

8. Muchos jóvenes voluntarios _____ casas para la gente sin hogar.
   a. construyen
   b. destruyen
   c. limpian
   d. protegen

2 Gramática Escribe la letra de la palabra o expresión que mejor complete cada frase.

1. Antes de trabajar en el hogar de ancianos, Pilar_____ en un centro recreativo.
   a. ha trabajado
   b. había trabajado
   c. está trabajando
   d. trabaja

2. Me interesaría este puesto, pero prefiero más _____.
   a. aquella
   b. aquellos
   c. aquél
   d. aquellas

3. Espero que mi profesora me _____ una buena carta de referencia.
   a. haya escrito
   b. había escrito
   c. ha escrito
   d. está escribiendo

4. No sé dónde está el gerente. No lo _____ en varias horas.
   a. he visto
   b. había visto
   c. veía
   d. haya visto

5. Quiero que te encargues de _____ solicitudes de empleo.
   a. estos
   b. esto
   c. estas
   d. este

6. Espero que ustedes _____ suficientes fondos para el hogar de ancianos.
   a. han juntado
   b. hayan juntado
   c. habían juntado
   d. juntan

7. "¿Cuántas bicicletas ya _____ este año?", le preguntó a Julio el dueño del taller.
   a. estás reparando
   b. reparabas
   c. hayas reparado
   d. has reparado

8. Cuando llegué al comedor de beneficencia, los voluntarios ya _____ la mesa.
   a. habían puesto
   b. han puesto
   c. van a poner
   d. hayan puesto

En el examen vas a . . .	Éstas son las tareas de práctica que te pueden ser útiles para el examen . . .	Si necesitas repasar . . .

 3 Escuchar Escuchar a varios estudiantes en entrevistas de trabajo e identificar los empleos que están solicitando

Escucha lo que dicen estos estudiantes en sus entrevistas de trabajo. Presta atención a lo que dicen y di a qué empleo se presentaron Verónica, Ariel, José y Patricia.

pp. 206–209
A primera vista 1
p. 211 Actividad 9
p. 212 Actividad 11
p. 213 Actividad 12

 4 Hablar En una feria de trabajo, hablar de tu experiencia y hacer preguntas sobre los empleos

Imagina que vas a una feria de trabajo. Di lo que le dirías a un consejero acerca de tus conocimientos y habilidades, en qué te interesaría trabajar y en qué has trabajado antes. También haz preguntas sobre el empleo, por ejemplo: el horario, el sueldo y los beneficios.

p. 211 Actividad 9
p. 212 Actividad 11
p. 212 Actividad 12
p. 215 Actividad 15
p. 216 Actividad 17

 5 Leer Leer y comprender un anuncio clasificado

Lee este anuncio. ¿Qué tipo de empleo se ofrece? ¿Es un trabajo a tiempo completo o a tiempo parcial? ¿Qué conocimientos o habilidades se necesitan?

Recepcionista. Se necesita joven bilingüe, puntual y responsable para atender el teléfono y otros trabajos de oficina. Otros requisitos: saber trabajar con computadoras y tener buenas referencias. Lunes a viernes de 8 a.m. a 5 p.m. Buenos beneficios y salario. Presentarse en nuestras oficinas de la Avenida Bolívar # 534.

p. 209 *A primera vista 1*
p. 212 Actividad 11
p. 216 Actividad 16

 6 Escribir Escribir una carta para solicitar empleo

Imagina que vas a solicitar empleo. Piensa qué tipo de trabajo es, y escribe una carta para solicitar empleo. En tu carta di (a) por qué te interesa el trabajo, (b) qué cualidades personales tienes por las que serías el / la mejor para ese puesto y (c) qué experiencia de trabajo tienes.

p. 213 Actividad 13
p. 226 Actividad 33
pp. 236–237
Presentación escrita

 7 Pensar Pensar en las contribuciones de los hispanohablantes a los Estados Unidos

¿Cuál es el impacto de algunos hispanohablantes en la cultura de los Estados Unidos? También piensa en cómo les influimos a ellos en sus países, como en la política, los negocios, las artes, las ciencias y el deporte.

p. 226 *Fondo cultural*
pp. 232–233
Puente a la cultura

A ver si recuerdas . . . (páginas 246–249)

Actividad A

Imagina que tienes que planear tu futuro y decidir qué carrera o profesión estudiar. Haz una lista de las profesiones que te gustan y de las que no te gustan, y escribe por qué.

Carrera / profesión que me gusta	Carrera / profesión que no me gusta

Actividad B

Escoge la profesión que más te gusta y piensa qué importancia tendrá en el futuro. En una hoja aparte escribe un párrafo explicando de qué manera esa profesión contribuiría al desarrollo del mundo en el futuro. Una buena estrategia es hacer una lista de las características positivas que tiene esa profesión. Luego usa la lista para desarrollar tus ideas sobre el tema.

Go Online WEB CODE jed-0601
PHSchool.com

¿Qué nos traerá el futuro?

(páginas **250–251**)

Arte y cultura

El Metropol Parasol es quizá una de las construcciones arquitectónicas más modernas y originales de Sevilla y de toda España. Los sevillanos lo llaman popularmente *Setas de la Encarnación* debido a que tiene forma de hongo y que está ubicado en la Plaza de la Encarnación. La estructura tiene casi 26 metros de altura y fue realizada en madera. Bajo esta construcción, se encuentran mercados, restaurantes, tiendas y hasta un museo.

Objetivos del capítulo

- Hablar sobre las carreras y las profesiones
- Hablar sobre los planes para el futuro
- Explicar el impacto de la ciencia y la tecnología en nuestras vidas
- Comprender las perspectivas culturales sobre los trabajos y la tecnología

Contesta las siguientes preguntas, según tu experiencia personal.

1. ¿Alguna vez visitaste o conoces algún edificio o construcción tan original como El Metropol Parasol? ¿Cómo es?

_____

_____

2. ¿Dónde está?

_____

_____

3. ¿Tiene el edificio algún nombre o apodo especial?

_____

_____

4. ¿Por qué crees que un edificio o una obra arquitectónica tiene relación con el tema del futuro?

_____

_____

_____

_____

A primera vista 1 (páginas 252–255)

Lee las descripciones de trabajos y escribe a qué profesión se refiere cada una.

1. La persona que trabaja en un salón de belleza. _____

2. La persona que arregla coches. _____

3. La persona que prepara la comida en un restaurante. _____

4. La persona que diseña ropa. _____

5. La persona que diseña edificios. _____

6. La persona que traduce documentos. _____

También se dice . . .

En otras partes del mundo hispano usan vocabulario diferente para algunas expresiones que aparecen en esta lección. ¿Conoces otras palabras distintas de las que salen abajo? Escríbelas y compártelas con la clase.

- el / la cocinero(a) _____

- el / la contador(a) _____

- el hombre de negocios _____

- la mujer de negocios _____

- las finanzas _____

- desempeñar _____

Lee las cualidades que se necesitan para cada trabajo, en los números 1 al 7 de las páginas 252 y 253 de tu libro de texto. Después, en una hoja aparte, escribe una o dos oraciones similares para las siguientes profesiones.

1. el / la mecánico(a)

2. el / la contador(a)

3. el / la ingeniero(a)

4. el / la peluquero(a)

Más vocabulario

Éstas son otras palabras y expresiones que puedes usar para hablar de profesiones. Añade algunas que tú uses o conozcas. Escribe una o dos cosas que estos profesionales hacen en su trabajo.

Profesiones	Responsabilidades
el / la intérprete	_____
el / la científico(a)	_____
el / la cirujano(a)	_____
el / la veterinario(a)	_____
el / la diplomático(a)	_____
el / la farmacéutico(a)	_____
_____	_____
_____	_____
_____	_____

Escribe un párrafo describiendo cómo crees que ser bilingüe te puede ayudar en el trabajo. Si quieres, puedes hablar de las carreras en las que tu conocimiento de dos idiomas sería importante, como por ejemplo diplomático(a), intérprete, hombre o mujer de negocios internacionales, maestro(a) de idiomas, etc. Buscar en la Red qué trabajos se realizan en cada carrera te puede ayudar. Puedes usar una tabla como la de arriba como apoyo, antes de empezar a escribir.

_____

_____

_____

_____

_____

_____

_____

Manos a la obra 1 (páginas 256–259)

Ampliación del lenguaje

Prefijos y sufijos

Como ya sabes, para formar palabras derivadas se usan prefijos y sufijos. En la página 259 de tu libro de texto has aprendido que, en español, las palabras que terminan con los sufijos *-or / -ora*, *-ero / -era* y *-ario / -aria* indican profesión. Estos sufijos se pueden añadir a la raíz de un verbo o de un sustantivo.

vender   vended**or**
carta   cart**ero**

Usa prefijos para formar la profesión a partir de las siguientes palabras. Luego piensa en tus propias palabras y usa sufijos que indiquen profesión.

1. empresa   _____

2. reloj   _____

3. peluquería   _____

4. contar   _____

5. cocinar   _____

6. banco   _____

_____

_____

_____

En una hoja aparte escribe al menos un sinónimo para cada uno de los adjetivos de la Actividad 6 de tu libro de texto. Luego, escribe una oración usando cada sinónimo. Si quieres, puedes usar un diccionario.

1. amable   **5.** capaz

2. emprendedor   **6.** maduro

3. ambicioso   **7.** cuidadoso

4. honesto   **8.** puntual

Actividad
G

Contesta las siguientes preguntas según tu experiencia.

1. ¿Qué carrera te gustaría seguir cuando te gradúes?

_____

_____

2. ¿Cuáles son tus habilidades?

_____

_____

_____

3. ¿Qué características se necesitan para dedicarse a la profesión que te gusta?

_____

_____

_____

4. ¿Crees que será útil tu conocimiento del español cuando busques trabajo? ¿Por qué?

_____

_____

_____

(página 257)

Fondo cultural

Lee el *Fondo cultural* de la página 257 de tu libro de texto. Pregunta a tu familia o amigos(as) qué tendencia hay en tu país de herencia cultural sobre irse de casa pronto o vivir con los padres hasta casarse. Luego, en una hoja aparte, escribe un párrafo con tus averiguaciones y léeselo a la clase. Trata de explicar los siguientes aspectos:

- hasta qué edad se quedan en casa los jóvenes
- cuál es la razón
- qué tendencias o patrones hay

Gramática • Repaso

(páginas **260–262**)

El futuro

Puedes expresar el futuro de tres maneras: usando *ir* + *a* + infinitivo, usando el tiempo presente o usando el tiempo futuro. En el tiempo futuro, todos los verbos tienen las mismas terminaciones. Para la mayoría de los verbos, agrega las terminaciones al infinitivo.

A continuación se muestran las formas en el futuro para los verbos regulares *pasar, comer* y *pedir*.

pasaré	comeré	pediré
pasarás	comerás	pedirás
pasará	comerá	pedirá
pasaremos	comeremos	pediremos
pasaréis	comeréis	pediréis
pasarán	comerán	pedirán

Algunos verbos tienen raíces irregulares en el tiempo futuro. Observa que las terminaciones para el futuro *(-é, -ás, -á, -emos, -éis, -án)* son las mismas que para las de los verbos regulares.

haber	→	habr-	
poder	→	podr-	
querer	→	querr-	**-é**
saber	→	sabr-	**-ás**
poner	→	pondr-	**-á**
salir	→	saldr-	**-emos**
tener	→	tendr-	**-éis**
venir	→	vendr-	**-án**
decir	→	dir-	
hacer	→	har-	

Gramática interactiva

Énfasis en la forma

Escoge tres de los verbos con raíces irregulares y, en una hoja aparte, escribe una oración con cada uno en el futuro.

Tomás tiene muchos planes para el futuro. Completa lo que escribió para una narración de la escuela usando el futuro de los verbos de la caja.

ahorrar	aprender	estudiar	poder	seguir	ser	tener	trabajar

Hoy decidí cuáles _____ mis planes para el futuro. Como siempre me

gustaron los negocios, _____ una carrera relacionada con las finanzas.

_____ para ser contador y _____ en una empresa grande de

negocios. _____ mucho trabajo en ese campo y _____ para

comprarme una casa. Además de estudiar esa carrera, _____ otros

idiomas. El francés es mi idioma preferido y _____ practicarlo con mi

amigo francés por correspondencia.

Actividad 1

Imagina que con tus amigos leen el siguiente anuncio sobre una universidad. Escribe oraciones sobre lo que hará cada uno de ustedes usando la información del anuncio. Recuerda usar el futuro y el vocabulario de la lección en tus oraciones.

Modelo   Yo: _Yo me convertiré en programador porque me gustan mucho las computadoras._

Yo: _____

_____

María: _____

_____

Pilar y Rosario: _____

_____

Nosotros: _____

_____

Raúl: _____

_____

_____

_____

Ustedes: _____

_____

_____

¿Quieres dedicarte a una carrera exitosa?

¿Te gustaría desempeñar un cargo importante?

Para ello es necesario estudiar.

Aprovecha esta oportunidad de convertirte en:

- **abogado**
- **arquitecto**
- **científico**
- **diseñador**
- **ingeniero**
- **programador**
- **traductor**

En nuestra universidad ofrecemos los mejores programas de estudio de la ciudad.

Si quieres tener éxito en tu vida, estudia con nosotros.

UNIVERSIDAD PRIVADA DE LA CIUDAD

Llama al 555-1234 para más información.

Fondo cultural

(página **262**)

En la página 262 de tu libro de texto leíste sobre los jóvenes hispanohablantes en Washington, D.C. A continuación aparece más información sobre los hispanos en el gobierno de los Estados Unidos. Lee el texto y luego responde a las preguntas.

La población hispana de los Estados Unidos está creciendo cada día más y con este crecimiento demográfico llega la búsqueda de representación gubernamental. Hoy en día los hispanos participan en la política a nivel local, regional y nacional. Hombres y mujeres hispanos se han convertido en líderes de sus comunidades, asumiendo cargos como fiscal de distrito, alcalde y hasta gobernador. Esto les ha dado la oportunidad de ocuparse de los asuntos que más afectan a las poblaciones hispanas, como la educación, la salud y la accesibilidad a la vivienda. Por otro lado, en el Congreso, tanto en la Cámara de Representantes como en el Senado, ha habido una creciente representación hispana.

Un caso especial en el Congreso es el de Puerto Rico, que es un Estado Libre Asociado. Los puertorriqueños son ciudadanos de los Estados Unidos, pero no pagan impuestos federales y no pueden votar en las elecciones presidenciales. En 1901 fue aprobada la Ley Hollander, que le permite a Puerto Rico elegir un Comisionado Residente cada cuatro años. El Comisionado Residente asiste a las reuniones de la Cámara de Representantes en Washington, D.C., y puede observar las sesiones de la misma, aunque no puede participar en las votaciones que ésta realiza.

1. ¿En qué áreas de la política estadounidense han participado los hispanos?

_____

_____

_____

2. ¿Qué condiciones tiene Puerto Rico como Estado Libre Asociado?

_____

_____

_____

_____

3. ¿Crees que le beneficia a Puerto Rico tener un representante en el Congreso, aunque no pueda votar? ¿Por qué?

_____

_____

_____

(páginas **263–265**)

Gramática

El futuro de probabilidad

Usa el tiempo futuro para expresar incertidumbre o probabilidad en el presente.

¿Qué hora **será**?　　　　　　　　¿Dónde **estarán** mis zapatos?
Serán las seis.　　　　　　　　　**Estarán** debajo de tu cama.

¡Ojo! Para expresar incertidumbre o probabilidad acerca de algo referente al pasado se usa el condicional.

¿**Se dedicaría** Daniel a las finanzas?

Gramática interactiva

Más ejemplos
Escribe dos oraciones usando el futuro de probabilidad y dos usando el condicional para expresar probabilidad.

_____

_____

_____

_____

Actividad J

Con tus amigos están mirando fotos de hace algunos años. Cada vez que miran una foto, uno de ustedes hace un comentario o una pregunta y los otros responden con una posibilidad. Usa la información entre paréntesis y el futuro para expresar probabilidad.

1. ¿Cuándo termina Rosa la universidad? *(graduarse el año próximo)*

_____

2. Marisol y Miguel fueron novios por mucho tiempo. *(estar casados ahora)*

_____

3. A Julio le gustan las actividades al aire libre. *(mudarse a una ciudad cerca del campo)*

_____

4. A esta mujer no la conozco. *(estudiar la misma carrera que Pilar)*

_____

5. ¿Qué hace Luis? *(desempeñar un cargo en la empresa de su padre)*

_____

Actividad K

Imagina qué harán en el futuro las siguientes personas de acuerdo a lo que hacen ahora. Usa el futuro de probabilidad para dar tu opinión sobre cada una.

Modelo   *A Roberto le gustan las ciencias.*
          Estudiará para ser científico.

1. A Carolina le gusta diseñar ropa.

_____

2. Antonio es muy ambicioso.

_____

3. Luis sueña con vivir en el campo.

_____

4. Marisol no quiere estar mucho tiempo soltera.

_____

5. A Jaime y Pablo les gustan las leyes.

_____

6. A Julio le encanta cocinar.

_____

7. Margarita sabe cortar muy bien el pelo.

_____

8. Nosotros hablamos varios idiomas.

_____

Actividad L

Ahora tienes la oportunidad de predecir tu futuro y el de tus amigos. En una hoja aparte, escribe oraciones sobre lo que el futuro les traerá a ti y a tus amigos. Puedes hacer predicciones acerca de sus estudios, carreras, trabajos, relaciones sentimentales, situación financiera, viajes, etc. Usa el futuro de probabilidad en tus oraciones.

Go Online   WEB CODE
jed-0604
PHSchool.com

Nombre _____ Fecha _____

En voz alta ·· (página **264**)

En la página 264 de tu libro de texto aparece una "Rima" de Gustavo Adolfo Bécquer. Antes de leerla en voz alta, revisa los siguientes conceptos poéticos.

Los poemas generalmente se dividen en estrofas formadas por líneas llamadas versos. Los versos a su vez siguen ciertas reglas en cuanto a la rima y el número de sílabas. Al leer un poema en voz alta, debes tomar en cuenta estas características para poder establecer el ritmo y la entonación apropiados. Sin embargo, hay algunos trucos que se pueden usar cuando se lee un poema. Estos trucos se llaman "licencias poéticas".

- **Sinalefa** Es la unión de la vocal final de una palabra con la vocal inicial de la palabra siguiente para formar una sola sílaba. Ejemplo: se_habla

- **Sinéresis** Es la combinación de dos vocales que están dentro de una palabra y que normalmente serían divididas. Ejemplo: hé-roes (en vez de hé-ro-es)

- **Diéresis** Es la división de un diptongo, es decir, la separación de dos vocales que normalmente se leen juntas. Ejemplo: ru-i-do (en vez de rui-do)

- **Hiato** Es cuando se evita intencionalmente la sinalefa. Ejemplo: Pero // estas (en vez de pero_estas)

Ahora lee la "Rima LIII" en voz alta. Primero léela sin usar las licencias poéticas. Luego vuelve a leer la rima, usando las licencias poéticas donde puedan usarse. Fíjate cómo cambian el ritmo y la métrica del poema.

1. ¿En qué se parecen la sinalefa y la sinéresis?

_____

_____

_____

_____

_____

2. ¿Qué diferencia observaste entre las dos lecturas? ¿Cuál te parece mejor?

_____

_____

_____

_____

_____

A primera vista 2 (páginas 266–269)

Actividad M

Fíjate en las fotos y lee sus correspondientes explicaciones en las páginas 266 y 267 de tu libro de texto. Contesta las preguntas.

• En la foto 1, ¿por qué crees que era peligroso para un ser humano hacer el trabajo que hacen las máquinas de la fotografía?

_____

_____

_____

• Lee la viñeta 2. ¿Cuál crees que será el nuevo invento, después de los discos digitales?

_____

_____

_____

• Lee el texto número 4. ¿Cuáles son para ti las ventajas y desventajas de los teléfonos celulares?

_____

_____

_____

• En la foto 5, ¿qué tipo de energía alternativa se usa en la casa? Menciona otras fuentes de energía que conozcas.

_____

_____

_____

• Mira la foto 6. ¿Qué opinas del coche eléctrico que se muestra?

_____

_____

_____

Ampliación del lenguaje

Homónimos

Los homónimos son palabras que se escriben igual pero que tienen significados diferentes. En esta lección ha aparecido uno de ellos: *campo* se usa para hablar de un terreno de tierra, pero también se usa para hablar de una materia o tema.

Me compré una casa en el **campo**.
En el **campo** de la informática ha habido muchos avances.

Otros homónimos de uso común son *sal* (especia; imperativo de *salir*), *gato* (felino; aparato para cambiar la rueda de un coche), *mata* (arbusto; forma del verbo *matar*), *di* (forma del verbo *dar;* forma del verbo *decir*) y *cuarto* (cuarta parte; habitación).

Actividad N

En una hoja aparte, escribe una oración para cada uno de los significados de los homónimos de arriba.

Actividad Ñ

¿Qué otros homónimos se te ocurren? Busca al menos tres homónimos más y escribe ambos significados. Después escribe una oración para cada uno de los significados.

_____

_____

_____

1. _____

_____

2. _____

_____

3. _____

_____

Manos a la obra 2 (páginas 270–272)

Actividad O

Explica en tus propias palabras lo que quieren decir las siguientes palabras y expresiones. Luego, úsalas en una oración.

1. demanda _____

_____

2. industria de la hospitalidad _____

_____

3. mercadeo _____

_____

4. desarrollo _____

_____

Actividad P

¿Cuáles serían los mejores avances para el futuro? Escribe un párrafo describiéndolos. Incluye lo siguiente:

- el nombre del producto o invento
- campo en el que tendrían lugar
- profesiones que estarían involucradas
- para qué serviría o qué servicios ofrecería

_____

_____

_____

_____

_____

_____

_____

(página **271**)

Bachillerato internacional

En tu libro de texto leíste sobre el Bachillerato Internacional, un programa que ofrece muchas ventajas a los estudiantes de todo el mundo. La Organización del Bachillerato Internacional (IBO) tiene un sitio en la Red que da más información acerca del programa.

Vuelve a leer el texto de la página 271. Haz una investigación en la Red sobre el Bachillerato Internacional. Trata de averiguar los siguientes aspectos:

- si se puede estudiar en tu país de herencia cultural y dónde
- qué escuela de bachillerato internacional está más cerca de donde vives
- cuál es el programa de estudios que ofrecen

Después, escribe un resumen de tus averiguaciones y léeselo a la clase. Anima a tus compañeros a que te hagan preguntas sobre el tema al terminar tu presentación.

_____

_____

_____

_____

_____

_____

_____

_____

_____

_____

_____

_____

_____

_____

_____

_____

Ampliación del lenguaje

Haber y *abrir*

Recuerda que el futuro del verbo *haber*, que se usa para hacer el futuro perfecto, siempre se escribe con *h,* y no hay que confundirlo con formas del verbo *abrir*. Además, todas las formas del futuro, excepto *nosotros,* llevan acento ortográfico.

Yo **habré** terminado los exámenes en junio. (del verbo *haber*)
Mi hermana **abre** la lata de atún. (del verbo *abrir*)

Completa las siguientes oraciones con la forma adecuada del verbo *haber* o del verbo *abrir*.

1. El futuro _____ las puertas a nuevos avances.

2. Nosotros nos _____ graduado para el verano.

3. En 2020 los científicos se _____ comunicado con otros planetas.

4. No creo que los investigadores _____ nuevos caminos en el espacio.

5. Es posible que yo _____ un centro de investigación genética cuando termine la universidad.

6. En el futuro, no _____ más remedio que usar fuentes de energía alternativas.

Ahora, escribe seis oraciones usando tres formas del verbo *abrir* y tres formas del futuro de *haber*.

1. _____

2. _____

3. _____

4. _____

5. _____

6. _____

(páginas **273–274**)

Gramática · · · · · · · · · · ·

El futuro perfecto

Usa el futuro perfecto para expresar lo que habrá sucedido para un determinado tiempo. Para formar el futuro perfecto, usa el futuro del verbo *haber* con el participio pasado del verbo.

A continuación aparecen algunas formas del futuro perfecto de *inventar*:

habré inventado	habremos inventado
habrás inventado	habréis inventado
habrá inventado	habrán inventado

Para el año 2050 los científicos **habrán descubierto** otras fuentes de energía.

- El futuro perfecto se usa a menudo con *dentro de* + tiempo.

  Dentro de cinco años, **habremos aprendido** mucho sobre la genética.

- Puedes usar también el futuro perfecto para especular sobre algo que puede haber ocurrido en el pasado.

  —Laura no me llamó. ¿Qué le **habrá pasado**?
  —**Se habrá enterado** de que no ibas.

Gramática interactiva

Más ejemplos
Escribe en una hoja aparte otras oraciones usando el futuro perfecto.

Énfasis en la forma
Escribe los participios pasados de los verbos siguientes: *componer, resolver, decir, hacer, ser* y *romper.*

_____

_____

_____

_____

_____

_____

Actividad S

· ·

Hablemos sobre lo que habrá sucedido en el futuro. Completa las oraciones usando el futuro perfecto de los verbos entre paréntesis.

1. Para el año 2025 los científicos _____ cómo curar muchas de las enfermedades de hoy. *(descubrir)*

2. En unos cien años, los ingenieros _____ tecnología para prolongar la vida de las personas. *(desarrollar)*

3. Muchas más personas _____ al campo de la informática en unos diez años. *(dedicarse)*

4. El uso de realidad virtual _____ muy popular en unos 20 años. *(ser)*

5. En el futuro, las personas _____ otros medios de comunicación para comunicarse. *(usar)*

Actividad T

Imagina lo que habrá pasado en 20 años. Lee las preguntas de abajo y respóndelas escogiendo una respuesta del recuadro. Usa el futuro perfecto de los verbos para tus respuestas.

> la industria / crecer enormemente
> inventar / nuevos avances tecnológicos
> la contaminación / aumentar
> la gente / comunicarse vía satélite desde sus casas
> la gente / tener juegos de realidad virtual en los hogares
> los científicos / descubrir cómo curar las enfermedades

1. ¿Qué habrá sucedido en 20 años con los medios de comunicación?

   _____

2. ¿Qué habrá pasado con el medio ambiente?

   _____

3. ¿Qué habrá sucedido con los avances tecnológicos?

   _____

4. ¿Qué habrá ocurrido con la industria de la informática?

   _____

5. ¿Qué habrá pasado en el campo de la genética?

   _____

6. ¿Qué actividades de ocio se habrán incorporado a la vida de las personas?

   _____

Actividad U

La contaminación es un problema muy serio y todos necesitamos hacer algo. Imagina cómo será el mundo en unos años si este problema continúa. Escribe en una hoja aparte una lista de tus predicciones. Usa el futuro perfecto en tus oraciones.

Modelo *Las fábricas habrán contaminado el aire con el humo que sale de sus máquinas.*

Go Online WEB CODE jed-0607 PHSchool.com

(páginas **275–277**)

Gramática

Uso de los complementos directos e indirectos

Has estudiado anteriormente los pronombres de objeto directo (*me, te, lo, la, nos, os, los* y *las*) y los pronombres de objeto indirecto (*me, te, le, nos, os* y *les*).

Cuando usas juntos un pronombre de objeto directo y uno de objeto indirecto, colocas el pronombre de objeto indirecto antes del pronombre de objeto directo.

> —Si necesitas un teléfono celular, yo **te lo** doy.
> ¿Quién te prestará la computadora?
> —Octavio **me la** prestará.

Cuando los pronombres de objeto indirecto *le* o *les* vienen antes de los pronombres de objeto directo *lo, la, los* o *las*, los pronombres de objeto indirecto *le* o *les* cambian a *se*. En estos casos, puedes agregar las frases preposicionales *a Ud., a él, a ella* y así sucesivamente, o *a* + un sustantivo o un nombre de persona para aclarar algo.

> —¿A quién **le** comunicarán la noticia del descubrimiento?
> —**Se la** comunicaremos **a Carlos.**
> —José y Adela quieren leer los libros sobre el nuevo invento. ¿Puedes **prestárselos**?

Cuando agregas dos pronombres de objeto a un infinitivo, un mandato o un participio pasado, debes agregar un acento para mantener la acentuación original.

> —Quiero ver las fotos que van a usar para el mercadeo. **Dámelas,** por favor.
> —No puedo **dártelas** hoy, espera hasta mañana.

Gramática interactiva

Énfasis en la forma
En cada ejemplo, subraya los pronombres de objeto directo y encierra en un círculo los pronombres de objeto indirecto.

Actividad V

Muchos de tus amigos están interesados en lo que está ocurriendo en estos momentos con la tecnología y las ciencias. Lee los siguientes diálogos y encierra en un círculo la forma del complemento directo o indirecto que corresponda.

1. **A:** —¿A qué fábricas le prohibirán usar máquinas que contaminan?

   B: —(Se lo / Nos la) prohibirán a las fábricas de productos químicos.

2. **A:** —Me compré un juego de realidad virtual fascinante.

   B: —¿(Me le / Me lo) prestas algún día?

3. **A:** —¿Cuándo me das los libros sobre genética que me prometiste?

   B: —(Me las / Te los) doy mañana.

4. **A:** —Esta mañana nos dieron una clase sobre el tema de la contaminación.

   B: —(Nos lo / Nos le) explicaron muy bien pero todavía tenemos dudas.

Actividad W

Muchas oraciones que decimos pueden simplificarse en mandatos. Lee las siguientes oraciones y escribe mandatos usando el verbo subrayado. Recuerda que debes agregar los pronombres de objeto al mandato.

Modelo *Nosotros le vamos a <u>resolver</u> el problema de trabajo a Enrique.*
¡Resolvámoselo!

1. Tú tienes que <u>entregarle</u> el informe sobre los avances científicos al profesor.

_____

2. Nosotros debemos <u>comunicarle</u> a nuestros compañeros la noticia sobre el invento de una vivienda acuática.

_____

3. Debemos <u>demostrar</u> a los científicos nuestra hospitalidad.

_____

4. Ellos van a <u>pedirle</u> a la profesora que hable sobre el uso de otras fuentes de energía.

_____

Actividad X

Las siguientes personas trabajan en diferentes lugares. Lee las preguntas y escribe el pronombre correspondiente para completar las respuestas. En algunos casos debes usar el pronombre de objeto directo y el de objeto indirecto en la misma oración.

1. ¿Te describió Mario su nueva investigación científica?

Sí, él _____ describió.

2. ¿Reemplazaron al ingeniero por otro con más experiencia?

No, no _____ reemplazaron todavía.

3. ¿Van a construir viviendas cerca de la fábrica?

Sí, _____ van a construir a cinco cuadras de la fábrica.

4. ¿Les ofrecieron a ustedes un trabajo en el campo de la hospitalidad?

Sí, _____ ofrecieron trabajar en un hotel mexicano.

Go Online WEB CODE jed-0608
PHSchool.com

(página **276**)

El español en la comunidad

En tu libro de texto leíste sobre los diarios digitales. Imagínate que eres un(a) "crítico(a) de diarios", una nueva profesión del futuro. Busca dos diarios digitales en español que estén en la Red. Lee las diferentes secciones y dales una puntuación de 1 a 5 estrellas (siendo 5 estrellas la mejor puntuación). Luego escribe cuál de los dos diarios recomendarías y por qué.

Nombre		
Noticias nacionales		
Noticias internacionales		
Cultura y entretenimiento		
Deportes		
Otras secciones		
Recomendación		

Piensa en los programas de televisión que veías de niño(a) y en los programas que ves ahora. ¿Cómo han cambiado? Ahora imagínate cómo serán los programas en el futuro. Completa la siguiente guía de programación para una estación de televisión en el año 2050. Recuerda que el horario debe ser variado y debe incluir noticias, series, películas, eventos deportivos y otros tipos de programas.

(página **277**)

Conexiones Las ciencias sociales

Canal Tú... ¡tu canal! Programación:

Horario	Nombre del programa	Descripción

¡Adelante! (páginas **278–279**)

Puente a la cultura

La arquitectura del futuro

Lectura interactiva

Análisis literario

¿A qué crees que se refiere el autor cuando habla de edificios "inteligentes"? Escribe tu respuesta en una hoja aparte y luego compárala con lo que dice el artículo.

Análisis cultural

Aunque las Torres Petronas son su obra más famosa, César Pelli ha diseñado muchos otros edificios en todo el mundo. Realiza una breve investigación sobre este gran arquitecto. Luego completa la siguiente información en una hoja aparte:
Lugar y fecha de nacimiento:
Estudios:
Obras más importantes / más conocidas:

Estrategia

Propósito del autor

Siempre que leas un texto, piensa en la intención que tuvo el autor al escribirlo. Mientras lees, analiza la información y la manera en que se presenta. Piensa si el autor está siendo objetivo o subjetivo, si está tratando de expresar su opinión o si simplemente está presentando hechos y datos para educar a los lectores.

¿Te has preguntado alguna vez cómo serán los edificios del futuro? La mayoría de los arquitectos están de acuerdo en que serán más eficientes, mejores y más inteligentes pero, ¿qué quiere decir eso?

Seguramente, los edificios del futuro usarán menos ladrillo y piedra, pues tendrán materiales como el titanio y las fibras de carbón y grafito, siguiendo el ejemplo de los aviones y coches. Cada vez habrá más edificios "inteligentes", en otras palabras, edificios en los que una computadora central controla todos los aparatos y servicios para aprovechar mejor la energía eléctrica, la calefacción y el aire acondicionado en el interior.

El argentino César Pelli es uno de los arquitectos que diseñan los edificios del futuro. Una de sus obras más importantes son las Torres Petronas, en Kuala Lumpur, Malasia, consideradas los edificios más altos del mundo. Estas torres, con su planta en forma de estrella y construidas de cristal, acero y concreto, tienen un diseño que es a la vez futurista e influenciado por la arquitectura islámica.

Otro edificio futurista es el Faro del Comercio, en Monterrey, México, diseñado por el arquitecto mexicano Luis Barragán. La arquitectura de Barragán reúne en un mismo diseño líneas simples y modernas con el uso de colores, texturas y materiales que recuerdan la cultura popular mexicana y los colores de la naturaleza.

Ricardo Legorreta, otro reconocido arquitecto mexicano, ha diseñado el Hotel Camino Real en Polanco, México. La arquitectura de Legorreta se caracteriza por ambientes con diseños geométricos, una armoniosa combinación de espacio y color y un uso funcional y decorativo de la luz.

Un edificio que impresiona por su estilo futurístico es el Milwaukee Art Museum, diseñado por el arquitecto español Santiago Calatrava. Este museo se destaca por su forma única que combina elementos de arte y arquitectura.

Vocabulario
Subraya las palabras que has leído hasta ahora que no comprendas o que te sean difíciles de entender. Después, búscalas en un diccionario y vuelve a leer el párrafo en el que aparecen.

Investiga en la Red
¿Cómo puede tener la luz tanto un uso funcional como un uso decorativo en la arquitectura? Escribe tu respuesta en una hoja aparte.

Gramática
Vuelve a leer el texto y subraya todos los verbos que estén en futuro.

Actividad Z

¿Comprendiste?

1. ¿Qué características tendrán los edificios del futuro?

   _____

   _____

   _____

   _____

2. ¿Cómo son las Torres Petronas que diseñó César Pelli?

   _____

   _____

   _____

3. Escoge dos de los arquitectos que se mencionan en el artículo y compara sus estilos.
   Como ayuda, usa las fotos que aparecen en tu libro de texto, en las páginas 278 y 279.

   _____

   _____

   _____

   _____

Actividad AA

En el artículo leíste sobre los edificios "inteligentes" que cada vez se están haciendo más populares. Imagínate que eres un(a) arquitecto(a) que va a diseñar este tipo de edificio. En una hoja aparte, describe brevemente qué características tendría tu edificio "inteligente". Recuerda, estás en el futuro, así que deja volar tu imaginación.

¿Qué me cuentas? (página 280)

Muchas veces podemos imaginarnos el futuro de una persona por sus acciones en el presente. A continuación tienes seis dibujos que muestran a unos niños realizando diferentes actividades. Imagínate que dentro de 10, 20 y 30 años todos estos niños serán muy famosos. Primero escribe notas en una hoja aparte, describiendo qué es lo que motivó a estos niños a través de los años a convertirse en alguien famoso. Luego describe detalladamente tus predicciones para cada uno sin usar tus notas. No te olvides de que tienes que exagerar los eventos de tu narración. Tienes un límite de 2 minutos para cada descripción.

1

2

3

4

5

6

Presentación oral (página 281)

Actividad CC

Imagina que dentro de diez años regresas a tu escuela y que eres el / la nuevo(a) director(a). ¿Qué cambios harás para adaptar la escuela a los avances tecnológicos que habrá entonces? Tienes que preparar un discurso para explicar lo que harás.

> **Estrategia**
>
> **El mapa del discurso**
>
> Para organizar lo que dices, puedes imaginar un "mapa" de tu discurso por adelantado. Recuerda que tu presentación es una manera organizada de comunicar tus ideas. Primero, presenta la idea principal. Luego usa lo que escribiste en la tabla para escribir los subtemas. Al hablar, presenta cada tema por separado y usa detalles para elaborarlo. Para terminar tu presentación, vuelve a hacer hincapié en la idea principal que mencionaste al principio.

Antes de empezar a hablar, debes organizar tus ideas. Piensa en cómo es tu escuela ahora y qué avances tecnológicos crees que habrá en diez años. Completa la tabla que aparece en esta página como ayuda.

Situación:	Hoy en día:	En el futuro:
¿Quiénes dan las clases y cómo las dan?		
¿Qué materias se enseñan?		
¿Cómo es el edificio?		
¿Cómo hacan sus tareas los estudiantes?		
¿Cómo se comunican los estudiantes y los maestros?		

Usando las notas que escribiste, practica tu discurso para explicar los cambios que se van a hacer en la escuela. Recuerda que debes explicar con detalles y ejemplos lo que harás y por qué, presentar tus ideas de manera organizada y mirar directamente al público al hablar.

Al realizar tu presentación, imagínate que estás hablando ante gente que no sabe cómo será tu escuela en el futuro. Describe las cosas con detalle. Tu profesor(a) te explicará cómo va a evaluar tu presentación. Probablemente, para tu profesor(a) es importante ver que tu discurso siguió un orden lógico y fue claro, que explicaste con detalles y ejemplos los cambios necesarios y que usaste la gramática y el vocabulario adecuados.

Presentación escrita (páginas **282–283**)

Actividad DD

Escoge un período del pasado y compáralo con el presente en un ensayo que conteste la pregunta: "¿Será el futuro siempre mejor que el presente?"

> **Estrategia**
>
> **Comparar y contrastar**
>
> Si quieres comparar cosas cuando escribes, usa palabras y frases específicas para mostrar las semejanzas y diferencias. Por ejemplo, puedes decir: *Antes, los viajes tardaban mucho tiempo, pero ahora tardan sólo unas horas.* Otras expresiones son *tanto… como, en ambos tiempos, ni entonces ni ahora, etc.* Estas expresiones determinan la estructura de los párrafos que escribes.

Antes de escribir, usa el diagrama de Venn de abajo para comparar el pasado con el presente. Escribe la época que escogiste en el lado izquierdo y luego anota las semejanzas y diferencias en las secciones correspondientes.

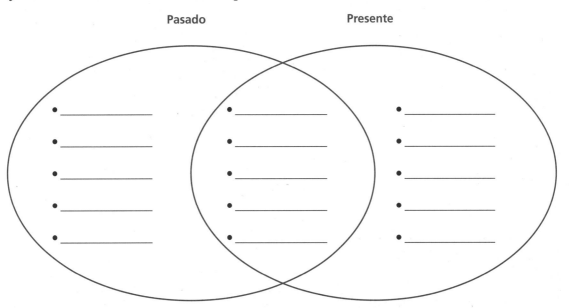

Pasado   Presente

Escribe tu borrador en forma de ensayo en una hoja aparte. Presenta primero la pregunta que vas a responder y las épocas que vas a describir. Explica las diferencias y semejanzas entre ambas según lo que anotaste en el diagrama y da detalles. Al final, escribe tu conclusión sobre la pregunta que presentaste al principio.

Después de que termines tu borrador, intercámbialo con el de un(a) compañero(a). Háganse sugerencias para mejorar los ensayos. Lee de nuevo tu borrador y realiza las correcciones y los cambios necesarios. Escribe tu ensayo en limpio y entrégale una copia a tu profesor(a).

Tu profesor(a) te explicará cómo evaluará tu ensayo. Probablemente, para tu profesor(a) es importante ver que presentaste los puntos de manera clara, describiste las diferencias y semejanzas entre las épocas y usaste la gramática y el vocabulario adecuados.

Repaso del capítulo

Vocabulario y gramática

profesiones y oficios

el / la abogado(a)	lawyer
el / la arquitecto(a)	architect
el / la banquero(a)	banker
el / la científico(a)	scientist
el / la cocinero(a)	cook
el / la contador(a)	accountant
el / la diseñador(a)	designer
la empresa	business
las finanzas	finance
el hombre de negocios, la mujer de negocios	businessman, businesswoman
el / la ingeniero(a)	engineer
el / la jefe(a)	boss
el / la juez(a)	judge
el / la peluquero(a)	hairstylist
el / la programador(a)	programmer
el / la redactor(a)	editor
el / la traductor(a)	translator

cualidades

ambicioso, -a	ambitious
capaz	able
cuidadoso, -a	careful
eficiente	efficient
emprendedor, -a	enterprising
maduro, -a	mature

verbos

ahorrar	to save
aumentar	to increase
averiguar	to find out
comunicarse	to communicate
contaminar	to pollute
curar	to cure
dedicarse a	to dedicate oneself to
desaparecer	to disappear
descubrir	to discover
desempeñar un cargo	to hold a position
diseñar	to design
enterarse	to find out
graduarse (u → ú)	to graduate
hacerse	to become
inventar	to invent
lograr	to achieve, to manage (to)
mudarse	to move to
predecir	to predict
prolongar	to prolong, to extend

reducir (zc)	to reduce
reemplazar	to replace
seguir una carrera	to pursue a career
tomar decisiones	to make decisions
traducir	to translate

sustantivos asociados con el futuro

el aparato	gadget
el avance	advance
el desarrollo	development
la enfermedad	illness
la fábrica	factory
la fuente de energía	energy source
el gen *pl.* los genes	gene
la genética	genetics
el invento	invention
la máquina	machine
la mayoría	the majority
los medios de comunicación	media
el ocio	free time
la realidad virtual	virtual reality
tecnológico, -a	technological
el uso	use
vía satélite	via satellite
la vivienda	housing

otras palabras y expresiones

así que	therefore
además de	in addition to
casado, -a	married
como si fuera	as though it were
de hoy en adelante	from now on
Haré lo que me dé la gana.	I'll do as I please.
por lo tanto	therefore
próximo, -a	next
soltero, -a	single
tener en cuenta	to take into account

campos y carreras del futuro

el campo	field
la demanda	demand
la estrategia	strategy
la hospitalidad	hospitality
la industria	industry
la informática	information technology
el mercadeo	marketing
el producto	product
el servicio	service

el futuro

Para expresar el futuro en español, puedes usar *ir + a* + infinitivo, el presente o el futuro. Para la mayoría de los verbos, agrega las terminaciones (*-é, -ás, -á, -emos, -éis, -án*) al infinitivo.

pasar *to pass*

pasar**é**	pasar**emos**
pasar**ás**	pasar**éis**
pasar**á**	pasar**án**

comer *to eat*

comer**é**	comer**emos**
comer**ás**	comer**éis**
comer**á**	comer**án**

pedir *to ask*

pedir**é**	pedir**emos**
pedir**ás**	pedir**éis**
pedir**á**	pedir**án**

Otros verbos tienen raíces irregulares en el futuro pero tienen las mismas terminaciones que los verbos regulares.

haber	**habr-**
hacer	**har-**
saber	**sabr-**
tener	**tendr-**
poder	**podr-**
decir	**dir-**
salir	**saldr-**
querer	**querr-**
poner	**pondr-**
venir	**vendr-**

el futuro de probabilidad

En español, el futuro puede expresar incertidumbre o probabilidad en el presente.

¿Qué hora **será**?

el futuro perfecto

Usa el futuro perfecto para expresar lo que habrá ocurrido hasta un momento determinado. Para formar el futuro perfecto, usa el futuro del verbo *haber* con el participo pasado del verbo.

pasar *to pass*

ha**bré** pasado	ha**bremos** pasado
ha**brás** pasado	ha**bréis** pasado
ha**brá** pasado	ha**brán** pasado

el uso de los complementos directos e indirectos

El pronombre de objeto indirecto va antes del pronombre de objeto directo.

Te los traduciré. (los libros)

En la tercera persona, los objetos indirectos *le / les* se convierten en *se* antes de los objetos indirectos *lo / la, los / las*. Puedes agregar la frase preprosicional *a Ud., a él, a ella*, etc., o *a* + un sustantivo / un nombre como aclaración.

Se los traduciré a ella.

Cuando se agregan pronombres de objeto directo a un infinitivo, un mandato o un participio presente, debes añadir un acento ortográfico para mantener el acento tónico: *traducírmelos, tradúcemelos, traduciéndomelos.*

● **Más práctica**......................
Practice Workbook Organizer 6-13, 6-14

Capítulo
6

Repaso del capítulo

Como preparación para el examen, comprueba que

• sabes la gramática y el vocabulario nuevos

• puedes hacer las tareas de las páginas 202 y 203 de este cuaderno

Preparación para el examen

1 **Vocabulario** Escribe la letra de la palabra o expresión que mejor complete cada frase.

1. Tengo que _____ qué cursos ofrecen en la universidad.
   a. desarrollar   c. inventar
   b. averiguar   d. prolongar

2. Después de terminar sus estudios, mi hermano piensa _____ a otro estado.
   a. dedicarse   c. enterarse
   b. mudarse   d. comunicarse

3. Cuando una persona sabe hacer algo bien, se dice que es _____.
   a. capaz   c. madura
   b. entrometida   d. sincera

4. Gracias a _____ como el teléfono celular podemos comunicarnos desde muchos lugares.
   a. aparatos   c. campos
   b. transportes   d. servicios

5. Los avances en la genética harán posible curar _____.
   a. la contaminación   c. las enfermedades
   b. las viviendas   d. el ocio

6. La _____ te permite vivir una experiencia como si fuera real.
   a. vivienda   c. realidad virtual
   b. genética   d. informática

7. A Jorge le gusta resolver problemas y tomar decisiones sin ayuda. Es muy _____.
   a. emprendedor   c. honesto
   b. cuidadoso   d. puntual

8. Creo que _____ me voy a dedicar a la medicina.
   a. así que   c. tener en cuenta
   b. de hoy en adelante d. como si fuera

2 **Gramática** Escribe la letra de la palabra o expresión que mejor complete cada frase.

1. El año próximo _____ mi sueño de viajar por todo el mundo.
   a. realicé   c. realizo
   b. realizaré   d. estoy realizando

2. Andrés quiere ser traductor. El año que viene _____ en las Naciones Unidas.
   a. trabaja   c. está trabajando
   b. trabajará   d. trabajaba

3. No tengo reloj. ¿Qué hora _____?
   a. estará   c. será
   b. saldrá   d. era

4. Si necesitas un texto de genética, yo _____ prestaré.
   a. te la   c. se lo
   b. te los   d. te lo

5. ¿Vio usted el programa sobre los inventos del siglo XX? _____ prestaré.
   a. Se lo   c. Me lo
   b. Se la   d. Te la

6. Quiero ver las fotos que sacaste ayer. _____ por favor.
   a. Dámelas   c. Déle
   b. Dáselas   d. Déselas

7. Dentro de 20 años, ya _____ otras fuentes de energía.
   a. habrán descubierto c. descubrieron
   b. han descubierto   d. están descubriendo

8. Para el año 2020, muchos aparatos que ahora se usan ya _____.
   a. han desaparecido   c. están desapareciendo
   b. desaparecen   d. habrán desaparecido

En el examen vas a . . .	Éstas son las tareas de práctica que te pueden ser útiles para el examen . . .	Si necesitas repasar . . .
3 Escuchar Escuchar y comprender una conversación entre dos jóvenes	Félix y Carmen hablan sobre sus planes para el futuro. Escucha su conversación y di (a) qué intereses y habilidades tiene cada uno; (b) cuáles son sus planes para después de graduarse de la escuela secundaria; (c) cuáles son sus sueños para su carrera.	**pp. 252–255** *A primera vista 1* **p. 253** Actividad 1 **p. 255** Actividades 2–3 **p. 261** Actividad 12
4 Hablar Hablar sobre lo que quieres hacer en el futuro	Imagina que te entrevistas con una consejera que te ayudará a decidir qué carrera debes estudiar y a qué universidad debes ir. Explícale cuáles son tus intereses y cualidades, qué trabajo te gustaría tener, qué sueños quieres realizar, qué quieres lograr, en fin, explícale qué quieres hacer con tu vida.	**p. 258** Actividad 9 **p. 259** Actividad 10 **p. 261** Actividad 12 **p. 262** Actividad 15
5 Leer Leer y comprender las predicciones de un futurólogo	Lee este fragmento del artículo de un futurólogo. ¿Esta persona cree que el futuro será mejor o peor que el presente? ¿Por qué? *En el futuro viviremos en paz, pues en unos años habrá nuevos inventos y aparatos que permitirán una mejor comunicación entre las personas. Además, gracias a ciencias nuevas como la informática y la genética, en 50 ó 60 años no habrá hambre ni enfermedades. Todos vivirán 100 años y trabajarán mucho menos que nosotros.*	**pp. 266–269** *A primera vista 2* **p. 270** Actividad 25 **p. 272** Actividades 28–29 **p. 277** Actividad 36
6 Escribir Escribir sobre los avances que habrá en el futuro	Escribe sobre los principales avances y problemas que crees que habrá en los 50 años que vienen. Di dos cosas que crees que habrán ocurrido. ¿Cómo cambiará la vida de la gente? ¿Cuáles serán los problemas más difíciles que tendrán que resolver?	**p. 265** Actividad 19 **p. 267** Actividad 21 **p. 269** Actividad 23 **p. 271** Actividad 27 **p. 273** Actividad 30 **p. 274** Actividades 31–32
7 Pensar Pensar en la actitud de algunos jóvenes españoles que prefieren vivir con sus padres al terminar de estudiar	Piensa por qué te gustará o no te gustará vivir con tus padres cuando termines tus estudios. Compara tus razones con las de algunos jóvenes españoles.	**p. 257** *Fondo cultural*

A ver si recuerdas . . . (páginas 292–295)

Actividad A

¿Qué piensas cuando oyes la frase *monumento antiguo*? ¿Qué escenas imaginas? Mira las fotos de la página 292 de tu libro de texto. ¿Has visto estructuras como éstas? Usa las imágenes y lo que ya sabes para completar las primeras dos columnas de la tabla a continuación. Usa por lo menos tres palabras de cada caja de la página 292. Después de terminar el capítulo 7, regresa a la tabla para completar la última columna.

Monumentos antiguos

Yo ya sé que...	Yo imagino que...	Yo aprendí que...

Go Online WEB CODE jed-0701
PHSchool.com

¿Mito o realidad? (páginas 296–297)

Arte y cultura

Lee el texto de la página 297 de tu libro de texto y contesta las preguntas.

1. ¿Qué civilizaciones vivían antiguamente en la región donde vives?

_____

_____

2. ¿Qué civilizaciones vivían antiguamente en el país de tu herencia cultural?

_____

_____

3. ¿Qué artistas conoces que hayan representado la historia de su país en su obra?

_____

_____

Objetivos del capítulo

- Describir qué hacen los arqueólogos
- Identificar y describir fenómenos extraordinarios
- Dar tu opinión sobre eventos misteriosos
- Hablar de las contribuciones de las civilizaciones maya y azteca
- Comparar mitos y leyendas del mundo hispanohablante con los de los Estados Unidos

Actividad
B

¿Alguna vez te pasó algo misterioso, un incidente que no pudiste explicar? Escribe los detalles de tu experiencia en la tabla a continuación.

¿Qué ocurrió?	
¿Dónde ocurrió?	
¿Cuándo ocurrió?	
¿Por qué crees que ocurrió?	

A primera vista 1 (páginas 298–301)

1 Escribe las palabras que corresponden a estas definiciones.

1. Restos de edificios que fueron destruidos. _____

2. Conjunto de personas de un lugar, región o país. _____

3. Una construcción que tiene por base un polígono y cuyas caras son triángulos que

   se juntan en un vértice. _____

4. Un edificio con instrumentos especiales para ver los planetas y las estrellas.

   _____

5. Una medida de peso que equivale a 1,000 kilogramos. _____

6. Medio de transporte para viajar en el espacio. _____

7. Persona que estudia los restos de monumentos y otros objetos de la antigüedad.

   _____

2 En una hoja aparte, prepara un diálogo de seis líneas sobre un misterio arqueológico
entre un(a) arqueólogo(a) y un(a) estudiante. Incluye un mínimo de cinco palabras de
la Parte 1 de esta actividad.

Actividad D

Investiga cuáles son algunas de las ruinas arqueológicas más importantes de los
siguientes lugares de Latinoamérica. Busca información sobre los pueblos que las
construyeron y el propósito que tenían sus edificios. Completa la tabla.

Lugar	Nombre de las ruinas	Pueblos que las construyeron	Para qué las construyeron
Ciudad de México	_____	_____	_____
Machu Picchu	_____	_____	_____
Isla de Pascua	_____	_____	_____
Copán	_____	_____	_____

Más vocabulario

En Latinoamérica y en la mayoría de los países de Europa se usa el sistema métrico decimal, a diferencia de los Estados Unidos, donde se usa el sistema de medidas angloamericano. Éstas son las unidades principales del sistema métrico decimal y sus usos:

para medir la longitud: *metro, centímetro, milímetro*

para medir la superficie: *metro cuadrado, centímetro cuadrado, milímetro cuadrado*

para medir el volumen: *metro cúbico, centímetro cúbico, milímetro cúbico*

para medir la capacidad: *litro, decilitro, mililitro*

para medir la masa: *gramo, kilogramo, tonelada*

Investiga la equivalencia de las siguientes unidades del sistema métrico decimal en el sistema de medidas angloamericano. Luego escribe qué unidades del sistema métrico decimal usarías para medir en cada caso.

1. Un metro equivale a _____ yardas.

2. Un metro equivale a _____ pies.

3. Un litro equivale a _____ onzas líquidas.

4. Un litro equivale a _____ galones.

5. Para medir la superficie de la base de una pirámide usarías

_____ .

6. Para medir el peso de una piedra de gran tamaño usarías

_____ .

7. Para medir la altura de una columna usarías _____ .

8. Para medir el diámetro del calendario azteca usarías

_____ .

Manos a la obra 1 (páginas 302–305)

Ampliación del lenguaje

1. Si quieres ampliar tu vocabulario, puedes aprender a reconocer palabras que tienen la misma raíz. Por ejemplo: *explorador*, *exploración*. Completa la siguiente tabla de familias de palabras con las palabras que faltan.

verbo	sustantivo	adjetivo
arruinar	ruina	_____
civilizar	_____	_____
_____	observatorio	_____
excavar	_____	_____
_____	existencia	_____
_____	_____	distante

2. En una hoja aparte, escribe tres oraciones. Cada oración debe incluir una palabra de las familias de palabras de la tabla.

Actividad F

❶ Escribe un sinónimo o expresión sinónima para las siguientes palabras.

1. observar _____

2. diseño _____

3. excavar _____

4. dudar _____

5. función _____

❷ Ahora usa estas palabras para escribir un párrafo describiendo un misterio. Escribe tu párrafo en una hoja aparte.

Actividad G

En una hoja aparte, escribe una presentación para la clase sobre un monumento importante que conozcas. El monumento puede ser un monumento contemporáneo o de los tiempos prehispánicos. La presentación debe incluir lo siguiente:

- descripción del monumento

- época o periodo de la historia en que se construyó

- información sobre cómo y quién lo construyó

- propósito de su construcción

- importancia del monumento hoy en día

Si es posible, consigue una fotografía del monumento y muéstrala en tu presentación a la clase.

Actividad H

Vuelve a leer el artículo en la página 304 de tu libro de texto sobre el misterio de la Atlántida, prestando atención a todas las palabras que empiecen con el sonido [i]. Clasifícalas en la tabla de abajo, según si comienzan por *h* o no. Luego, agrega tres palabras más para cada columna.

i	*h*

Gramática

(páginas **306–311**)

El presente y el presente perfecto del subjuntivo con expresiones de duda

Para expresar duda, incertidumbre o posibilidad sobre acciones en el presente, usamos el subjuntivo presente. Para expresar duda, incertidumbre o posibilidad sobre acciones en el pasado, usamos el presente perfecto del subjuntivo. Recuerda que el presente perfecto del subjuntivo se forma con el presente del subjuntivo de *haber* y un verbo en participio.

duda, incertidumbre	subjuntivo
Dudo que . . .	
Es posible que . . . **+**	**existan** los extraterrestres.
Es dudoso que . . .	

escepticismo	
No creo que . . .	**hayan existido**
Es imposible que . . . **+**	los extraterrestres.

Las expresiones de creencia, conocimiento o certeza generalmente van seguidas por verbos en modo indicativo.

Creo que…	
Estoy segura que…	
Es evidente que… **+**	ésas **son** ruinas mayas.
Es verdad que…	
Sabemos que…	
No dudo que…	

Gramática interactiva

Más ejemplos
En una hoja aparte, escribe frases que usamos para expresar duda, posibilidad o incertidumbre.

Énfasis en la forma
Escribe el subjuntivo presente del verbo *haber* para las tres personas del singular y del plural.

_____

_____

_____

Inténtalo
En una hoja aparte, escribe una oración sobre los dinosaurios en presente perfecto subjuntivo. Subraya el verbo conjugado y escribe otra oración con ese verbo en presente subjuntivo.

Actividad 1

Paula está con su madre visitando los templos aztecas de Teotihuacán, en México. Completa este mensaje de correo electrónico que le escribió a su amiga. Usa el presente del subjuntivo del verbo que mejor completa cada oración.

Alicia:

Hoy fuimos a Teotihuacán. No creo que _____ *(excavar, haber)*

nada tan impresionante como esta ciudad, ni que _____ *(poder, querer)*

describirte lo que sentí. Es increíble que no _____ *(conocer, destruir)*

más sobre una civilización tan impresionante como la azteca. Dudo que

_____ *(construir, existir)* otra cultura como ésta o que alguien

_____ *(viajar, pensar)* que esta cultura no debe conservarse. No tengo

duda alguna de que _____ *(olvidar, deber)* estudiar más esta cultura.

Actividad J

Escribe cinco oraciones usando una palabra o expresión de cada columna y el presente del subjuntivo de los verbos.

Modelo   *El arqueólogo no cree / existir / la Atlántida*
El arqueólogo no cree que exista la Atlántida.

Los científicos dudan	llegar	vida en
No creo	haber	los extraterrestres
Es dudoso	viajar	el sol
Es poco probable	existir	vivir 150 años
Ella no piensa	descubrir	nuevos continentes

1. _____

2. _____

3. _____

4. _____

5. _____

Actividad K

En tu escuela están organizando una excursión a unas ruinas indígenas. Trabaja con otro(a) estudiante para escribir sobre la excursión usando las frases de las columnas. Usa expresiones como *no creo, pienso, es poco probable, es seguro, es imposible, no me parece, sin duda, es muy difícil,* etc. Escribe tus oraciones en una hoja aparte.

Modelo   *ver / pirámides*
No creo que veamos pirámides en ese lugar.

visitar	ruinas
excavar	rascacielos
descubrir	pirámides
haber	templos aztecas
existir	naves espaciales
poder	misterios
llevar	diseños geométricos

Actividad L

Lee este artículo sobre Machu Picchu y contesta las preguntas.

En Machu Picchu, una montaña al noroeste de Cuzco, en Perú, se encuentran unas de las ruinas más importantes de América Latina. El estadounidense Hiram Bingham descubrió estas increíbles ruinas de la civilización inca en 1911.

Sorprendentemente, ni los colonizadores españoles, ni los peruanos después, llegaron a descubrir la existencia de Machu Picchu, que está cerca de la ciudad de Cuzco y a sólo 2,400 metros de altura.

Machu Picchu, que quiere decir "viejo pico" en quechua, es totalmente invisible desde abajo y en sus tiempos de actividad, era un centro totalmente autosuficiente. Las terrazas agrícolas que lo rodeaban bastaban para alimentar a toda la población y se regaban con arroyos naturales.

En Machu Picchu había palacios, baños, templos, almacenes y unas 150 casas, todas ellas hoy en muy buen estado de preservación. Estas estructuras están hechas de granito gris y muchos de los bloques de construcción que las forman pesan más de 50 toneladas.

Los científicos tampoco saben cómo los incas subieron hasta ese lugar las enormes piedras que forman los edificios y murallas de la ciudad. Todas estas preguntas producen las teorías más imaginativas. Unos dicen que esas increíbles edificaciones son los restos de otra civilización anterior, o que la construyeron seres de otros planetas. También hay personas que piensan que los incas tenían técnicas de construcción que nosotros no conocemos actualmente. El misterio que rodea Machu Picchu lo hace aún más interesante para turistas y arqueólogos.

1. ¿Por qué crees que nadie descubrió Machu Picchu hasta el siglo XX?

_____

2. ¿Crees que es posible que existan en América Latina otras ciudades antiguas que no hayan sido descubiertas todavía?

_____

3. ¿Cómo y de qué estaban hechas las construcciones de Machu Picchu?

_____

4. ¿Te parece lógica la teoría de que la ciudad fue construida por extraterrestres? ¿Por qué?

_____

5. ¿Crees que los arqueólogos podrán descubrir algún día los secretos de Machu Picchu? Explica tu respuesta.

_____

Actividad M

1 Busca en una revista o en la Red un artículo sobre las líneas de Nazca y anota, en una hoja aparte, tres o cuatro teorías o leyendas que haya sobre el origen, los constructores y el objetivo de estos dibujos.

2 Elige una teoría que no te parezca aceptable y explica por qué. Escribe tu explicación en una hoja aparte.

Actividad N

1 Imagina que eres un(a) arqueólogo(a) que acaba de descubrir una edificación muy antigua. Puedes elegir algunas de las antiguas ruinas sobre las que leíste en este capítulo u otras que conozcas. En la tabla de abajo, haz un dibujo de la edificación o de las ruinas. Completa la siguiente tabla con "datos" sobre esa edificación.

Nombre	Dónde se encuentra	Quiénes la construyeron	Cuándo fue construida	Qué objetivo tenía

2 Trabaja con otro(a) estudiante y comenten los datos de sus tablas. Explica a tu pareja por qué te parece importante esa edificación y anota los comentarios de tu pareja.

_____

_____

_____

3 Haz una presentación a la clase con los datos de tu investigación.

Fondo cultural   ■◆■◆■◆■◆■◆■◆■◆■◆■◆■◆■◆■◆■◆■◆■◆■◆■◆   **(página 130)**

Imagina que acabas de viajar por América del Sur. Tu experiencia favorita fue caminar por el Camino Inca hasta Machu Picchu. Usa la información de las páginas 310 y 311 de tu libro de texto y los apuntes de abajo para escribir una página en tu diario del viaje, detallando los lugares y las ruinas que visitas. Puedes encontrar más información y fotos en la Red.

Lugares	Comentario
Phuyupatamarca	vista del Río Urubamba, terrazas, montañas cubiertas de nieve
Wiñay Wayna	ruinas descubiertas en 1941, magníficos edificios construidos de piedra
Inti Punco	nombre que significa "Paso del Sol", la primera vista de Machu Picchu
Machu Picchu	a 2,400 metros sobre el nivel del mar. ¡Increíble!

_____

_____

_____

_____

_____

_____

_____

_____

_____

_____

_____

_____

_____

_____

_____

_____

Actividad Ñ

Machu Picchu es considerado uno de los monumentos arquitectónicos y arqueológicos más importantes del mundo. Otros ejemplos son La Gran Muralla china, el Taj Mahal de India, el templo azteca de Tenochtitlán y las pirámides egipcias. Usa la biblioteca o la Red para encontrar detalles de uno de estos monumentos. Después, usa el diagrama de Venn de abajo para comparar tu selección con Machu Picchu. ¿En qué se parecen? ¿En qué se diferencian? Finalmente, escribe un breve párrafo comparando ambos monumentos. Usa palabras específicas para crear descripciones claras y vívidas.

Conexiones **La historia** _____ **(página 311)**

Machu Picchu   _____

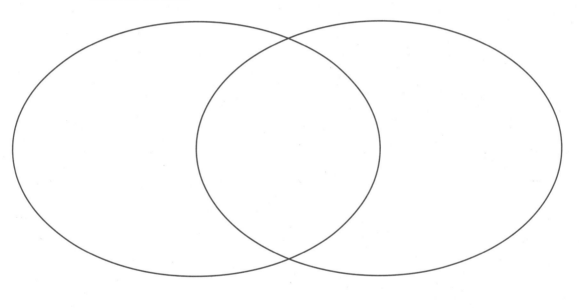

_____

_____

_____

_____

_____

_____

_____

_____

A primera vista 2 (páginas 312–315)

Actividad O

Escribe un párrafo donde cuentes un mito o una leyenda que conozcas. Si no conoces ninguno, busca información en la Red.

_____

_____

_____

_____

_____

_____

_____

_____

Actividad P

Busca ejemplos para cada una de las siguientes palabras. Después preséntaselos a tus compañeros.

| Modelo | *planeta: Mercurio, Marte, Venus . . . son planetas.* |

1. símbolo: _____

_____

2. leyenda: _____

_____

3. escritura: _____

_____

4. creencia: _____

_____

5. teoría: _____

_____

Actividad Q

Mira las ilustraciones de las páginas 312 y 313 de tu libro de texto y contesta las siguientes preguntas.

1. En la página 312, ¿qué representan los personajes que están en el cielo?

_____

2. ¿Qué te dice la ilustración sobre los aztecas?

_____

3. En la página 313, ¿qué crees que simbolizan el fuego y el agua?

_____

4. ¿Por qué crees que hay un conejo en la luna?

_____

Actividad R

Elige entre una de estas culturas prehispánicas, maya, azteca o inca, y escribe un informe. Investiga los siguientes aspectos:

• qué creencias tenían
• en qué época y región vivieron
• símbolos característicos
• tipo de escritura
• monumentos importantes

Presenta tu informe a la clase. Puedes acompañar tu presentación con dibujos o fotografías.

_____

_____

_____

_____

_____

_____

_____

_____

Manos a la obra 2 (páginas 316–318)

Ortografía: ¿y o ll?

Busca en el capítulo 7 de tu libro de texto palabras con *y* y palabras con *ll*. Haz una lista de estas palabras y léelas en voz alta.

A menudo, la letra *y* y la letra *ll* representan el mismo sonido y muchas veces es difícil saber cuándo usar una o la otra. A continuación tienes algunas reglas generales que te ayudarán.

Se escriben con *y*
- Las palabras que terminan con el sonido correspondiente a *i* precedido de una vocal. Por ejemplo: *estoy, rey, muy*
- La conjunción *y: mitos y leyendas*
- Algunas formas de los verbos que terminan en *-aer, -eer, -oir* y *-uir.* Por ejemplo: *cayeron, leyendo, oyó, huya*
- Los plurales de palabras que terminan en *y* en singular. Por ejemplo: *reyes, bueyes*
- El gerundio del verbo *ir: yendo*

Se escriben con *ll*
- La mayoría de las palabras que terminan en *-illo, -illa, -illos, -illas.* Por ejemplo: *silla, tobillo, cuchillos*
- Muchas palabras que terminan en *-oso, -osa.* Por ejemplo: *orgulloso, maravillosa*
- La mayoría de los verbos que terminan en *-illar, -ullar* y *-ullir.* Por ejemplo: *pillar, aullar, bullir*

La práctica y la lectura te ayudarán a distinguir palabras con *ll* o *y*.

Lee las oraciones y completa los espacios en blanco con *ll* o *y*.

1. Los aztecas relataban le_____endas sobre la creación de la luna, el sol y las

   estre_____as.

2. También constru_____eron templos maravi_____osos sobre las pirámides.

3. Dicen que un dios azteca destru_____ó la luna porque ésta bri_____aba más

   que el sol.

4. Ha_____ muchos relatos que inclu_____en a personajes de la mitología.

5. Los re_____es de muchos pueblos antiguos _____evaban vestimentas que

   les _____egaban hasta los tobi_____os.

Actividad T

En este capítulo has leído acerca de las culturas maya y azteca. Piensa en las semejanzas y diferencias entre ambas culturas.

1 Busca en la Red más información sobre los mayas y los aztecas. Compara lo siguiente entre ambas culturas y completa el diagrama de Venn.

- lugares donde se establecieron
- tipo de gobierno
- monumentos importantes
- religión
- conocimientos científicos (astronomía, medicina, etc.)
- calendarios
- sistemas de numeración y escritura

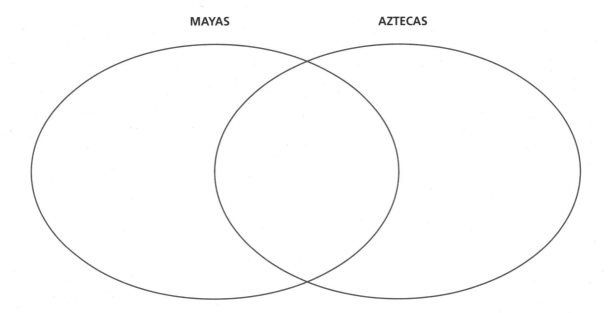

MAYAS   AZTECAS

2 Ahora, usa la información en el diagrama de Venn para escribir un párrafo comparando las dos culturas.

_____

_____

_____

_____

_____

(página 317)

En voz alta

Los poetas tienen variados recursos a su disposición para lograr que sus poemas tengan el efecto deseado en los lectores. Una de las técnicas generales es el uso del lenguaje figurativo. El lenguaje figurativo de la poesía transmite significados de una manera diferente, ya que estimula la imaginación del lector y evoca imágenes sensoriales. A continuación tienes algunos elementos del lenguaje figurativo.

Hipérbole Exageración de las cosas aumentando o disminuyendo la verdad de lo que se dice. Ej.: *Sus ojos eran tan grandes como platos.*

Personificación Atribución de cualidades humanas a objetos inanimados y a otros seres animados, como los animales. Ej.: *La guitarra lloraba.*

Símil: Comparación de dos cosas mediante el uso de "como" o "cual". Ej.: *Sus cabellos se desparramaron como una estopa.*

Metáfora: Comparación directa de dos cosas diferentes. Ej.: *Su puño era un martillo.*

Onomatopeya El uso de palabras que representan sonidos. Ej.: *El agua hizo glu-glu al salir de la botella.*

Lee en voz alta el fragmento del poema "Sueño cuarto (la luz)" de Feliciano Sánchez Chan, que aparece en la página 317 de tu libro de texto.

1. Nombra dos ejemplos de lenguaje figurativo que aparecen en el poema, e indica qué tipo de lenguaje figurativo son.

   _____

   _____

2. Escribe tu propio poema. Usa al menos dos elementos diferentes de lenguaje figurativo.

   _____

   _____

   _____

   _____

   _____

   _____

Gramática

(página **319**)

Pero y sino

La palabra *pero* generalmente equivale a la conjunción inglesa *but*. Sin embargo, hay otra palabra en español, *sino,* que tiene el significado del *but* inglés. *Sino* se usa después de una negación para dar la idea de una alternativa: no es esto *sino* esto otro.

No voy a beber jugo de frutas **sino** agua.

• También puedes usar *sino* con *no sólo... sino también...*

Apareció **no sólo** el sol **sino también** la luna.

• Se usa *sino que* en lugar de *sino* cuando hay un verbo conjugado en la segunda parte de la oración.

No vendí mis libros **sino que** los regalé.

Gramática interactiva

Énfasis en la forma
Subraya los verbos de las oraciones que aparecen en el recuadro. Encierra en un círculo las oraciones que tienen dos verbos.

Más ejemplos
En una hoja aparte, escribe tres oraciones con *sino* y dos oraciones con la expresión *sino que*. Encierra en un círculo los dos verbos que uses en cada oración con *sino que*.

Completa el siguiente párrafo sobre una leyenda azteca. En cada oración, piensa si la palabra que la completa es *pero* o *sino*.

En la antigüedad, la gente inventaba leyendas para explicar los misterios

_____ hoy en día los científicos desarrollan teorías para explicarlos. Por

ejemplo, los aztecas no tenían un solo dios _____ muchos dioses que se

peleaban entre ellos. Uno de sus dioses saltó al fuego y se convirtió en el sol,

_____ el sol no se movía. Los demás dioses no se dieron por vencidos

_____ que se arrojaron al fuego. Nadie sabe por qué, _____

después de ese día el sol comenzó a moverse. Ése no fue el primer intento de los

dioses de convertirse en el sol _____ el último. Según la leyenda, esto no

ocurrió en Tenochtitlán, _____ en Teotihuacán. Por eso era la ciudad

sagrada de los aztecas. Las leyendas no dan explicaciones claras sobre los

misterios _____ siempre son interesantes.

Actividad V

1 Vuelve a leer el artículo sobre los mayas y los aztecas de las páginas 314 y 315 de tu libro de texto. Escribe cinco oraciones usando en cada una de ellas alguna de las frases y palabras del recuadro.

pero	sino	dudo que	no creo que
estoy seguro(a)	me parece	es imposible que	creo que

1. _____

2. _____

3. _____

4. _____

5. _____

2 Basándote en las oraciones que escribiste y en lo que ya conoces sobre las culturas maya y azteca, habla con otro(a) estudiante sobre el artículo. Sigue el modelo.

Modelo

A—*Me parece que los aztecas contribuyeron más que los mayas al desarrollo.*

B—*No creo que una cultura fuera más importante que la otra, sino que las dos fueron muy importantes.*

Actividad W

Lee el siguiente artículo sobre la fundación de Tenochtitlán. En una hoja aparte, escribe oraciones para resumir lo que dice usando frases con *pero* y *sino*.

Modelo   *A la ciudad le pusieron el nombre no en honor a un dios, sino al guía de la tribu.*

Los aztecas salieron de un lugar, Aztlán, y fueron hacia el sur buscando un lugar para construir su ciudad. Según la leyenda, los aztecas estuvieron 302 años buscando el lugar ideal para construir su ciudad. En muchos lugares de los estados actuales de Jalisco, Michoacán y México, los aztecas fueron atacados por las tribus locales. Finalmente se establecieron en el Valle de México. Tenoch, el guía de la tribu azteca, vio un águila real comiéndose una serpiente en una isla. Era la señal de que en ese lugar debían hacer su ciudad. En honor a Tenoch, la ciudad se llamó Tenochtitlán.

Gramática ·············· (páginas **320–323**)

El subjuntivo en cláusulas adjetivas

A veces usamos toda una cláusula para describir el sustantivo. A esta cláusula se la llama cláusula adjetiva.

- Cuando nos referimos a una persona o cosa específica, usamos el indicativo.

  Este libro tiene un artículo **que habla** sobre los mayas.

- Cuando no nos referimos a una persona o cosa específica, si no estamos seguros de que esa persona o cosa exista, usamos el subjuntivo. En ese tipo de expresiones se usa a veces la palabra *cualquier(a)*.

  Busco un libro **que tenga** un artículo sobre los mayas. Escoge **cualquier** cosa **que te guste**.

- También podemos usar el subjuntivo en una cláusula adjetiva cuando ésta describe una palabra negativa como *nadie, nada* o *ninguno(a)*.

  No hay nadie **que conozca** los símbolos aztecas.

Para referirnos a alguien o a algo desconocido en el pasado, podemos usar el presente perfecto del subjuntivo.

  Busco una joven **que haya estudiado** arqueología. No hay nadie **que haya visto** un extraterrestre.

Gramática interactiva

Énfasis en la forma
Subraya las cláusulas adjetivas de las oraciones que aparecen en el recuadro.

Más ejemplos
En una hoja aparte, escribe seis oraciones con cláusulas adjetivas: tres en las que se use el indicativo y tres en las que se use el subjuntivo.

Actividad X

La profesora le explica a los estudiantes cómo investigar sobre la cultura taína. Completa sus oraciones con el presente del subjuntivo o del indicativo.

La cultura taína tiene su origen en el Caribe. Si conocen a alguien que

_____ (*ser, leer*) de esa zona, háganle una entrevista. Vayan a la

biblioteca y busquen libros que _____ (*tener, volver*) información

sobre los taínos. Lean el libro Jurakán, que _____ (*tratar, llevar*) sobre

la leyenda de los huracanes. Busquen en la Red sitios que _____

(*haber, mostrar*) fotos y que _____ (*descubrir, tener*) datos de esa

cultura. Recuerden que quiero un trabajo que _____ (*haber, ser*)

interesante, que _____ (*presentar, ver*) bien la información y que

_____ (*entretener, aburrir*) al lector. ¡Buena suerte!

Imagina que en tu clase hay una competencia de conocimientos sobre las culturas indígenas de América. Completa las siguientes sugerencias con cláusulas adjetivas que tengan verbos en presente del subjuntivo o en pasado perfecto del subjuntivo.

Modelo   *Nombra una cultura que (existir)…*
Nombra una cultura que <u>haya existido en el actual México</u>.

1. Nombra un edificio que *(construir)* _____

2. Recuerda una leyenda que *(explicar)* _____

3. Nombra un grupo que *(fundar)* _____

4. Relata un mito que *(pertenecer)* _____

5. Nombra unas ruinas que *(existir)* _____

6. Di el título de un libro que *(tratar)* _____

Imagina que en tu clase están preparando una excursión a un sitio arqueológico. Trabaja con otro(a) estudiante para hablar sobre cuál es la persona ideal para ser el guía de la excursión. Escribe los consejos en una hoja aparte usando expresiones de las dos listas.

Modelo   *haber estudiado*
A *—Debe ser una persona que haya estudiado mucho sobre esa cultura.*
B *—Sí, no vamos a llevar a alguien que no sepa explicar lo que hay allí.*

haber ido	el sitio arqueológico
tener conocimientos	la cultura
haber estudiado	las ruinas
llevarse bien	los estudiantes
saber explicar	para ir con nosotros(as)
tener tiempo	en esa zona
haber nacido / crecido	los misterios
ser entretenido(a)	las leyendas

(página **322**)

El español en el mundo del trabajo

Existen muchos métodos distintos para aprender idiomas. En la sección *El español en el mundo del trabajo* leíste sobre una escuela de idiomas de Guatemala donde se combinan las clases de español con los cursos para guías de turismo, además del estudio de la cultura guatemalteca.

Imagina que en tu escuela te piden que des algunas sugerencias e ideas sobre cómo enseñar español a los estudiantes. ¿Cómo quieres que sean las clases? ¿Dónde deben realizarse? ¿Qué tipo de libros se necesitan? Escribe tus ideas a continuación, usando cláusulas adjetivas.

Quiero maestros que _____

_____

Necesitamos libros que _____

_____

Disfruto más de las clases que _____

_____

Debemos hablar de temas que _____

_____

Es importante visitar lugares que _____

_____

¡Adelante! (páginas **324–325**)

Puente a la cultura

Misterios del pasado

Lectura interactiva

Análisis gramatical
Haz un círculo alrededor de los ejemplos del subjuntivo que encuentres en *Misterios del pasado*. En una hoja aparte, escribe una oración para cada uno de los ejemplos y explica por qué se usa el subjuntivo. Repasa la gramática de las páginas 306 y 320 si es necesario.

Estrategia de lectura
Subraya las palabras que te cueste entender. Después, busca su significado en el diccionario. Si hay varios significados para la palabra, fíjate en cuál va mejor, según el contexto de lo que estás leyendo.

Estrategia

Usar ilustraciones

Puedes predecir sobre lo que vas a leer si miras las ilustraciones o fotos que acompañan el texto. También puedes mirar las ilustraciones para encontrar detalles adicionales cuando leas. Antes de empezar a leer, mira las fotos de estas páginas y predice de qué tratará el texto. Después de leer, di si tu predicción fue correcta.

Cuando los europeos llegaron a América a partir de 1492, se encontraron con muchos pueblos indígenas. Actualmente no hay nadie que pueda explicar la desaparición de la cultura de algunos de estos pueblos.

La Isla de Pascua

En el medio del océano Pacífico está la Isla de Pascua, de unos 180 kilómetros cuadrados. Allí se encuentran los moai, unas estatuas enormes de piedra que representan enormes cabezas con orejas largas y torsos pequeños. Los hay por toda la isla y miran hacia el cielo como esperando algo o a alguien. Pero la pregunta es: ¿cómo construyeron y movieron los habitantes indígenas estos moais a la isla? Se sabe que no conocían ni el metal ni la rueda. Cuando se les pregunta a los habitantes de hoy cómo llegaron las estatuas al lugar, ellos responden: —¡A pie!

Muchos esperan que aparezca la verdad acerca de estas estatuas. Hay quienes dicen que las estatuas representan a los primeros habitantes de la isla, que creen que eran polinesios. Otros dicen que representan a los dioses y muchos creen que eran extraterrestres. Quizás algún día descubramos el misterio de esta pequeña isla.

Los olmecas

Más de 1,500 años antes de los mayas y 25 siglos antes de los aztecas existieron los olmecas, la primera gran civilización de Mesoamérica. Entre sus ruinas se descubrieron unas cabezas de piedra gigantes que no sólo miden entre dos o tres metros de alto sino que pesan entre 11 y 24 toneladas. Pero en esa zona de México no existen piedras tan grandes. Se supone que los olmecas tuvieron que mover esas piedras más de 129 kilómetros. ¿Cómo lo hicieron? Es un misterio.

Las líneas de Nazca

En 1927, un arqueólogo que recorría el sur de Perú observó unas largas líneas desde una meseta, las dibujó en un papel y descubrió que un dibujo tenía la forma de un pájaro volando. Más tarde se encontraron en las Pampas de Nazca, al sur de Perú, más de 30 dibujos que representan animales y figuras geométricas y humanas. Lo interesante de estos dibujos es que las formas solamente pueden verse desde el aire. ¿Para qué servían las líneas? ¿Cómo se hicieron?

Investigar en la Red
Usa la Red para encontrar más información sobre la civilización olmeca. ¿Qué semejanzas y diferencias tiene con la civilización maya o la azteca? Escribe tus averiguaciones en una hoja aparte.

Estrategia de lectura
Cuando leas un artículo, subrayar los detalles más importantes te ayudará a recordar la información. Escoge uno de los párrafos de la lectura y subraya los puntos que, en tu opinión, sean los más importantes y di por qué.

Actividad AA

¿Comprendiste?

1. ¿De qué manera son similares los misterios de la Isla de Pascua y de los olmecas? ¿Piensas que podría haber alguna conexión entre los dos fenómenos?

_____

_____

_____

2. ¿Cuáles son las diferentes opiniones acerca de los moai? ¿Cuál(es) tiene(n) sentido en tu opinión?

_____

_____

_____

Actividad BB

Investiga

La lectura *Misterios del pasado* nos presenta muchas preguntas. ¿Qué otros misterios del mundo conoces? Escoge uno y, con la ayuda de la Red, escribe qué es y por qué es misterioso. Si quieres, puedes presentar tu propia teoría sobre el misterio. Después, presenta tu explicación a la clase.

_____

_____

_____

_____

_____

_____

_____

_____

¿Qué me cuentas? (página 326)

Actividad CC

A veces tenemos experiencias increíbles. Las ilustraciones de esta página representan un cuento fantástico que tú vas a narrar en voz alta. Imagina que te pasaron los eventos representados. Primero, escribe algunas notas en una hoja aparte para ayudarte a organizar la historia. Usa tu imaginación y añade información para que el cuento resulte más interesante. Finalmente, ponle un título a tu cuento. Narra el cuento con un tono seguro para convencer a tu público de que es una historia verdadera.

1

2

3

4

5

6

Título: _____

_____

Presentación oral (página 327)

Actividad DD

Imagínate que eres un(a) científico(a) que creaste una teoría para explicar un fenómeno extraño y tienes que convencer a la clase de que tu explicación tiene sentido. Además tienes que refutar una teoría propuesta por otro(a) científico(a).

Estrategia

Céntrate en la idea principal

Es importante centrarse en la idea principal cuando presentas un discurso. Tu idea principal es el mensaje que quieres comunicar al público. Céntrate en el tema de tu mensaje y asegúrate de que el público lo haya entendido. Evita añadir información no relacionada directamente con el tema.

Completa un organizador gráfico como éste sobre tu descubrimiento. Escribe a la izquierda el nombre y una descripción del fenómeno. Escribe en el centro tu explicación y por qué tiene sentido, y a la derecha la explicación de la teoría de otro(a) científico(a) y por qué no tiene sentido. Puedes inventar el fenómeno y las teorías para tratar de explicarlo.

	Mi teoría	**Otra teoría**
	Explicación:	Explicación:
Fenómeno inexplicable:	_____	_____
_____	_____	_____
_____	_____	_____
_____	Apoyo:	Apoyo:
	_____	_____
	_____	_____
	_____	_____

Vuelve a leer la información que escribiste. Practica varias veces tu presentación para recordar los detalles y reforzar tu estilo.

Imagina que tus compañeros de clase son un grupo de científicos. Habla claro y en voz alta. Mira directamente al público para explicar tu teoría y refutar la teoría de otro(a) científico(a).

Tu profesor(a) te explicará cómo va a evaluar tu presentación. Probablemente, para tu profesor(a) es importante ver que presentaste tus ideas de forma clara y profesional, diste suficiente información a la clase y que usaste el vocabulario del capítulo.

Presentación escrita (páginas 328–329)

Ahora es tu turno de inventar una leyenda. Usa tu imaginación y escribe una leyenda acerca de algún personaje o lugar imaginario. También puedes escribir acerca de alguna leyenda conocida pero añadiéndole detalles propios. Usa adjetivos y adverbios específicos y detalles exactos para hacer un dibujo de tu mundo imaginario tan claro cómo te sea posible, en una hoja aparte.

Estrategia

Elaboración

Cuando inventas un mundo imaginario para crear tu propia leyenda, es importante concebir imágenes claras usando palabras y frases descriptivas. Usa la gráfica a continuación para añadir información descriptiva a los elementos importantes de tu leyenda.

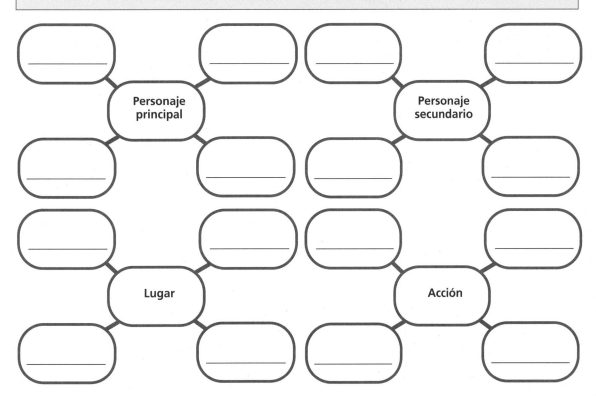

Escribe un borrador utilizando las palabras y frases de arriba. Intercambia trabajos con un(a) compañero(a) y comenten si sus descripciones son efectivas. Luego, realiza las correcciones necesarias, escribe tu leyenda en una hoja aparte y compártela con la clase.

Vocabulario y gramática

descubrimientos

el / la arqueólogo(a)	archaeologist
la civilización	civilization
la escritura	writing
la pirámide	pyramid
las ruinas	ruins
sagrado, -a	sacred
el símbolo	symbol

mitos y leyendas

la creencia	belief
el / la dios(a)	god, goddess
la leyenda	legend
el mito	myth
la nave espacial	spaceship
el origen	origin

para hablar de los fenómenos inexplicables

la estructura	structure
la evidencia	proof, evidence
extraño, -a	strange
el fenómeno	phenomenon
la función	function
la imagen	image
inexplicable	inexplicable
el misterio	mystery
misterioso, -a	mysterious
la teoría	theory

para describir objetos

el alto	height
el ancho	width
el centímetro	centimeter
el círculo	circle
el diámetro	diameter
el diseño	design
la distancia	distance
geométrico, -a	geometric(al)
el largo	length
el óvalo	oval
el rectángulo	rectangle
redondo, -a	round
la tonelada	ton
el triángulo	triangle

otras palabras

el conejo	rabbit
cualquier, -a	any
el intento	attempt

para indicar duda

improbable	unlikely
probable	likely

el universo

el / la astrónomo(a)	astronomer
el eclipse	eclipse
el / la habitante	inhabitant
la Luna	moon
el observatorio	observatory
el planeta	planet
el pueblo	people
la sombra	shadow
la Tierra	Earth
el universo	universe

expresiones

al igual que	as, like
o sea que	in other words
sino	but
ya que	because, due to

verbos

aparecer (zc)	to appear
arrojar(se)	to throw (oneself)
brillar	to shine
calcular	to calculate, to compute
convertirse (en)	to turn (into), to become
contribuir (u→y)	to contribute
cubrir	to cover
dudar	to doubt
excavar	to excavate
existir	to exist
medir (e→i)	to measure
pesar	to weigh
ponerse (el sol)	to set (sun)
resolver (o→ue)	to solve
trazar	to trace, to draw

El presente y el presente perfecto del subjuntivo con expresiones de duda

Usa el presente del subjuntivo después de expresiones de duda, incertidumbre o incredulidad. **Dudo** que **haya** una nave espacial en el pueblo.
Para expresar duda, incertidumbre o incredulidad sobre acciones en el pasado, en español se usa el presente perfecto del subjuntivo. **Es probable** que los arqueólogos **hayan encontrado** nuevas evidencias.
A las expresiones que empiezan con *creo, no dudo, estoy seguro(a)* por lo general les sigue el modo indicativo ya que no expresan duda, incertidumbre o incredulidad. **Estoy seguro** de que aquellas piedras **pertenecen** a los mayas.

Pero y *sino*

La palabra *pero* por lo general equivale a la conjunción inglesa *but*. La palabra *sino* también significa *but*. *Sino* se usa cuando la idea que se quiere transmitir es *not this, but rather that*. No voy a comer carne **sino** vegetales.
También puedes usar *sino* con *no sólo… sino también…* Vino **no sólo** María **sino también** Ana.
Puedes usar *sino que* cuando haya un verbo conjugado en la segunda parte de la oración. No salí a pasear **sino que** me quedé en casa.

El subjuntivo en cláusulas adjetivas

Puedes usar toda una cláusula para describir un sustantivo. A esto se le llama cláusula adjetiva. Usa el indicativo cuando tengas en mente a una persona o cosa específica. Busco a la arqueóloga **que trabaja** con ruinas aztecas.
Usa el subjuntivo si no tienes en mente a una persona o cosa específica, o si no estás seguro de que la persona exista. Usa el presente perfecto del subjuntivo para referirte a alguien o a algo en el pasado. Necesito un artículo **que hable** sobre las pirámides. Busco un joven **que haya estudiado** español.
Usa también el subjuntivo en una cláusula adjetiva cuando describa una palabra negativa como *nadie, nada* o *ninguno(a)*. No hay **nadie que tenga** tiempo libre.
Usa el subjuntivo en una cláusula adjetiva cuando no describa a una persona específica o una cosa y utilice palabras como *cualquier* o *cualquiera*. Escoge **cualquier** cosa **que quieras**.

● **Más práctica** . . . .
Practice Workbook Organizer 7-13, 7-14

Capítulo
7

Repaso del capítulo

Como preparación para el examen, comprueba que

• sabes la gramática y el vocabulario nuevos

• puedes hacer las tareas de las páginas 234 y 235 de este cuaderno

Preparación para el examen

1 Vocabulario Escribe la letra de la palabra o expresión que mejor complete cada frase.

1. Un huevo tiene forma de _____.
   a. triángulo
   b. óvalo
   c. pirámide
   d. rectángulo

2. El arqueólogo midió _____ de la roca.
   a. el mito y el origen
   b. el planeta y el observatorio
   c. el fenómeno y el misterio
   d. el ancho y el largo

3. Cada civilización tenía sus teorías sobre el _____ del mundo.
   a. origen
   b. pueblo
   c. universo
   d. habitante

4. Los astrónomos mayas observaban _____ y los eclipses.
   a. las ruinas
   b. el símbolo
   c. los planetas
   d. el círculo

5. A un fenómeno extraño e inexplicable lo llamamos _____.
   a. misterio
   b. geométrico
   c. evidencia
   d. estructura

6. El arqueólogo _____ el diámetro del calendario azteca.
   a. cubrió
   b. dudó
   c. pesó
   d. midió

7. A las seis de la tarde se _____ el sol.
   a. excavó
   b. resolvió
   c. calculó
   d. puso

8. Los astrónomos _____ en la reunión con información sobre los planetas.
   a. brillaron
   b. contribuyeron
   c. se arrojaron
   d. existían

2 Gramática Escribe la letra de la palabra o expresión que mejor complete cada frase.

1. Dudo que _____ naves espaciales en el imperio maya.
   a. existió
   b. existirán
   c. existen
   d. hayan existido

2. Algunos creen que es probable que los extraterrestres _____ las líneas de Nazca.
   a. trazaron
   b. hayan trazado
   c. trazan
   d. tracen

3. La arqueóloga está segura de que esta pirámide _____ a la civilización azteca.
   a. pertenecerá
   b. haya pertenecido
   c. pertenece
   d. pertenecerían

4. No conozco a ningún arqueólogo que _____ el nombre de todos los dioses aztecas.
   a. sabe
   b. sepa
   c. sabían
   d. supo

5. Necesitan un científico que _____ la edad del templo.
   a. calcula
   b. calculen
   c. calculo
   d. calcule

6. Es improbable que los aztecas _____ a la luna.
   a. han viajado
   b. viajan
   c. hayas viajado
   d. hayan viajado

7. No conozco a nadie que _____ para buscar ruinas de la cultura azteca.
   a. haya excavado
   b. excava
   c. han excavado
   d. hayan excavado

8. El sol no desapareció _____ que se puso.
   a. también
   b. pero
   c. sino
   d. sólo

En el examen vas a . . .	Éstas son las tareas de práctica que te pueden ser útiles para el examen . . .	Si necesitas repasar . . .
3 Escuchar Escuchar y comprender una entrevista con una arqueóloga que acaba de regresar de una excavación	Escucha una entrevista entre un locutor de una estación de radio y la famosa arqueóloga Dra. Cruz, y responde a las siguientes preguntas: (a) ¿Qué civilización estudió? (b) ¿Qué excavó? (c) ¿Cómo explicó lo que encontró? (d) ¿El locutor cree que es un mito o la realidad?	**pp. 298–301** *A primera vista 1* **p. 299** Actividades 1–2 **p. 301** Actividad 3 **p. 305** Actividad 9 **p. 309** Actividad 16
4 Hablar Hablar sobre un misterio o fenómeno inexplicable del pasado o del presente	Piensa en un misterio o fenómeno inexplicable que te interese. Descríbelo y sugiere una explicación lógica de por qué existe o se produce dicho misterio o fenómeno.	**p. 305** Actividad 9 **p. 308** Actividad 14 **p. 309** Actividad 16 **p. 310** Actividad 17
5 Leer Leer y comprender una leyenda	Lee este relato azteca. Según el relato, ¿cuál es la explicación para el principio de la lluvia? (a) A los dioses les gustaba el templo que los aztecas construyeron. (b) Para que lloviera, siete hombres cantaban cuatro canciones. (c) La luna apareció por 28 días. *Cuenta el relato que los antiguos aztecas construyeron un templo a los dioses del fuego y de la lluvia en una montaña. Y siete hombres se reunían cuando llegaba el tiempo de sembrar la tierra, llamaban al dios de la lluvia y cantaban cuatro canciones, porque cuatro por siete es 28, y veintiocho días tiene el mes de la luna. Poco después, comenzaba a llover.*	**p. 304** Actividad 8 **p. 311** Actividad 19 **pp. 312–315** *A primera vista 2* **p. 312** Actividad 21 **p. 318** Actividad 27 **pp. 324–325** *Puente a la cultura*
6 Escribir Escribir sobre un misterio arqueológico	Escoge una de las ruinas misteriosas de las que se han hablado en este capítulo y escribe un párrafo sobre lo que piensas de ella. ¿Cuál crees que fue el origen y la función de esa construcción? ¿Está relacionada con algún mito o leyenda de esa civilización? ¿Crees que algún día se descubrirán sus misterios?	**p. 304** Actividad 8 **p. 305** Actividad 9 **p. 309** Actividad 16 **p. 311** Actividad 18 **p. 318** Actividad 27 **pp. 324–325** *Puente a la cultura*
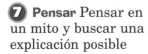 **7 Pensar** Pensar en un mito y buscar una explicación posible	Piensa en alguna leyenda o mito que has estudiado en este capítulo. Busca una razón posible para explicar el origen de este mito y la función que tenía.	See *Actividades* referenced in #6 Escribir p. 337.

A ver si recuerdas . . . (páginas **338–341**)

Actividad A

Cuando la gente emigra a otros países lleva consigo la cultura y las costumbres de su país de origen. Piensa en la cultura de la que proviene tu familia o en otra que conozcas. Completa la siguiente gráfica con las características principales de esa cultura.

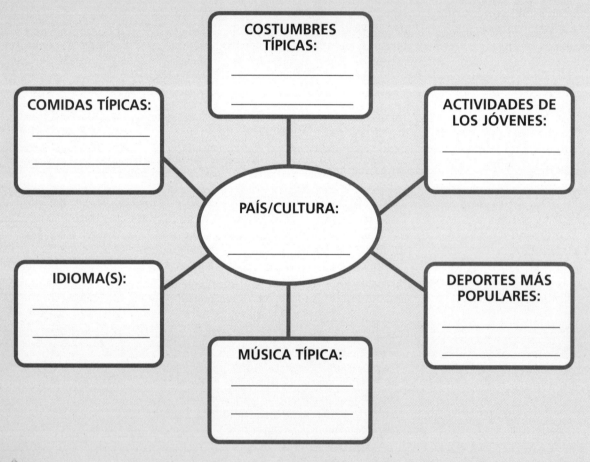

COSTUMBRES TÍPICAS:

COMIDAS TÍPICAS:

ACTIVIDADES DE LOS JÓVENES:

PAÍS/CULTURA:

IDIOMA(S):

DEPORTES MÁS POPULARES:

MÚSICA TÍPICA:

Actividad B

Compara la cultura que escogiste con la cultura en la que vives ahora. Puedes hacer una lista de las características de la cultura actual y luego compararla con las características de la otra. En una hoja aparte, escribe una narración breve comparando ambas culturas y explicando cómo podrías combinar ambas culturas en tu vida diaria.

Go Online WEB CODE jed-0801 **PHSchool.com**

Capítulo 8

Encuentro entre culturas
(páginas **342–343**)

Arte y cultura

La foto de la pintura *Granada*, de Joaquín Sorolla y Bastida, en la página 343 de tu libro de texto, muestra un paisaje típico de la región de Granada, en España. Investiga datos sobre esta región y completa una tabla como la siguiente con la información que encuentres.

La región de Granada	Información
Ubicación dentro de España	
Geografía de la región	
Ciudades importantes	
Lugares famosos	
Costumbres de la gente de la región	

A primera vista 1 (páginas 344–347)

Actividad C

Explica en tus propias palabras qué significan las siguientes palabras o expresiones. Después, escribe una oración usando cada una de ellas.

1. asimilar: _____

_____

2. influencia: _____

_____

3. invadir: _____

_____

4. dominar: _____

_____

5. expulsar: _____

_____

6. dejar huella: _____

_____

Más vocabulario

Otras palabras o expresiones que puedes usar para hablar de la historia y cultura de un lugar son:

- explorar
- unificar
- los lazos (entre culturas)
- ser evidente
- quedar impreso

¿Qué otras palabras usas o conoces tú para hablar de historia y cultura? Escríbelas y explica en qué contexto las usas.

_____

_____

_____

_____

Ampliación del lenguaje

Verbos reflexivos y recíprocos y el *se* impersonal

Es fácil confundir cuándo un verbo es reflexivo y cuándo es recíproco porque en su infinitivo llevan el mismo pronombre *se*, y cuando se conjugan usan también los mismos pronombres.

- integrarse   *me integré (reflexivo)*

- influirse   *se influyeron (recíproco)*

Un verbo reflexivo es aquél en el que la acción del verbo vuelve al sujeto.

   Sofía se integró muy bien en su nueva escuela.

Un verbo recíproco es aquél en el que el verbo envía la acción a dos o más personas a la vez.

   La cultura musulmana y la cultura cristiana se influyeron mutuamente.
   (Es decir, la cultura musulmana influyó en la cristiana, y la cultura cristiana influyó en la musulmana).

Pero es importante no confundir estos verbos con el *se* impersonal, que se usa cuando no hay un sujeto.

   La iglesia se fundó en 1835. (No se sabe o no se dice quién fundó la iglesia).

Actividad D

Busca en los textos de éste u otros capítulos tres ejemplos para cada una de las categorías de la tabla.

verbo recíproco	verbo reflexivo	*se* impersonal

Manos a la obra 1 (páginas 348–351)

Actividad E

En una hoja aparte, prepara una línea cronológica, como la que aparece en la Actividad 7 de la página 349 de tu libro de texto, sobre un país que conozcas. Incluye:

• fechas importantes
• una breve descripción de qué pasó
• fotografías (opcional)

Presenta tu línea cronológica a la clase y anima a tus compañeros a que te hagan preguntas.

Ampliación del lenguaje

Palabras de origen árabe

En sus 800 años en la Península Ibérica, los árabes no sólo influyeron en las artes y la arquitectura, sino que también dejaron su huella en la lengua. Muchas palabras de uso diario son de origen árabe. *Ojalá* es una interjección que en árabe quería decir "si Dios quiere", y *alcalde* quería decir "juez". Asimismo, como influyeron mucho en el campo de la agricultura al traer nuevas técnicas de cultivo, muchas de las palabras de los productos que aparecieron en ese campo todavía hoy se usan: *aceitunas, berenjenas, albaricoques, alcachofas, zanahorias, limones, naranjas, toronjas.*

La mayoría de las palabras en español que empiezan con *al-* y *az-* vienen del árabe. Algunas, como *alcohol,* han llegado hasta el inglés. Haz una lista de las palabras que se te ocurran y comprueba en un diccionario de español, o en la Red, si su origen es árabe.

_____

_____

_____

_____

_____

Capítulo
8 Nombre _____ Fecha _____

Actividad F

La cultura de un país está formada de diferentes elementos. Lee las siguientes palabras y escribe en tus propias palabras una definición para cada una. Luego, haz una oración usando cada término.

1. reja: _____

_____

2. fundarse: _____

_____

3. invadir: _____

_____

4. azulejo: _____

_____

5. balcón: _____

_____

Actividad G

¿Qué culturas influyeron en la arquitectura del país de tu herencia cultural o de otro que conozcas? Haz una investigación en la Red. Después, escribe un párrafo con tus averiguaciones y léeselo a la clase. Si puedes, trae la foto de un edificio o un monumento para describirla y pide a tus compañeros que identifiquen diversos aspectos, según el vocabulario de la lección.

_____

_____

_____

_____

_____

_____

(páginas **352–355**)

Gramática

El condicional

Puedes usar el condicional para expresar lo que haría una persona y cómo sería una situación.

Me **gustaría** leer un libro sobre el budismo.
Yo le **pediría** ese libro a Tomás.

- Al igual que con el tiempo futuro, el condicional se forma agregando las terminaciones al infinitivo. Las terminaciones del condicional son las mismas para todos los verbos. A continuación se muestran las formas para *hablar, ser* e *ir*.

hablar		**ser**		**ir**	
hablaría	hablaríamos	sería	seríamos	iría	iríamos
hablarías	hablaríais	serías	seríais	irías	iríais
hablaría	hablarían	sería	serían	iría	irían

- Todos los verbos que son irregulares en el tiempo futuro tienen las mismas raíces irregulares en el condicional.

decir	poder	saber	tener
dir-	**podr-**	**sabr-**	**tendr-**
haber	poner	salir	querer
habr-	**pondr-**	**saldr-**	**querr-**
hacer	componer	venir	contener
har-	**compondr-**	**vendr-**	**contendr-**

Gramática interactiva

Inténtalo

Escribe cuatro oraciones sobre lo que te gustaría hacer durante la semana. Usa los verbos en condicional.

_____

_____

_____

_____

Actividad H

El otro día estabas conversando con una amiga sobre los viajes que les gustarían hacer. Completa el siguiente diálogo usando el condicional de los verbos del recuadro.

costar encantar entender intentar preferir ser visitar

A: —¿Cuál _____ el viaje de tus sueños?

B: —Ir a España.

A: —El mío también. A mí me _____ ir a la región de Sevilla.

_____ las hermosas casas llenas de azulejos y rejas adornadas con flores.

B: —Yo _____ ir a Barcelona. Allí se habla el idioma catalán.

A: —¿Crees que tú lo _____?

B: —Me _____ un poco, pero lo _____.

A: —Ojalá que no sea tan difícil . . .

Actividad I

¿Qué harías en estas situaciones? Escribe oraciones usando el condicional.

Modelo   *Viajas a Segovia.*
Visitaría el Acueducto de Segovia.

1. Ganas la lotería.

_____

2. Haces una visita a la Mezquita de Córdoba.

_____

3. Te mudas a una ciudad cerca del mar.

_____

4. Estás en una ciudad donde se habla un idioma desconocido.

_____

5. Tienes la oportunidad de preguntarle algo a los reyes de España.

_____

Actividad J

Imagina que vas a viajar a España. Escribe un párrafo sobre las cosas que harías en tu viaje. Habla sobre los lugares que visitarías, las cosas que verías, qué comerías y cómo viajarías dentro del país. Completa la siguiente tabla como ayuda para ordenar tu información sobre lo que harías en cada ciudad de tu viaje. Luego escribe el párrafo usando esta información. Recuerda usar el condicional en tus oraciones.

Ciudad	Lugares para visitar	Comidas	Formas de viajar	Cosa típicas del lugar

_____

_____

_____

_____

_____

_____

En tu escuela necesitan construir un salón de música nuevo y les piden ayuda a los estudiantes para que den ideas sobre cómo hacerlo. En una hoja aparte, escribe seis oraciones dando consejos sobre cómo se puede realizar este proyecto. Usa el condicional en tus oraciones y las palabras del recuadro como ayuda.

| construir | terraza | semejanzas | diseñador | contratar |
| pintar | comprar | instrumentos musicales | sillas | mesas |

Modelo   *Yo construiría el salón de música en la terraza de la escuela.*

¿Alguna vez has soñado lo que harías si te ganaras la lotería? Escribe un párrafo sobre las cosas que harías y cómo cambiaría tu vida. Usa el condicional en tus oraciones y los siguientes temas como ayuda.

• la vivienda
• el trabajo
• la familia
• el transporte
• el entretenimiento
• los viajes

Modelo   *Haría muchas cosas. Compraría una casa muy grande cerca de la playa...*

_____

_____

_____

_____

_____

_____

_____

Actividad M

El arpa paraguaya no es el único instrumento típico de América Latina. Casi todos los países tienen al menos un instrumento musical tradicional o adaptado. Piensa en los instrumentos musicales de un país que conozcas u otros instrumentos típicos que te gusten. Algunos ejemplos son las maracas, el cuatro y el güiro. Realiza una breve investigación y completa el cuadro de abajo. Puedes presentar tu informe a la clase.

Conexiones La música (página 355)

Nombre del instrumento:	
País donde se toca:	
Breve historia del origen:	
Descripción física:	
Intérpretes más importantes:	
Canciones más conocidas:	

(página 355)

En la página 355 de tu libro de texto leíste sobre el arpa paraguaya. A continuación tienes más información sobre un importante compositor e intérprete de este instrumento. Lee el texto y las preguntas que siguen. Luego, encierra en un círculo la letra de la respuesta correcta.

El arpa paraguaya ha tenido muchos intérpretes y compositores que han dado fama internacional a este instrumento musical. Uno de los músicos paraguayos más destacados en este instrumento es Félix Pérez Cardozo.

Félix Pérez Cardozo, considerado el "Rey del Arpa Paraguaya", nació en un pequeño poblado de Paraguay y creció en un medio humilde dentro de un área rural. Se inició como intérprete del arpa a muy temprana edad y apenas con 23 años logró formar un conjunto que sería el primero en viajar al exterior, a Buenos Aires, Argentina. Pérez Cardozo logró allí el éxito, tocando en salones de té y en varias estaciones de radio y, con el tiempo, haciendo giras por todo el país. Pérez Cardozo también recopiló canciones populares paraguayas, entre ellas *Pájaro Campana,* considerada por muchos como símbolo de la música nacional de Paraguay. Hoy en día una calle de Mendoza, Argentina, así como un departamento de Paraguay llevan su nombre.

1. ¿Cómo se le llama a Félix Pérez Cardozo?

    a. El paraguayo del arpa

    b. Rey del Arpa Paraguaya

2. ¿A qué edad formó Pérez Cardozo su primer conjunto?

    a. a los 33 años

    b. a los 23 años

3. ¿En qué lugares de Buenos Aires tocó Pérez Cardozo con su conjunto?

    a. Tocó en teatros y escuelas.

    b. Tocó en salones de té y estaciones de radio.

4. ¿Qué canción paraguaya hizo popular Pérez Cardozo?

    a. *Pájaro campana*

    b. *El campanal*

5. ¿Qué cosas llevan hoy en día su nombre?

    a. una ciudad de Mendoza y un salón de té

    b. una calle de Mendoza y un departamento de Paraguay

A primera vista 2 (páginas 356–359)

Ampliación del lenguaje

Familias de palabras

Usando la raíz de una palabra y sufijos y / o prefijos se pueden crear otras palabras de la misma familia. En este capítulo han aparecido varias. Por ejemplo, ¿de qué palabra viene *desconocido*? Mira la tabla.

Palabra	Origen (viene de . . .)	Raíz	Sufijo	Prefijo
desconocido	conocer	conoc	-ido	des-
enfrentarse	frente	frent		
intercambio		cambi		
misionero				
poderoso				

Actividad N

Completa la tabla de arriba escribiendo el origen de las palabras de la lista, sus raíces, sufijos y / o prefijos. Luego fíjate en qué sufijos o prefijos puedes añadir o quitar a las raíces de las palabras de abajo para formar familias de palabras.

rico _____

semejanza _____

pasar _____

fluir _____

descender _____

Actividad Ñ

Muchas veces puedes usar sinónimos o palabras de significados parecidos para hablar del mismo concepto o la misma cosa. Mira las palabras de la lista. ¿Conoces algunas palabras equivalentes? Si no, consulta un diccionario o pregunta a gente de habla hispana qué otras palabras usan para referirse a lo siguiente:

luchar _____

tierra _____

indígenas _____

semejanza _____

Actividad O

Lee el texto número 2 de *La fusión*, en la página 358 de tu libro de texto. Después escribe una receta para una comida tradicional o típica de un país que conozcas. Investiga en la Red o pregúntales a familiares tuyos si no conoces ninguna receta. Luego, lee tu receta a la clase.

_____

_____

_____

_____

_____

_____

_____

_____

_____

_____

_____

_____

Manos a la obra 2 (páginas **360–363**)

Actividad P

1 Lee las siguientes palabras y escribe una definición para cada una. Usa el diccionario sólo si es necesario.

1. establecer _____

2. enfrentarse _____

3. luchar _____

4. la tierra _____

5. rebelarse _____

6. desconocido _____

7. adoptar _____

8. los antepasados _____

2 Luego escribe, en una hoja aparte, un párrafo en el que uses las palabras anteriores. Recuerda que antes de empezar a escribir tu párrafo, debes pensar en un tema sobre el cual puedas escribir combinando estas palabras.

Actividad Q

Observa las escenas sobre Cortés en las páginas 360 y 361 de tu libro de texto. Contesta las siguientes preguntas.

1. ¿Cómo sabes quién es Cortés en cada pintura?

_____

2. ¿Cómo crees que se ilustra la relación entre Cortés y los aztecas?

_____

3. ¿Qué distingue a los conquistadores en ambas pinturas, aparte del vestuario?

_____

4. ¿Qué símbolo tienen en común ambas pinturas? ¿En qué se distingue cada una?

_____

El gobierno de los Estados Unidos está formado por diferentes poderes. Cada uno de los poderes del gobierno tiene una función diferente. Completa la siguiente red de palabras con los datos que recuerdes sobre la organización del gobierno de los Estados Unidos y sus funciones.

Conexiones **Las ciencias sociales** _____ (página **361**)

**GOBIERNO DE
LOS ESTADOS UNIDOS**

PODER: _____

REPRESENTANTE: _____

FUNCIONES: _____

_____

_____

PODER: _____

REPRESENTANTE: _____

FUNCIONES: _____

_____

_____

PODER: _____

REPRESENTANTE: _____

FUNCIONES: _____

_____

_____

(página **363**)

En voz alta

Lee el poema *Calabó y bambú* de la sección *En voz alta* prestando especial atención a las palabras que usa el autor. Subraya las palabras que no conozcas así como las palabras que describan sonidos. En una hoja aparte, escribe lo que crees que significa cada palabra. En el caso de las palabras que representan sonidos, identifica a qué cosa o animal pertenece ese sonido. Usa estas palabras de sonidos para hacer oraciones.

Fondo cultural

(página 362)

■◆■◆■◇■◇■◆■◇■◆■◇■◆■◇■◆■◇■◆■◆■◇■◆■◇■◆■■◆

En tu libro de texto leíste sobre la comida texmex, que combina la cocina mexicana y la texana. Hoy en día muchos cocineros profesionales mezclan ingredientes de las cocinas de distintas culturas. Inventa tu propio menú de comidas combinadas. Puedes usar los sabores e ingredientes de un país que conozcas y los de cualquier país que te interese. Por ejemplo, podrías combinar la hamburguesa estadounidense con la arepa venezolana para formar la "hamburarepa". Completa el menú de tu nuevo restaurante. Recuerda escribir el nombre del plato así como una breve descripción del mismo.

Restaurante _____

Aperitivos

_____

_____

_____

_____

_____

Platos principales

_____

_____

_____

_____

_____

Acompañamientos

_____

_____

_____

_____

Postres

_____

_____

_____

Bebidas

_____   _____

_____   _____

_____   _____

El español en el mundo del trabajo .... (página 365)

Los profesionales bilingües son muy útiles en los museos y otras instituciones educativas. Pero hay otros lugares o empleos que necesitan personas que hablen dos o más idiomas. Piensa en cuatro profesiones en las que es muy útil saber más de un idioma. Para cada profesión, indica por qué es importante. Escribe tus respuestas en una hoja aparte.

1 Lee el texto "Mi herencia africana" de la página 362 de tu libro de texto. En una hoja aparte, haz una lista de los distintos elementos que usa la autora para describir su herencia.

Modelo   *padre: herencia africana*
          madre: antepasados españoles e indígenas

2 Ahora, escribe tu propia versión sobre las culturas de las que está formada tu herencia. Ten en cuenta los elementos que usó la autora en "Mi herencia africana" para hacer tu narración. Cuando termines tu versión, compártela con la clase.

_____

_____

_____

_____

_____

_____

_____

_____

_____

_____

_____

_____

Gramática

(páginas **364–366**)

El imperfecto del subjuntivo

Como aprendiste anteriormente, usas el subjuntivo para persuadir a otra persona a hacer algo, para expresar emociones acerca de una situación y para expresar duda o incertidumbre. Si el verbo principal está en el tiempo presente, usa el presente del subjuntivo. Si el verbo principal está en el pretérito o el imperfecto, usa el imperfecto del subjuntivo.

Los indígenas **dudan** que los europeos **aprendan** su lengua.
Los indígenas **dudaban** que los europeos **aprendieran** su lengua.

El profesor **sugiere** que **aprendamos** los nombres de las colonias.
El profesor **sugirió** que **aprendiéramos** los nombres de las colonias.

• Para formar el imperfecto del subjuntivo, toma la forma para *Uds. / ellos / ellas* en el pretérito y reemplaza la terminación *-ron* por las terminaciones del imperfecto del subjuntivo. A continuación se muestran las formas en el imperfecto del subjuntivo para *cantar, aprender* y *vivir*.

cantar		aprender		vivir	
cant**ara**	cant**áramos**	aprend**iera**	aprend**iéramos**	viv**iera**	viv**iéramos**
cant**aras**	cant**arais**	aprend**ieras**	aprend**ierais**	viv**ieras**	viv**ierais**
cant**ara**	cant**aran**	aprend**iera**	aprend**ieran**	viv**iera**	viv**ieran**

• Observa que la forma para *nosotros* lleva acento ortográfico.

Los verbos irregulares, los verbos que cambian la raíz y los verbos con cambios ortográficos siguen la misma regla para formar el imperfecto del subjuntivo.

ir: fueron	→	**fue-**	El rey les dijo que **fueran** al Nuevo Mundo.
haber: hubieron	→	**hubie-**	Yo dudaba que **hubiera** semejanzas.
pedir: pidieron	→	**pidie-**	No era necesario que **pidieran** tantas armas.
construir: construyeron	→	**construye-**	Los europeos querían que los habitantes **construyeran** una iglesia.

Gramática interactiva

Inténtalo

Lee los últimos cuatro ejemplos de oraciones del recuadro que usan el presente del subjuntivo. Vuelve a escribir cada uno en el presente. Recuerda que en el presente se usa el presente del subjuntivo.

_____

_____

_____

_____

Capítulo **8** ____ Nombre _____ Fecha _____

Recuerda cómo fue la llegada de los españoles y otros exploradores europeos a las Américas a finales del siglo XV. Encierra en un círculo la forma del verbo que corresponda.

1. Los europeos no creían que el imperio azteca (fue / fuera) tan poderoso.

2. Los españoles querían que los indígenas (adoptaran / adopten) su religión, su lengua y su cultura.

3. Los reyes católicos querían que los españoles (funden / fundaran) una colonia.

4. Nadie pensaba que (hubiera / haya) tantas riquezas.

5. No era posible que la cultura de los indígenas (fuera / sea) semejante a la de los europeos.

6. Los soldados deseaban que los indígenas les (obedezcan / obedecieran).

Imagínate que el año pasado te mudaste con tu familia y empezaste en una escuela nueva. Piensa en las dudas que tendrías sobre los siguientes temas y completa las oraciones usando el imperfecto del subjuntivo.

- las clases
- los amigos
- los deportes
- los profesores

| Modelo | *Deseaba que me aceptaran en el equipo de béisbol.* |

1. Tenía miedo de que…

_____

2. Dudaba que…

_____

3. Esperaba que…

_____

4. No estaba seguro(a) de que…

_____

(páginas **367–369**)

Gramática

El imperfecto del subjuntivo con *si*

Usa el imperfecto del subjuntivo después de *si* cuando una situación es improbable, imposible o no es verdadera.

Si tuviera tiempo, aprendería más sobre las misiones.
Si viviéramos en México, adoptaríamos las costumbres del país.
Ese imperio sería más poderoso **si tuviera** oro.

• Observa que usas el imperfecto del subjuntivo después de *si* y el condicional en la cláusula principal.

Después de *como si* siempre se debe usar el imperfecto del subjuntivo sin importar el tiempo del primer verbo en la oración. Observa que el otro verbo puede estar en el tiempo presente o en el pasado.

Él se vestía **como si fuera** un rey.
Hablan **como si supieran** la lengua desde niños.

Gramática interactiva

Más ejemplos
En una hoja aparte, escribe otros dos ejemplos usando el imperfecto del subjuntivo con *si*.

Actividad v

Luis y Marta acaban de salir de una clase y comentan sobre lo que aprendieron. Completa el diálogo con el imperfecto del subjuntivo de los verbos entre paréntesis.

Marta: —¿Te gustó la clase sobre las herencias de nuestro país?

Luis: —Sí, me gustó mucho. Si tuviera tiempo, quizá _____ *(estudiar)* más sobre el tema.

Marta: —¿Sabes cuál es tu herencia?

Luis: —Sé que tengo descendencia europea, pero no estoy seguro. Si _____ *(poder)* hablar con mi abuela, lo sabría porque ella tiene toda la información de nuestros antepasados.

Marta: —Si yo _____ *(ser)* tú, le escribiría mañana mismo una carta.

Luis: —Buena idea… Ella se pondrá muy feliz porque sería como si _____ *(estar)* aquí conmigo ayudándome con mis cosas.

Marta: —Si tú _____ *(querer)*, yo te podría ayudar con la carta.

Luis: —Gracias. Me encantaría si tú me _____ *(ayudar)*.

Actividad W

¿Cómo actuarías en las siguientes situaciones? Lee las siguientes situaciones y explica cómo actuarías tú si te encontraras en ellas.

Modelo *Escuchas un idioma desconocido.*
Si escuchara un idioma desconocido, preguntaría de dónde es.

1. Un antepasado lejano te viene a visitar a tu casa.

_____

2. Viajas a un país con una gran población de indígenas.

_____

3. No sabes nada acerca de tu descendencia.

_____

4. Conoces a un misionero español.

_____

5. Ves a un grupo de personas luchando.

_____

6. Encuentras una cartera en la calle.

_____

Actividad X

Imagina que estuviste presente durante la llegada de los españoles y otros exploradores europeos a las Américas. Recuerda las cosas que sucedieron durante esos tiempos y da tu opinión sobre cómo actuarías tú en el lugar de las personas que participaron en la expedición. Escribe en una hoja aparte cinco oraciones sobre tus ideas. Usa el imperfecto del subjuntivo con *si* en tus oraciones.

Modelo *Si yo fuera soldado, no lucharía contra los indígenas.*

¡Adelante!

(páginas **370–371**)

Puente a la cultura

Las misiones de California

Lectura interactiva

Análisis gramatical
Busca cuatro verbos que estén en tiempos diferentes. Escríbelos e indica en qué tiempo verbal están.

_____

_____

_____

_____

_____

_____

_____

Análisis literario
En base a la información del segundo párrafo, ¿cómo crees que eran las misiones? Escribe tu respuesta en una hoja aparte y luego sigue leyendo para comprobarla.

Estrategia

Hechos y opiniones

Para ser un lector crítico, debes saber distinguir entre los hechos y las opiniones. Así podrás determinar la fiabilidad de la información presentada. Mientras lees, piensa si la información que se presenta es la opinión del autor o si está basada en hechos.

Durante el siglo XVIII, los españoles colonizaron el territorio de California. En 1767, el gobierno español y la Iglesia Católica les dieron la tarea a los padres franciscanos de construir misiones y encargarse de ellas.

Las misiones fueron creadas no sólo para enseñar la religión cristiana a los indígenas sino también para enseñarles tareas que pudieran realizar en la nueva sociedad española. Asimismo tenían la función de recibir y alimentar a las personas que viajaban a través del territorio desconocido de California.

Las misiones incluían una iglesia, cuartos para los sacerdotes, depósitos, casas para mujeres solteras, barracas para los soldados, comedores y talleres. Los indígenas casados vivían en una villa cerca de la misión.

El padre Junípero Serra fue escogido por los españoles para fundar las misiones. Serra fundó nueve misiones en California. Las mismas se encuentran en El Camino Real, una ruta que va desde San Diego hasta la Bahía de San Francisco. Muchas personas recorren hoy El Camino Real para visitar las misiones y aprender sobre su historia.

Actividad Y

¿Comprendiste?

1. ¿Por quién fueron creadas las misiones de California?

_____

_____

_____

_____

2. Describe cómo eran las misiones.

_____

_____

_____

_____

_____

_____

3. ¿Qué es El Camino Real? ¿Qué relación tiene con el padre Junípero Serra?

_____

_____

_____

_____

_____

_____

_____

_____

Vocabulario

A veces una palabra puede tener más de una definición. En una hoja aparte, escribe al menos dos definiciones distintas para cada una de las siguientes palabras.

misión   cuarto
depósito   cerca

Investiga en la Red

¿Cuáles fueron las nueve misiones que fundó el padre Serra en California? Busca esta información en la Red. Escribe los nombres de las misiones con su fecha de fundación.

_____

_____

_____

_____

_____

_____

_____

_____

_____

_____

_____

_____

_____

_____

Actividad 2

El Camino Real de California tiene 21 misiones que fueron fundadas para enseñar la religión cristiana a los indígenas. Mira el mapa de El Camino Real que aparece en la página 371 de tu libro de texto. Escoge una de las misiones que aparecen y realiza una investigación sobre la misma. Puedes hacer la investigación en la Red o usar otras fuentes de información. Luego escribe un breve párrafo describiendo su historia y su papel actual y, por último, preséntalo a la clase.

_____
_____
_____
_____
_____
_____
_____
_____
_____
_____
_____
_____
_____
_____
_____
_____

¿Qué me cuentas? (página 372)

Actividad AA

Estrategia

Comparar y contrastar
Para comparar y contrastar dos elementos, puedes hacer una lista de las cosas que tengan en común y aquéllas que sean diferentes. Recuerda que debes concentrarte en varios aspectos de los elementos que vas a comparar, para que la información que presentes sea más interesante.

Todos sabemos que las ciudades van cambiando con el pasar de los años. Algunos cambios pueden ser positivos, mientras que otros cambios nos hacen añorar "cómo eran las cosas antes".

Mira las ilustraciones de esta página. Ambas son de la misma ciudad, pero con varias décadas de diferencia. Describe las dos ilustraciones, haciendo énfasis en sus semejanzas y diferencias. Habla sobre detalles históricos y culturales para que tu comparación sea más interesante. Recuerda incluir aspectos positivos y negativos de ambas épocas. Puedes usar los espacios en blanco para escribir notas, pero no puedes usar las notas durante tu presentación. Al hablar ante la clase, haz una pausa luego de explicar cada diferencia y semejanza entre las dos ilustraciones a fin de darles tiempo a tus compañeros de asimilar y entender lo que estás diciendo.

1 _____   2 _____

Presentación oral (página 373)

Imagínate que eres guía turístico(a) en una ciudad multicultural. Vas a guiar a un grupo de turistas que están de visita. Tienes que planear una visita a los lugares más importantes de la ciudad, así como hablar de su historia.

Antes de hacer tu presentación, debes escoger la ciudad en la que organizarás la visita. Puede ser tu ciudad natal, la ciudad donde vives actualmente, una de las ciudades de este capítulo o cualquier otra que te interese. Piensa en las características de la ciudad, su historia, herencia cultural y otros atractivos para los turistas. Como ayuda, puedes completar una tabla como la que aparece en esta página.

Cuando hagas tu presentación, imagina que tus compañeros de clase son los turistas y que en realidad estás realizando el paseo con ellos. Háblales como lo haría un(a) guía. Usa palabras de uso común y sé claro(a) al explicar tus ideas. Probablemente, para tu profesor(a) es importante ver que diste suficiente información sobre la ciudad, que tu presentación fue realista y organizada y que usaste el vocabulario apropiado.

> **Estrategia**
>
> **El propósito del presentador**
> Antes de dar una presentación oral, piensa en la intención de tu discurso. ¿Deseas informar, persuadir o entretener al público? En este caso, tu propósito será el de informar. Necesitas que el público (los turistas) aprendan algo al mismo tiempo que disfrutan de la visita. Habla sobre detalles interesantes de la ciudad y preséntalos de una manera divertida.

Nombre de la ciudad	
Historia	
Herencia cultural	
Lugares y edificios importantes	
Restaurantes típicos	
Otros lugares de interés	

Presentación escrita (páginas 374–375)

¿Cómo sería ir a vivir a otro país? ¿Alguna vez en tu vida te has mudado de país? ¿Conservan en tu familia las tradiciones de sus antepasados? ¿Conoces a alguien que haya tenido que irse a vivir a otro lugar? Escribe un episodio sobre alguno de estos temas. Puedes escribir sobre tu propia experiencia, la experiencia de alguien que conozcas o puedes inventar una historia.

Estrategia

Orden cronológico

Ordenar eventos en orden cronológico significa colocarlos en el orden en que sucedieron. Generalmente esto quiere decir que debes empezar con el primer evento y continuar hasta llegar al último. Pero también puedes usar el orden cronológico invertido, si se adecúa más a lo que estás relatando. Recuerda usar las expresiones que son indicativas de orden cronológico, como *primero, luego, después, segundo, finalmente* y *por último*.

Antes de empezar a escribir, piensa en lo que deseas contar en la historia. Primero completa la tabla que aparece en esta página para organizar tus ideas. Luego escribe tu borrador en una hoja aparte. Recuerda que debes narrar los eventos en el orden en el que ocurrieron para que tu historia tenga sentido. Añade todos los detalles que sean necesarios y, por último, escribe una versión final en limpio.

Personaje(s)	Lo que sucedió	Época	Lugar	Pensamientos y sentimientos

Repaso del capítulo

Vocabulario y gramática

para hablar de construcciones

el acueducto	aqueduct
el arco	arch
la arquitectura	architecture
el azulejo	tile
el balcón	balcony
pl. los balcones	
la construcción	construction
la reja	railing, grille
la torre	tower

para hablar de la llegada a las Américas

anteriormente	before
el arma *pl.* las armas	weapon
la batalla	battle
la colonia	colony
la conquista	conquest
el imperio	empire
el / la indígena	native
la maravilla	marvel, wonder
la misión	mission
el / la misionero(a)	missionary
la población	population
el poder	power
poderoso, -a	powerful
el reto	challenge
la riqueza	wealth
el / la soldado	soldier
la tierra	land

para hablar del encuentro de culturas

africano, -a	African
el antepasado	ancestor
el / la árabe	Arab
cristiano, -a	Christian
la descendencia	descent, ancestry
desconocido, -a	unknown
el encuentro	meeting
la época	time, era
europeo, -a	European

la guerra	war
el grupo étnico	ethnic group
la herencia	heritage
el idioma	language
la influencia	influence
el intercambio	exchange
el / la judío(a)	Jewish
la lengua	language
la mercancía	merchandise
la mezcla	mix
el musulmán,	Muslim
la musulmana	
el / la romano(a)	Roman
la raza	race
el resultado	result, outcome
la semejanza	similarity
la unidad	unity
la variedad	variety

verbos

adoptar	to adopt
asimilar(se)	to assimilate
componerse de	to be formed by
conquistar	to conquer
dejar huellas	to leave marks, traces
dominar	to dominate
enfrentarse	to face, to confront
establecer (zc)	to establish
expulsar	to expel
fundar(se)	to found
gobernar (ie)	to rule, to govern
integrarse	to integrate
invadir	to invade
luchar	to fight
ocupar	to occupy
rebelarse	to rebel, to revolt
reconquistar	to reconquer

otras expresiones y palabras

al llegar	upon arriving
maravilloso, -a	wonderful
único, -a	only

© Pearson Education, Inc. All rights reserved.

el condicional

Usa el condicional para expresar lo que harías o cómo sería una situación.

hablar

hablaría	hablaríamos
hablarías	hablaríais
hablaría	hablarían

ser

sería	seríamos
serías	seríais
sería	serían

ir

iría	iríamos
irías	iríais
iría	irían

Los verbos que son irregulares en el futuro tienen las mismas raíces irregulares en el condicional.

tener

tendría	tendríamos
tendrías	tendríais
tendría	tendrían

Raíces para el futuro y el condicional de otros verbos irregulares:

decir	**dir-**	poder	**podr-**	saber	**sabr-**
haber	**habr-**	poner	**pondr-**	salir	**saldr-**
hacer	**har-**	querer	**querr-**	venir	**vendr-**

---

el imperfecto del subjuntivo

Usa el subjuntivo para decir lo que una persona pide, espera, cuenta, insiste o requiere de otra. Si el verbo principal está en pretérito o en imperfecto, usa el imperfecto del subjuntivo.

cantar

cantara	cantáramos
cantaras	cantarais
cantara	cantaran

aprender

aprendiera	aprendiéramos
aprendieras	aprendierais
aprendiera	aprendieran

vivir

viviera	viviéramos
vivieras	vivierais
viviera	vivieran

el imperfecto del subjuntivo con *si*

Usa el imperfecto del subjuntivo después de *si* cuando una situación sea poco probable, imposible o no sea verdad. Usa el condicional en la cláusula principal.

Si hablaras más, tendrías muchos amigos.
Si Marcos no fuera tan travieso, lo llevaría de paseo.

Usa siempre el imperfecto del subjuntivo después de *como si*.

Ella se sentía como si estuviera en un lugar desconocido.

● **Más práctica** ·
Practice Workbook Organizer 8-13, 8-14

Preparación para el examen

Como preparación para el examen, comprueba que

• sabes la gramática y el vocabulario nuevos

• puedes hacer las tareas de las páginas 266 y 267 de este cuaderno

① Vocabulario Escribe la letra de la palabra o expresión que mejor complete cada frase.

1. Un ejemplo de un _____ fue el pueblo romano, porque tuvo tanto poder que pudo decidir el futuro de otros pueblos.
   a. misionero   c. arte
   b. imperio   d. arma

2. Empezó un intercambio de _____ entre Europa y las Américas.
   a. riquezas   c. mercancías
   b. banderas   d. libertad

3. Cuando un país invade a otro país y se queda allí por muchos años, decimos que lo _____.
   a. expulsa   c. lucha
   b. ocupa   d. permite

4. Como resultado de la mezcla de españoles, indígenas y africanos hay una gran _____ de culturas en América.
   a. batalla   c. variedad
   b. reja   d. mercancía

5. La Mezquita de Córdoba es un ejemplo de la arquitectura árabe porque tiene muchos _____, igual que la Alhambra, en Granada.
   a. caballos   c. budistas
   b. retos   d. arcos

6. Los misioneros tenían opiniones diferentes sobre _____ de los españoles en la vida de los indígenas.
   a. la semejanza   c. la arquitectura
   b. el azulejo   d. la influencia

7. España era un imperio _____ en la época de la conquista de América.
   a. único   c. débil
   b. poderoso   d. africano

8. Cuando los cristianos reconquistaron Sevilla, muchos árabes se habían _____ con los españoles.
   a. rebelado   c. asimilado
   b. reconquistado   d. expulsado

② Gramática Escribe la letra de la palabra o expresión que mejor complete cada frase.

1. Yo _____ con Luisa por teléfono todos los días si tuviera tiempo, pero estoy muy ocupada.
   a. hablo   c. hablaría
   b. he hablado   d. hablaba

2. Nosotros _____ al balcón, pero hace mucho frío y está lloviendo.
   a. saldremos   c. salíamos
   b. saldríamos   d. saldrían

3. El arquitecto le dijo al dueño de la casa que _____ el azulejo de color amarillo porque era mejor.
   a. compré   c. comprara
   b. compró   d. compras

4. El rey de España lo miró como si _____ que estaba mintiendo.
   a. creyera   c. creía
   b. crea   d. creerá

5. La madre le dijo al niño que _____ a la escuela después de comprar la comida.
   a. vendría   c. vinieron
   b. vienen   d. viene

6. "Si _____ todas tus riquezas, te regalaría mis caballos", le dijo el español al indígena.
   a. me das   c. me diste
   b. me dieras   d. me dieron

7. Aprenderíamos otros idiomas, como el chino, si _____ la oportunidad de estudiarlos en la escuela.
   a. tuviéramos   c. tuvieran
   b. tuvimos   d. tuvieras

8. Los misioneros querían que los indígenas _____ su religión.
   a. adoptáramos   c. adoptamos
   b. adoptaron   d. adoptaran

En el examen vas a . . .	Éstas son las tareas de práctica que te pueden ser útiles para el examen . . .	Si necesitas repasar . . .
3 Escuchar Escuchar y comprender la descripción de una visita a un pueblo indígena	La visitante describe su visita a un pueblo. (a) ¿Por qué es famoso ese pueblo? ¿Qué dice de la arquitectura? (b) ¿Qué le impresiona más? ¿Qué le recuerda el mercado? (c) ¿Qué otras cosas encuentra allí? (d) ¿Con qué compara al pueblo?	**pp. 344–347** *A primera vista 1* **p. 347** Actividad 4 **p. 350** Actividad 8 **p. 354** Actividad 15 **p. 379** *Interacción con la lectura*
4 Hablar Presentar una visita guiada para conocer una ciudad	Escoge una ciudad que te guste. Imagina que le hablas de esta ciudad a un recién llegado. Menciona (a) los edificios históricos, (b) las culturas y religiones, (c) una breve historia de la ciudad y (d) lugares donde los jóvenes se divierten.	**p. 350** Actividad 8 **p. 354** Actividad 15 **p. 373** *Presentación oral*
5 Leer Leer y comprender un cuento	Lee este párrafo sobre las aventuras de un indígena azteca y di (a) ¿En qué ciudad crees que se despierta Maco? ¿En qué época sería? (b) ¿Qué lengua habla la gente? (c) ¿Crees que es un sueño o es la realidad? *Un día, Maco, un joven indígena azteca, cerró sus ojos y cuando los abrió se vio en medio de una ciudad muy diferente a la que vivía. La gente era alta con los cabellos claros. Llevaban ropa larga y zapatos. Hablaban una lengua familiar, parecida a la de las personas que habían llegado a su tierra hacía poco tiempo. La gente lo miraba, pero nadie se paraba a hablarle...*	**pp. 376–379** *Lectura*
6 Escribir Escribir una reseña sobre la herencia	Escribe una reseña sobre qué cosas pueden hacer las familias para mantener su herencia cultural y las tradiciones de sus antepasados. Sugiere qué pueden hacer para mantener el idioma, las comidas y otras tradiciones familiares.	**p. 351** Actividad 9 **p. 351** Actividad 10 **pp. 374–375** *Presentación escrita*
 **7 Pensar** Pensar en ejemplos de intercambio cultural en el mundo de hoy y decir si son positivos o no	Da un ejemplo de un intercambio entre culturas en el mundo de hoy en día. Di por qué crees que ese intercambio es positivo o crea conflictos. ¿Crees que ayuda a que las personas se integren o no?	**p. 350** Actividad 8 **p. 362** Actividad 24 **pp. 370–371** *Puente a la cultura*

A ver si recuerdas . . . (páginas 384–387)

Actividad A

El medio ambiente es un tema sobre el que muchas personas tienen opiniones firmes. ¿Qué piensas tú sobre asuntos como el reciclaje, los efectos del tráfico, los recursos naturales y los animales en peligro de extinción? Expresa tus opiniones a continuación empezando con las frases indicadas. Consulta el vocabulario en las páginas 384 y 386 de tu libro de texto como ayuda.

El medio ambiente

Me importa(n) . . .

_____

_____

Me interesa(n) . . .

_____

_____

Me molesta(n) . . .

_____

_____

Me parece(n) . . .

_____

_____

Me preocupa(n) . . .

_____

_____

Me encanta(n) . . .

_____

_____

Me gusta(n) . . .

_____

_____

Go Online WEB CODE jed-0901
PHSchool.com

Nombre _____   Fecha _____

Capítulo **9**

Cuidemos nuestro planeta (páginas 388–389)

Arte y cultura

1 Mira el mural *Creación* de Diego Rivera e identifica dos elementos que ves en el cuadro. Después mira el detalle del otro mural de Rivera, el del Detroit Institute of Arts, sobre el que leíste en la página 219 de tu libro de texto. ¿Qué elementos ves en el cuadro?

Objetivos del capítulo

- Hablar sobre cuestiones medioambientales en la comunidad
- Hablar sobre cómo resolver problemas del medio ambiente a nivel local y global
- Expresar actitudes y opiniones sobre el medio ambiente
- Comprender diferentes perspectivas culturales acerca de la conservación y el medio ambiente

Creación	Detroit Institute of Arts

2 Para ti, ¿son opuestos los temas de los dos murales? ¿Por qué? ¿Crees que sea posible encontrar un equilibrio entre el mundo natural y el mundo industrial? Escribe tus ideas abajo.

_____

_____

_____

_____

Actividad B

¿Sabes qué problemas ambientales tienen en el país de tu herencia cultural? Investiga o pregunta a tus familiares sobre lo que ocurre allí con el medio ambiente. En una hoja aparte, haz una lista de los problemas principales y lo que hace la gente para resolverlos.

© Pearson Education, Inc. All rights reserved.

Go Online WEB CODE jee-0002 PHSchool.com

Capítulo 9 *Realidades* para hispanohablantes **269**

A primera vista 1 (páginas 390–393)

Actividad C

Haz una lista para cada uno de los siguientes aspectos.

1. Cosas que podrían suceder tan pronto como se agoten los recursos de energía:

_____

_____

_____

2. Recursos naturales que podemos usar: _____

_____

_____

3. Cosas de las que hay escasez: _____

_____

_____

4. Cosas de las que dependemos: _____

_____

_____

Actividad D

Busca sinónimos o expresiones equivalentes para las palabras o frases siguientes. Después escribe una oración usando cada una de las expresiones originales.

1. tan pronto como _____

_____

2. estar a cargo de _____

_____

3. agotarse _____

_____

4. desperdiciar _____

Ampliación del lenguaje

Las siglas

En el texto de la página 393 de tu libro de texto has aprendido qué es el ICPRO. Estas siglas pertenecen a la organización Industria y Comercio Pro-Reciclaje, de Puerto Rico. Mucha gente usa las siglas de una organización para no tener que pronunciar nombres demasiado largos. Las siglas, generalmente, toman la primera letra de cada una de las palabras del nombre. Por lo tanto, los acrónimos varían del español al inglés. Puedes estar familiarizado con un acrónimo en inglés, y no saber su equivalente en español, y viceversa. Algunos acrónimos de uso común son la ONU (Organización de las Naciones Unidas, que en inglés es la UN), la OEA (Organización de Estados Americanos, OAS, en inglés), o la UE (Unión Europea, EU, en inglés).

Actividad E

Escoge una de las organizaciones que se mencionan arriba y describe cuál es su labor. Puedes trabajar con un(a) compañero(a) de clase para generar ideas. Después, compartan sus ideas con el resto de la clase.

_____

_____

_____

_____

_____

_____

_____

_____

_____

_____

_____

_____

_____

_____

Manos a la obra 1 (páginas 394–397)

Ampliación del lenguaje

Diptongos e hiatos

Se forman **diptongos** cuando una vocal fuerte (a, e, o) se une con una vocal débil (i, u) no acentuada. También forman diptongo la combinación de dos vocales débiles distintas. En un diptongo, se pronuncian las dos vocales en una sola sílaba.

recipiente   *desperdicio*   *agua*   *suficiente*   *gobierno*

Una *h* intercalada entre dos vocales que formen diptongo no impide que se forme el diptongo.

ahumar   *ahijado*

Forman **hiatos** dos vocales juntas que se pronuncian en sílabas separadas. Estas vocales pueden ser una combinación de dos vocales fuertes *(caer, océano)* o una vocal fuerte y una débil tónica: *(día, reúne)*.

Actividad F

Lee las siguientes oraciones. Pon un círculo alrededor de los diptongos y subraya los hiatos que encuentres.

1. Es peor para el ambiente usar productos que causan contaminación.

2. He oído que el gobierno no quiere tomar medidas para reducir el ruido en la ciudad.

3. No deberíamos echar basura ni desperdicios al océano.

4. La población no sabe si habrá suficientes recursos naturales en el futuro.

5. Recibí un correo sobre la protección del medio ambiente.

6. Las ciencias estudian las posibles repercusiones del aumento de la temperatura promedio en la Tierra.

Nombre _____ Fecha _____

Actividad
G •

Contesta las siguientes preguntas sobre los problemas del medio ambiente.

1. ¿Cuál crees que es el principal problema del medio ambiente en tu comunidad?

_____

_____

2. ¿Qué medidas piensas que se deberían tomar para solucionarlo?

_____

_____

_____

3. ¿Estarías a favor o en contra de la restricción de vehículos en tu área? ¿Por qué?

_____

_____

4. ¿Cuál crees que será el primer recurso que se agotará en el futuro? ¿Por qué?

_____

_____

5. ¿Qué haces tú para ayudar a proteger el medio ambiente?

_____

_____

_____

También se dice . . . _____

Escribe otras palabras y expresiones que conozcas para hablar sobre los problemas y las soluciones para la protección del medio ambiente.

_____   _____

_____   _____

_____   _____

Fondo cultural

(página **396**)

En la página 396 de tu libro de texto leíste sobre la "restricción vehicular" en la ciudad de Santiago de Chile. En otras partes del mundo, muchas ciudades están tratando de combatir el problema de la contaminación del aire causada por el excesivo número de coches. Lee a continuación algunos de los planes propuestos para reducir el número de coches por las calles de una ciudad imaginaria. ¿Cuáles crees que son las ventajas y desventajas de cada uno de los planes?

Ventajas	Descripción del plan	Desventajas
	días de uso según el último número de la patente	
	cobrar por usar las calles más transitadas	
	prohibir los coches en el centro de la ciudad	
	mejorar el sistema de transporte público	

¿Cuál de los planes de arriba tiene más sentido en tu opinión? ¿Por qué?

_____

_____

_____

_____

_____

_____

_____

_____

_____

_____

Gramática

(páginas **398–401**)

Conjunciones que se usan con el subjuntivo y el indicativo

Ciertas conjugaciones relacionadas con el tiempo van seguidas por un verbo en modo indicativo o subjuntivo.

después (de) que	**mientras**	**cuando**
en cuanto	**tan pronto como**	**hasta que**

Usamos el modo subjuntivo después de estas conjunciones si la acción que sigue aún no ha ocurrido.

> Van a seguir contaminando **hasta que** el gobierno los **castigue.**
> Habrá menos contaminación **cuando haya** menos fábricas.

Usamos el indicativo después de estas conjunciones si la acción que sigue ya ha ocurrido u ocurre regularmente.

> Siempre apagamos las luces **en cuanto salimos** del cuarto.
> La empresa cerró **tan pronto como se puso** grave el problema.

- La conjunción *antes de que* va siempre seguida por el subjuntivo.

> Siempre se agotan los boletos **antes de que yo compre** el mío.

- Si el sujeto de la oración es el mismo, usamos el infinitivo después de *antes de, después de* y *hasta*:

> **Después de visitar** (nosotros) la fábrica, debemos escribir el informe.
> Marisa no piensa descansar **hasta resolver** (ella) el problema.

Gramática interactiva

Más ejemplos

En una hoja aparte, escribe cuatro oraciones con las conjunciones del recuadro. Usa el indicativo en dos de ellas y el subjuntivo en las otras dos.

En una hoja aparte, escribe dos oraciones con conjunciones en las que el sujeto no cambie. Indica cuál es el sujeto de cada oración.

Ya has leído sobre algunos problemas que afectan al medio ambiente. Demuestra tus conocimientos sobre el tema completando las frases de una conferencia del Dr. Biente.

Modelo *Las aguas estarán contaminadas hasta que <u>dejemos de echar desperdicios.</u>*

1. Las fábricas van a seguir arrojando pesticidas a los ríos hasta que _____

_____

2. Tendremos que buscar otras fuentes de energía cuando _____

_____

3. Debemos acabar con la contaminación tan pronto como _____

_____

4. Los peces del río comenzarán a morir en cuanto _____

_____

Actividad I

1 En la sección *Ampliación del lenguaje* de la página 399 de tu libro de texto viste algunos ejemplos de familias de palabras. Lee las palabras de la tabla que aparece a continuación y completa las familias de palabras.

Sustantivos	Adjetivos	Verbos
		crecer
		escasear
		conservar
daño		
	desechable	
	venenoso	
agotamiento		

2 Mira la lista de vocabulario para este tema y completa las dos últimas líneas de la tabla con dos familias de palabras de tu elección.

3 En una hoja aparte, escribe cinco oraciones sobre el cuidado del medio ambiente usando en cada una de ellas palabras de la tabla y una expresión del siguiente recuadro.

después de que	mientras	cuando
tan pronto como	hasta que	en cuanto

Actividad J

Trabaja con otro(a) estudiante. Basándote en las oraciones que escribiste en el ejercicio anterior, hablen sobre los problemas que la contaminación del medio ambiente nos puede traer en el futuro y escriban sus conclusiones en una hoja aparte.

Modelo

A —*Cuando las aguas de los ríos estén envenenadas, no sé qué vamos a hacer.*
B —*Bueno, no podemos esperar hasta que llegue esa situación.*
Conclusión: *Debemos evitar la contaminación de los ríos.*

Go Online WEB CODE jed-0903
PHSchool.com

Actividad K

Imagina que estás haciendo una investigación sobre la lluvia ácida para escribir un artículo en el periódico de tu escuela. Usa el bosquejo de abajo para escribir tu artículo en una hoja aparte. También puedes buscar más información en la biblioteca o en la Red.

Estrategia

Escribir a partir de un bosquejo
Cuando usas un bosquejo para escribir, recuerda que cada punto importante del bosquejo te indica el comienzo de un párrafo nuevo. La oración principal del párrafo debe hacer referencia al tema del punto principal y los puntos subordinados deben usarse para desarrollar el párrafo.

Conexiones Las ciencias

(página **401**)

I.   Causas y efectos de la lluvia ácida
  A. Causada por dióxido de azufre y óxido de nitrógeno
       1. Resultante de plantas generadores
       2. Aumenta por el efecto del sol
  B. Afecta a los recursos naturales
       1. Ríos, lagos, océanos
           a. peces
           b. otros animales
       2. Bosques
  C. Afecta a los seres humanos
       1. Enfermedades respiratorias
       2. Otras consecuencias

II.   Recomendaciones para reducir la lluvia ácida
  A. En el hogar
       1. Disminuir el consumo eléctrico
       2. Evitar el uso de aires acondicionados
  B. Fuera del hogar
       1. Reducir el uso de automóviles
       2. Comprar productos más ecológicos

Modelo   *La lluvia ácida es un problema ambiental que nos afecta a todos. Está causada por…*

Gramática

(páginas **402–403**)

Los pronombres relativos *que, quien* y *lo que*

Usamos los pronombres relativos para combinar dos oraciones o para dar información que aclare el significado de la oración. El pronombre relativo más común en español es *que* y sirve para referirse a personas, animales y cosas.

Ésta es la fábrica **que** visité ayer.
La fábrica, **que** hace productos químicos, fomenta la protección del medio ambiente.
El Sr. Ríos es el profesor **que** nos llevó a la fábrica.

Después de una preposición, usamos *que* para referirnos a cosas y *quien(es)* para referirnos a personas.

No encuentro el papel **en que** escribí tu dirección.
El problema **del que** te hablé ocurrió en otro barrio.
La señora **a quien** te presenté trabaja en una fábrica de recipientes.

• Usamos la frase relativa *lo que* para referirnos a una situación, concepto, acción u objeto aún no identificado.

No recuerdo **lo que** me dijo.
Lo que más me gusta es estar a cargo del proyecto.

Gramática interactiva

Inténtalo

En una hoja aparte, escribe una oración con el pronombre relativo *que*, otra con una preposición y *quien(es)* y otra con la frase relativa *lo que*.

Tú le quieres escribir una carta a un(a) chico(a) de otro país que viene a pasar un mes en tu casa. Le quieres dar toda la información posible sobre tu familia, tus amigos, lo que haces, tus planes, etc. Escribe seis oraciones usando los pronombres relativos *que, quien* y *lo que*.

Modelo   <u>Lo que más me gustaría hacer cuando vinieras es ir a visitar el parque natural que está cerca de mi ciudad.</u>

_____

_____

_____

_____

_____

_____

Actividad M

Trabaja con otros(as) dos estudiantes. Lee la carta que escribiste en el ejercicio anterior a tus compañeros(as) y coméntenla. Luego, escucha con atención las cartas de tus compañeros y escribe un informe sobre qué cosas hacen en general los jóvenes del país. Mientras tus compañeros leen sus cartas, puedes anotar las ideas principales y los detalles importantes que ayuden a describir a los jóvenes.

Estrategia

Hallar las ideas principales
Cuando escribes algo es necesario que tengas una idea principal que mantenga la unidad de todo el trabajo. Revisa los detalles que has compilado y escribe una oración simple que resuma tu idea o punto principal. Usa esta oración como parte central de un párrafo de introducción. Luego escribe párrafos de apoyo que desarrollen tu punto principal.

_____

_____

_____

_____

_____

_____

_____

_____

_____

_____

_____

_____

_____

_____

_____

_____

_____

_____

_____

_____

A primera vista 2 (páginas 404–407)

Actividad N

Escribe en tus propias palabras lo que quieren decir las siguientes expresiones. Después lee tus explicaciones a tus compañeros.

1. recalentamiento global _____

_____

2. derrame de petróleo _____

_____

3. en peligro de extinción _____

_____

4. tomar conciencia _____

_____

Actividad Ñ

Completa el siguiente correo electrónico con la palabra o frase adecuada del vocabulario de esta lección.

Querido Gustavo:

Estoy muy preocupada por los problemas de nuestro planeta. El _____ está cambiando en todo el mundo. El _____ ha hecho que la temperatura de muchas regiones aumente y esto está afectando el hábitat de muchas especies, que ahora están _____.

_____ hagamos algo, la situación no va a mejorar. Por eso he decidido participar como voluntaria de Greenpeace. Mi primera labor va a ser colaborar en la _____ de las playas de Galicia, después del _____ de hace unos meses. ¿No te gustaría participar a ti también y ayudar a _____ animales de esa región? Espero que te animes y vengas a hacer el viaje conmigo.

Besos de tu amiga,

Peggy

Actividad O

Lee el texto de la página 406 de tu libro de texto. Haz una lista de los términos científicos que desconoces o que te resulten difíciles. Luego, completa la tabla de abajo para hacer un glosario científico con las explicaciones de cada uno de estos términos.

Término	Explicación

Actividad P

¿Cuál es el parque o reserva natural más cercano a tu comunidad? Haz una investigación en la Red y averigua la siguiente información:

- nombre del parque o reserva
- lugar donde está
- especies en peligro de extinción
- problemas ecológicos a los que se enfrenta
- programas educativos sobre el parque o reserva

En una hoja aparte, organiza tus averiguaciones en uno o dos párrafos y léelos a la clase. Si puedes, incluye alguna fotografía o mapa del lugar.

Manos a la obra 2 (páginas 408–411)

Escribe antónimos para las siguientes palabras relacionadas con el medio ambiente. Luego escribe una oración usando una o ambas palabras, según sea posible.

> **Modelo**   *limpieza suciedad*
> *Si no hay limpieza en la ciudad, la suciedad será cada vez peor.*

1. explotar _____

_____

2. doméstico _____

_____

3. disminuir _____

_____

4. helar _____

_____

5. ignorar _____

_____

Escoge cuatro animales en peligro de extinción y completa la tabla de abajo. Usa la Red para averiguar la información necesaria sobre cada uno, o para escoger los animales que vas a incluir. Sigue el modelo.

Nombre	Tipo de animal	Características físicas	Región donde vive
Águila calva	ave	plumas blancas y marrones, pico y garras amarillos	Estados Unidos

Actividad S

En el texto de la página 409 de tu libro de texto sobre los pingüinos magallánicos se explica que estos animales recibieron su nombre de Fernando de Magallanes. ¿Qué sabes de él? Investiga en la Red o en una enciclopedia y prepara el guión para una presentación oral para hacer en la clase. Averigua los siguientes aspectos e inclúyelos en el guión:

- de dónde es
- a qué se dedicaba
- por qué es tan famoso
- adónde fueron sus viajes
- qué otras cosas se han nombrado en su honor

_____

_____

_____

_____

_____

_____

_____

Actividad T

Prepara una entrevista de cinco o seis preguntas, parecida a la que leíste en la página 410 de tu libro de texto, para un(a) naturista de un país que conozcas. Usa la Red o una enciclopedia si necesitas más ideas para las preguntas. Después, lee tus preguntas a la clase y pide a voluntarios que intenten contestarlas.

_____

_____

_____

_____

_____

_____

_____

(página **409**)

Fondo cultural

En la página 409 de tu libro de texto leíste sobre los pingüinos magallánicos. La reserva Punta Tombo, en la costa de la Patagonia de Argentina, es una de las colonias de pingüinos magallánicos más importantes del mundo. La reserva permite a los visitantes entrar y pasear por los diferentes caminos, ¡entre los pingüinos! Sólo se le exige a las personas que no los molesten ni los toquen, y que tengan cuidado con sus nidos. Los pingüinos magallánicos llegan en septiembre y se quedan en la reserva hasta marzo o abril, pero la mejor época para visitar este lugar es después de noviembre, cuando nacen las crías.

Haz un cartel para promover la Reserva Punta Tombo. Utiliza la información que aparece arriba y lo que has estudiado en este capítulo sobre el medio ambiente para alentar a los turistas a que visiten esta colonia de pingüinos.

¡Ven a la Reserva Punta Tombo!

Gramática

(páginas **412–415**)

Más conjunciones que se usan con el subjuntivo y el indicativo

Las siguientes conjunciones van generalmente seguidas del subjuntivo para expresar el propósito o la intención de la acción.

a menos que	**para que**
sin que	**aunque**
con tal (de) que	

Te doy este libro **para que** tengas más información sobre la capa de ozono.

Si el sujeto de la oración no cambia, después de *para* y *sin* usamos el infinitivo.

No puedes saber el final **sin ver** la película.

Con la conjunción *aunque,* usamos el subjuntivo para expresar incertidumbre. Usamos el indicativo cuando no hay incertidumbre sobre lo que se dice. Compara las siguientes oraciones:

Aunque llueve, vamos a la reserva natural.
Aunque llueva, vamos a la reserva natural.

Gramática interactiva

Énfasis en la forma
Escribe los verbos de las oraciones que aparecen en el recuadro. Indica si los verbos están en indicativo o subjuntivo.

_____

_____

Inténtalo
Escribe cuatro oraciones con las conjunciones del recuadro, dos de ellas con un verbo en subjuntivo.

_____

_____

_____

_____

Actividad U

El problema de la selva tropical preocupa a muchas personas. Lee el siguiente artículo y complétalo con las conjunciones: *pero, como, a menos que, con tal de que, sin que* y *para que.*

_____ tomemos medidas muy pronto, la selva tropical se reducirá.

_____ no nos daremos cuenta de lo grave que es la situación hasta que no estudiemos el tema. Y es un problema que no se resolverá

_____ todos ayudemos a buscar la solución. Lamentablemente, hay compañías y personas dispuestas a explotar sin límites los recursos naturales

_____ sus ganancias aumenten cada año. _____ esta situación cambie, necesitamos pedir a los gobiernos que tomen medidas contra los que dañan el medio ambiente. Además, _____ las selvas están desapareciendo, muchos animales están en peligro de extinción. La preservación de su hábitat es clave _____ estos animales se salven. Todos debemos ayudar a la conservación de la selva tropical _____ nuestros hijos tengan un planeta tan maravilloso como el que vemos hoy.

Actividad V

Imagina que en tu escuela van a hacer un club defensor del medio ambiente. Escribe las razones por las cuales es necesario formar este grupo.

1. Los problemas del medio ambiente seguirán empeorando a menos que _____

_____

2. Debemos informar al público sobre la contaminación de las aguas para que _____

_____

3. Aunque al principio nadie nos escuche _____

_____

4. Trataremos de tener una entrevista con el alcalde para que _____

_____

5. Seguiremos luchando por la defensa del medio ambiente aunque _____

_____

Go Online   WEB CODE jed-0908
PHSchool.com

Actividad W

Trabaja con otro(a) estudiante usando las frases y conjunciones a continuación. Vuelve a leer el artículo sobre Punta Arenas que aparece en la página 406 de tu libro de texto. Imaginen que ustedes viven en Punta Arenas. Habla con tu pareja sobre los posibles problemas que enfrenta la comunidad en que viven a causa de los problemas de la capa de ozono. Luego escriban el diálogo y las conclusiones a las que llegaron.

Modelo   *agujeros en la capa de ozono / con tal de que*
   A —*Si siguen aumentando los agujeros de la capa de ozono, un día no*
      vamos a poder salir de la casa.
   B —*Vale la pena tomar todas las medidas necesarias ahora con tal de*
      evitar una situación así en el futuro.

Estudiante A	Estudiante B	
1. los rayos ultravioleta	sin que	sin
2. la capa de ozono	a menos que	tanto
3. los problemas de salud	para que	antes que
4. el efecto invernadero	con tal (de) que	
5. el recalentamiento de la atmósfera		

_____

_____

_____

_____

_____

_____

_____

_____

_____

_____

_____

Lee la siguiente reseña sobre la película *El día después* y contesta las preguntas.

Una película útil

En el verano del año 2004, la película *El día después* causó sensación en las pantallas de todo el mundo. Aunque no presenta los hechos de una manera científica, la película trata de darnos una imagen de lo que puede ocurrir en el mundo a menos que cuidemos más el medio ambiente. Por supuesto, los fenómenos que muestra la película no se producen en tan poco tiempo. Pero la película trata de problemas que son reales. La acumulación de CO_2 y otras sustancias en la atmósfera atrapan el calor y causan el llamado efecto invernadero. Debido al recalentamiento global, comienza a derretirse el hielo de los polos. Como consecuencia de los cambios dramáticos en el clima, se produce una inmensa ola que destruye la ciudad de Nueva York.

Sin que creamos todo lo que cuenta la película, es imposible salir del cine sin pensar un poco en las consecuencias que la actividad humana tiene para el medio ambiente. Por eso, a pesar de que esta película usa todos los clichés de Hollywood y no es muy fiel a los datos científicos, podemos decir que fue un mensaje útil en la defensa del medio ambiente.

1. Según la reseña, ¿qué puede ocurrir en el mundo a menos que cuidemos el medio ambiente?

_____

_____

_____

2. ¿Por qué dice el autor de la reseña que la película es útil aunque no presenta los hechos científicamente?

_____

_____

_____

3. Imagínate que debes presentar a un director de cine el guión de una película sobre los posibles problemas que tendremos en la Tierra si no cuidamos el medio ambiente. En una hoja aparte, escribe tu guión en un párrafo que comience con la frase *A menos que… .*

(página **415**)

El español en el mundo del trabajo

En la sección *El español en el mundo del trabajo,* de la página 415 de tu libro de texto, leíste sobre las brigadas de rescate que trabajan en América Latina y la importancia vital que tiene para ellos la comunicación en español. Contesta las siguientes preguntas acerca de este artículo:

• ¿Por qué crees que es tan importante para los miembros de las brigadas de rescate hablar bien el idioma que se habla en la comunidad donde trabajan?

_____

_____

• En el lugar donde vives, ¿hay una comunidad hispana grande? ¿Cómo logran las personas que trabajan en servicios de emergencia o rescate comunicarse con esas personas? ¿Tienen personal que hable español? ¿Existe una versión del servicio de emergencias 911 en español?

_____

_____

_____

• ¿Qué crees que se debe hacer para mejorar el trabajo de los equipos de rescate o servicios de emergencias que trabajan en comunidades de Estados Unidos donde se habla un idioma diferente al inglés?

_____

_____

Busca en la Red o en la biblioteca de la escuela información sobre algún grupo de rescate o de ayuda humanitaria que preste servicios en distintos países del mundo.

• Describe brevemente los servicios que presta esa organización, dónde se encuentra, dónde trabaja, etc.

_____

_____

_____

• Investiga qué hace ese grupo para resolver el problema de la comunicación con las comunidades en las que trabaja.

_____

_____

¡Adelante! (páginas 416–417)

Puente a la cultura

Galápagos: el encuentro con la naturaleza

Estrategia

Usar oraciones temáticas para orientarte

En esta lectura vas a leer sobre la historia de un lugar específico. Mientras lees, observa cómo la oración temática de cada párrafo te ayuda a orientarte. Cada oración temática contiene una fecha, y a continuación el párrafo presenta un periodo histórico concreto. Cuando leas, piensa sobre qué otra información incluye la oración temática para ampliar el contexto del párrafo.

Las islas Galápagos son un archipiélago de más de 50 islas que se encuentran en el Océano Pacífico a 800 kilómetros de la costa del Ecuador. Estas islas, que forman una provincia del Ecuador, son de origen volcánico y se ubican directamente en la línea ecuatorial. Las islas son famosas por sus tortugas gigantes, que pueden vivir más de 100 años.

A finales del siglo XVI los piratas ingleses se establecieron en el archipiélago para atacar los barcos españoles que traían riquezas del Perú. Los piratas descubrieron que la carne de las tortugas gigantes era una excelente fuente de alimentos. Además, las tortugas podían vivir en los barcos, sin comida ni agua, por muchos meses.

A finales del siglo XVIII llegaron los balleneros. Pronto comenzaron a cazar las tortugas con la misma velocidad con que cazaban las ballenas. Se cree que mataron alrededor de 200,000 tortugas.

En 1835, un joven inglés de 22 años llamado Charles Darwin llegó a las islas en el barco *H.M.S. Beagle* y pasó cinco semanas estudiando su fauna. Las ideas centrales de su libro fundamental, *El origen de las especies,* nacieron a partir de su viaje en el *Beagle*. La teoría propone que las tortugas son las especies más fuertes que sobreviven a través del tiempo.

En 1935 el gobierno ecuatoriano decidió establecer una reserva natural de flora y fauna en las islas. En esa época, 3 de las 14 especies de tortugas habían desaparecido junto con algunos mamíferos y aves del lugar. En 1959 se creó la Fundación Charles Darwin para las islas Galápagos. Su trabajo de investigación y protección de los animales logró salvar varias especies que estaban por desaparecer.

El turismo organizado comenzó en 1970, pero se han implementado estrictas reglas para el cuidado de la fauna del lugar. Hoy en día las islas enfrentan muchos problemas, como el exceso de población y la falta de recursos del gobierno ecuatoriano para proteger su flora y fauna. Pero muchas colaboran para preservar este lugar único . . . y sus tortugas gigantes.

Análisis literario
¿Por qué piensas que los balleneros cazaban las tortugas? Usa lo que leíste sobre esta especie para hacer una inferencia de por qué lo harían. Escríbelo en una hoja aparte.

Estrategia de lectura
Para entender completamente la lectura, es importante hacer inferencias y conexiones. La lectura nunca nos dice exactamente por qué en 1935 el gobierno ecuatoriano decidió establecer una reserva natural, pero es posible deducir las razones después de leer toda la información del párrafo. ¿Por qué crees que lo hizo? Escríbelo en una hoja aparte.

Actividad Y

¿Comprendiste?

1. Usando el contexto, describe qué es un archipiélago. ¿Conoces otros ejemplos de archipiélagos famosos?

   _____

   _____

2. ¿Cómo usaron los piratas las tortugas gigantes? Explica por qué las tortugas eran un recurso muy útil para la vida en un barco.

   _____

   _____

3. La lectura dice que hoy en día las islas Galápagos enfrentan problemas como el exceso de población. ¿Por qué sería un problema para el mundo natural tener más habitantes en un lugar como las islas Galápagos? Explica la conexión en una hoja aparte.

Actividad Z

La lectura dice que debido a la llegada del turismo organizado a las islas Galápagos se han implementado reglas estrictas para el cuidado de la fauna. Imagínate que trabajas como guía en una reserva natural en las islas Galápagos. Es tu responsabilidad diseñar un cartel informando a los turistas sobre las reglas de la reserva. El cartel debe ser atractivo y claro, y al mismo tiempo firme en su tono para que los turistas sepan lo estrictas que son las reglas. Diseña tu cartel en el rectángulo de abajo.

¿Qué me cuentas? (página 418)

Las ilustraciones de esta página representan un cuento que vas a narrar en voz alta. Primero, escribe algunas notas sobre cada dibujo en una hoja aparte para ayudarte a organizar la historia. Usa tu imaginación y añade información para que el cuento resulte más interesante. Se puede decir que este cuento tiene una moraleja, es decir, una lección didáctica. ¿Cómo resumirías lo que se aprende aquí? Escribe la moraleja y ponle un título a tu cuento.

Luego practica tu narración. Puedes usar tus notas, pero recuerda que no podrás hacerlo durante la presentación frente a la clase. Finalmente, teniendo en cuenta un límite de cuatro minutos, narra el cuento a tus compañeros. Usa la entonación adecuada para que tus oyentes queden cautivados por la historia.

1

2

3

4

5

Moraleja: _____

Título: _____

Presentación oral (página 419)

Imagínate que te han nombrado director(a) de operaciones para la campaña de limpieza comunitaria. Tu primera tarea es dar un discurso para explicarle a tus compañeros qué actividades específicas van a realizar para ayudar a mantener limpia la comunidad.

Antes de realizar tu presentación, completa una red de ideas para explicar los detalles del programa a tus compañeros. En los círculos de la izquierda, escribe actividades que se pueden realizar para mantener limpia la comunidad. En los espacios en blanco escribe detalles, explicando cómo o por qué deben realizarse dichas actividades. Después practica tu presentación. Puedes usar tus notas al practicar, pero no al hablar ante la clase.

Al hacer tu presentación, recuerda explicar con detalles tu plan para las actividades y las razones que las justifican. Para tu profesor(a) es importante ver que tu presentación fue clara y convincente, que diste suficientes razones y explicaste bien los detalles, y que usaste el vocabulario y la gramática de este capítulo.

> **Estrategia**
>
> **Proporcionar detalles**
> Cuando das un discurso, debes incluir los detalles apropiados para que lo que dices tenga sentido. Los detalles interesantes siempre dan vida y añaden color a tus presentaciones y además le dan más sustancia. Una buena manera de encontrar los detalles apropiados es haciéndote las preguntas *¿Quién?, ¿Qué?, ¿Dónde?, ¿Cuándo?, ¿Por qué? y ¿Cómo?*

Presentación escrita (páginas 420–421)

© Pearson Education, Inc. All rights reserved.

Imagínate que eres un(a) experto(a) científico(a) y ecologista. Un famoso periódico te ha pedido que escribas un artículo sobre la preservación de los océanos. Tu artículo debe explicar por qué hay que cuidar los océanos y mares, y en particular debes hablar sobre los derrames de petróleo. Explica los problemas que se producen a causa de esta amenaza ecológica, las consecuencias que tienen y cómo se pueden evitar.

> ### Estrategia
> **Párrafo de conclusión**
> Siempre es buena idea finalizar lo que escribes con una buena conclusión que resuma las ideas que has expuesto. En tu conclusión puedes mencionar, por ejemplo, los temas sobre los que hablaste antes y unirlos en una sola oración. También puedes resumir la idea principal usando otras palabras o puedes cerrar con algún comentario interesante que deje al lector deseoso de saber más sobre el tema.

Antes de empezar a escribir, reúne datos sobre los problemas que producen los derrames de petróleo en los océanos. Completa la tabla que aparece en esta página. Después de reunir la información, escribe el borrador de tu artículo en una hoja aparte. Explica por qué se deben cuidar los océanos, cómo les afectan los derrames de petróleo y qué se puede hacer para evitarlos.

Después de escribir el borrador, intercámbialo con un(a) compañero(a) y háganse sugerencias para mejorar los artículos. Antes de escribir tu versión final, repasa tu borrador y haz las correcciones necesarias. Luego escribe en limpio tu composición y entrégasela a tu profesor(a). Tu profesor(a) te explicará cómo evaluará tu presentación. Probablemente, para tu profesor(a) es importante que tu artículo tenga datos adecuados, que presente la información de manera razonada y seria y que tu conclusión resuma las ideas principales del artículo.

Importancia de cuidar los océanos	Problemas que causan los derrames de petróleo	Cómo evitar y / o limpiar los derrames

Repaso del capítulo

Vocabulario y gramática

sobre la contaminación

el aerosol	aerosol
la contaminación	pollution
contaminado, -a	polluted
el derrame de petróleo	oil spill
el desperdicio	waste
la fábrica	factory
el pesticida	pesticide
el petróleo	oil
la pila	battery
químico, -a	chemical
el recipiente	container
el veneno	poison

sobre los recursos naturales

económico, -a	economical
la protección	protection
el recurso natural	natural resource
suficiente	enough

verbos

afectar	to affect
agotar(se)	to exhaust, to run out
amenazar	to threaten
atrapar	to catch, to trap
castigar	to punish
colocar	to put, to place
conservar	to preserve
crecer	to grow
dañar	to damage
depender de	to depend on
derretir	to melt
deshacerse de	to get rid of
desperdiciar	to waste
detener	to stop
disminuir	to decrease, to diminish
echar	to throw (away)
explotar	to exploit, to overwork
fomentar	to encourage
limitar	to limit
producir	to produce
promover (ue)	to promote

sobre los animales

la caza	hunting
(en) peligro de extinción	(in) danger of extinction, endangered
la piel	skin
la pluma	feather
salvaje	wild

sobre el medio ambiente

la atmósfera	atmosphere
la capa de ozono	ozone layer
el clima	weather
el efecto invernadero	greenhouse effect
el hielo	ice
la preservación	conservation
el recalentamiento global	global warming
el rescate	rescue
la reserva natural	nature preserve
la selva tropical	tropical forest
la tierra	land

animales

el ave	bird
el águila calva *pl.* las águilas calvas	bald eagle
la ballena	whale
la especie	species
la foca	seal

otras palabras y expresiones

el agujero	hole
la amenaza	threat
a menos que	unless
con tal (de) que	provided that, as long as
debido a	due to
la electricidad	electricity
en cuanto	as soon as
la escasez	shortage
estar a cargo de	to be in charge of
excesivo, -a	excessive
la falta	lack
el gobierno	government
grave	serious
la limpieza	cleaning
tan pronto como	as soon as
tomar conciencia de	to become aware of
tomar medidas	to take steps (to)

Conjunciones que se usan con el subjuntivo y el indicativo

Ciertas conjunciones relacionadas con el tiempo son seguidas por el indicativo o por el subjuntivo.

en cuanto	**tan pronto como**	**cuando**
mientras	**hasta que**	**después (de) que**

Después de estas conjunciones usas el subjuntivo cuando la acción que le sigue todavía no ha ocurrido. Usas el indicativo cuando la acción que le sigue ya ha ocurrido o bien ocurre habitualmente.

Van a producir petróleo **hasta que** se agote.

En cuanto salgo del cuarto, siempre apago las luces.

• La conjunción *antes de que* siempre es seguida por el subjuntivo.

Pon el helado en el refrigerador **antes de que** se derrita.

• Si el sujeto de la oración no cambia, usa el infinitivo después de *antes de, después de* y *hasta*.

Después de salir del trabajo, voy a visitar a mi amigo Juan.

Más conjunciones que se usan con el subjuntivo y el indicativo

Por lo general, a las siguientes conjunciones les sigue el subjuntivo para expresar el propósito o la intención de una acción.

a menos que	**para que**	**sin que**	**con tal (de) que**	**aunque**

No haré la limpieza de la casa **a menos que** me ayudes.

• Si el sujeto de la oración no cambia, usa el infinitivo después de *para* y *sin*.

Debemos dejar de usar aerosoles **para** detener la destrucción de la capa de ozono.

• Usa el subjuntivo para expresar incertidumbre con la conjunción *aunque*. Usa el indicativo cuando no haya incertidumbre.

Aunque produzcan más petróleo no podrán depender de este recurso por mucho tiempo.

No quiero ver ese programa sobre las ballenas **aunque** todos dicen que es muy bueno.

Los pronombres relativos *que, quien* y *lo que*

Usa pronombres relativos para combinar dos oraciones o para dar información aclaratoria. El pronombre relativo más frecuente en español es *que*, y puede hacer referencia a personas o a cosas.

El artículo **que** salió en el periódico habla sobre la contaminación.

Después de una preposición, usa *que* para referirte a cosas y *quien(es)* para referirte a personas.

El problema **del que** te hablé es muy grave.   La persona **de quien** te hablé se llama Adriana.

Usa la frase relativa *lo que* para referirte a una situación, a un concepto o a un objeto todavía no identificado.

Te cuento **lo que** me explicó el científico.

● **Más práctica**
Practice Workbook Organizer 9-13, 9-14

Preparación para el examen

1 Vocabulario Escribe la letra de la palabra o expresión que mejor complete cada frase.

1. Muchos animales salvajes están en peligro de _____ a causa de la caza.
   a. preservación   c. población
   b. extinción   d. amenaza

2. El uso excesivo de _____ puede destruir la capa de ozono.
   a. venenos   c. aerosoles
   b. derrames   d. recipientes

3. Es muy peligroso cuando las fábricas arrojan _____ al río.
   a. peces   c. recursos
   b. desperdicios d. medidas

4. ¿Qué haremos cuando se acaben los recursos naturales como _____?
   a. el petróleo c. el terreno
   b. la energía   d. el clima

5. El número de ballenas ha disminuido a causa de _____ de petróleo.
   a. la contaminación c. la piel
   b. los derrames   d. la electricidad

6. Hay que buscar nuevas maneras de _____ de la basura.
   a. depender   c. promover
   b. castigar   d. deshacerse

7. El _____ es un fenómeno que ocurre cuando las temperaturas globales suben.
   a. efecto invernadero c. producto químico
   b. derrame de petróleo d. medio ambiente

8. Muchos se dedican a la caza de las focas para usar sus _____.
   a. alimentos c. plumas
   b. pieles   d. dientes

2 Gramática Escribe la letra de la palabra o expresión que mejor complete cada frase.

1. No van a parar de tirar desperdicios hasta que los _____.
   a. castiguen   c. castigaran
   b. castigaron d. castigan

2. Mientras la gente no _____ conciencia de los problemas de la contaminación, no podrán disminuirla.
   a. tome   c. haya tomado
   b. tomará d. toma

3. Después de _____ los ríos, tendremos que tomar medidas para reducir el número de fábricas.
   a. limpiemos c. limpiaremos
   b. limpiamos d. limpiar

4. Mientras no _____ leyes más justas no voy a contribuir a su campaña.
   a. promuevan c. promoviendo
   b. promueven d. promovieron

5. Allí está el refugio de vida silvestre _____ visitamos el año pasado.
   a. quien   c. lo que
   b. del que d. que

6. _____ más le molesta a la gente es el recalentamiento global.
   a. Lo que c. Que
   b. El que d. En que

7. La señora _____ te hablé trabaja en una reserva natural.
   a. a quien c. de quien
   b. del que d. que

8. Siempre _____ las luces en cuanto salimos de casa.
   a. apaguemos c. apagaron
   b. apagamos   d. apaguen

En el examen vas a . . .	Éstas son las tareas de práctica que te pueden ser útiles para el examen . . .	Si necesitas repasar . . .

3 Escuchar Escuchar y comprender unas descripciones sobre la contaminación del medio ambiente

Escucha a una persona que llama al locutor de un programa popular en la radio. Quiere expresar sus opiniones sobre los problemas y las soluciones del medio ambiente. Identifica a) el problema que menciona y b) la solución que sugiere.

pp. 390–393
A primera vista 1
p. 396 Actividades 8–9

4 Hablar Hacer unas sugerencias sobre cómo proteger el medio ambiente de la comunidad

Trabajas para un centro comunitario y te piden que hables con un grupo de jóvenes sobre cómo proteger el medio ambiente en sus vidas personales. Diles qué hacer en a) casa, b) la escuela y c) la comunidad.

p. 394 Actividad 5
p. 396 Actividades 8–9
p. 400 Actividad 13
p. 419 *Presentación oral*

5 Leer Leer y comprender declaraciones sobre los problemas del medio ambiente

Lee este artículo sobre un reciente derrame de petróleo y di a) ¿dónde tuvo lugar el derrame?, b) ¿por qué ha sido un desastre para el turismo?, c) ¿qué medidas deberían tomarse para prevenir estos accidentes?

El derrame de petróleo cerca de la costa de Galicia, en España, ha causado grandes problemas para el turismo y el trabajo en la región. El gobierno ha gastado millones de euros en la limpieza de las playas y el rescate de la fauna marina. Miles de peces y otras especies marinas han desaparecido. A menos que no haya leyes más estrictas para prevenir desastres de este tipo, la vida marina y el turismo seguirán amenazados.

pp. 404–407
A primera vista 2
p. 410 Actividad 28
p. 415 Actividad 36

6 Escribir Escribir una carta al periódico sobre los problemas del medio ambiente

Eres miembro de un grupo que se encarga de la protección del ambiente y tienes que escribir una carta a los jóvenes de tu zona para que tomen conciencia de lo que pueden hacer para proteger la comunidad. Describe por lo menos dos problemas y explica las consecuencias si no se toman las medidas necesarias. Al final, diles qué pueden hacer ellos para ayudar.

p. 394 Actividad 5
p. 396 Actividad 9
p. 400 Actividad 14
p. 411 Actividad 29
pp. 420–421
Presentación escrita

7 Pensar Pensar en los problemas ecológicos globales

Piensa en uno de los problemas y su solución mencionados en el capítulo. Descríbelo y piensa si en los Estados Unidos existe o no ese problema y cómo lo resolverías tú.

pp. 390–393; 404–407
A primera vista 1, 2
p. 397 Actividad 10
p. 403 Actividad 19

A ver si recuerdas . . . (páginas 430–433)

En una hoja aparte, haz una lista de tus derechos y deberes en la casa y en la escuela. Luego, usa el diagrama de Venn que aparece a continuación para comparar los elementos de las dos listas. Escribe en el centro del diagrama los elementos que tengan ambas listas en común.

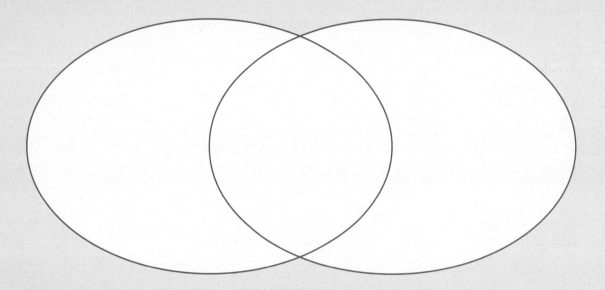

Usa tu imaginación para pensar en otros derechos que te gustaría tener y escríbelos abajo.

Modelo   _Los estudiantes deberían tener recreos más largos._

_____

_____

_____

_____

_____

¿Cuáles son tus derechos y deberes? (páginas 434–435)

Arte y cultura

Observa la foto de la pintura *El baile a orillas del Manzanares,* de Francisco de Goya y Lucientes y responde a las siguientes preguntas.

1. ¿Qué están haciendo las personas del cuadro?

_____

_____

_____

2. ¿De qué manera piensas que la pintura refleja la "época feliz" de Goya?

_____

_____

_____

3. ¿Qué escenas de la vida de hoy se asemejan a la de la pintura?

_____

_____

_____

4. Si tú fueras a pintar un cuadro "feliz", ¿qué elementos incluirías? ¿Por qué?

_____

_____

_____

_____

Objetivos del capítulo

- Hablar sobre los derechos y deberes en la casa y la escuela
- Comentar sobre los derechos de la sociedad garantizados por la Constitución
- Hablar sobre el papel del gobierno
- Aprender acerca de lo que los jóvenes piensan sobre los problemas del mundo que enfrentan y las soluciones que proponen
- Comprender las perspectivas culturales sobre derechos y responsabilidades

A primera vista 1 (páginas **436–439**)

Actividad
C
· ·

Lee el texto de las páginas 436 y 437 de tu libro de texto. Luego contesta las
preguntas según tu opinión.

1. ¿Qué problema tienen Laura y sus padres?

_____

_____

2. En tu opinión, ¿te parece justo que los padres la obliguen a ir a casa de la abuela?
¿Por qué?

_____

_____

3. ¿Qué te parecen los derechos de los adolescentes que escribió Laura? ¿Y los
derechos de los padres?

_____

_____

4. ¿Qué habrías hecho tú para resolver el conflicto?

_____

_____

_____

Más vocabulario

Otras palabras que puedes usar para hablar de los derechos y responsabilidades de las personas son:

• impedir	• las normas	• la paciencia	• la comprensión
• cooperar	• aconsejar	• la consideración	

¿Qué otras palabras conoces o usas tú para hablar de estos temas?

_____

_____

En una hoja aparte, escribe una oración usando cada una de esas palabras.

Ampliación del lenguaje

¿*Quizá* o quizás?

• Se escribe *quizá* cuando la palabra que viene a continuación empieza con una letra consonante.

Quizá *no saben que deben respetar mis decisiones.*

• Se escribe *quizás* cuando la palabra que viene a continuación empieza con vocal o sonido de vocal (es decir, *h* más vocal).

Quizás *avisaron de que no vendrían.*

Quizás *hay más derechos que considerar.*

Actividad D

Escribe dos oraciones usando *quizá* y *quizás*.

1. _____

_____

2. _____

_____

Actividad E

Escribe una situación para describir cada uno de los términos siguientes. Sigue el modelo. Después lee tus situaciones a la clase y comenten si son o no apropiadas.

Modelo   *injusticia*
Tu papá siempre le presta el coche a tu hermana y nunca a ti.

1. tener libertad _____

_____

2. tolerancia _____

_____

3. respeto _____

_____

4. discriminar _____

_____

Manos a la obra 1 (páginas 440–443)

Ampliación del lenguaje

La coma

Se usa la coma para:

• separar los elementos de una serie (excepto el último, si hay una *y* uniéndolo al anterior)

  Tenemos que evitar el maltrato, el abuso, la injusticia y la discriminación.

• para separar frases que explican un nombre.

  Sergio Gabaldán, presidente del gobierno, dio un discurso por la paz.

• cuando el narrador se dirige a otra u otras personas.

  Paco, prepárate para la manifestación.

• para separar oraciones o frases incidentales.

  El gobierno, por si no has leído las noticias, quiere ayudar a la gente discriminada.

• para separar oraciones subordinadas largas.

  El respeto, que es lo que debemos aprender todos los ciudadanos, junto con la tolerancia harán que nuestro mundo, con tantos problemas hasta ahora, sea mucho mejor en el futuro.

Actividad F

Lee las oraciones de abajo y agrégales comas cuando sea necesario.

1. Los colegios del estado que son gratuitos en Perú obligan a llevar uniforme.

2. Lucía ¿tú ayudaste a escribir las normas de la escuela?

3. Hay una reunión por si no lo sabías esta tarde a las 4.

4. Ernesto un chico de Venezuela es el presidente de la asociación de estudiantes.

5. Los padres deben tener la autoridad aunque no te parezca bien de saber adónde van sus hijos.

6. Necesitamos preparar escribir difundir y respetar la lista de los derechos de los adolescentes.

Actividad G

Contesta las siguientes preguntas según tu experiencia.

1. ¿Qué significa para ti ser adolescente?

_____

_____

2. ¿Cuáles son tus deberes como estudiante? ¿Y como hijo?

_____

_____

_____

3. ¿Cuáles son tus derechos?

_____

_____

_____

4. ¿Qué derechos y deberes tienen tus padres sobre ti?

_____

_____

_____

Actividad H

¿Hay igualdad en el país de tu herencia cultural? ¿Cuándo se rompe esa igualdad? Expresa tu opinión, si has vivido allí, o pregunta a familiares o amigos que sí lo hayan hecho cómo es la situación. Si no encuentras fuentes directas, puedes consultar la Red. Prepara un párrafo para leer en clase con tus averiguaciones. Escríbelo en una hoja aparte y trata de incluir los siguientes puntos:

• Expresa, en líneas generales, cuál es la situación social del país.
• Da ejemplos de igualdad (o de falta de ella).
• Explica si se podría mejorar la situación y cómo.
• Compara la situación del país con la de la comunidad donde vives.

Fondo cultural

(página **443**)

En la página 443 de tu libro de texto leíste sobre la Consulta infantil y juvenil 2000. Este evento es un hecho histórico y se ha repetido varias veces en México. Para poder realizarla, se instalan mesas de consulta en varios espacios de acceso público, donde los niños y jóvenes acuden a expresar su opinión. Para hacerlo, los estudiantes rellenan formularios y los depositan en urnas electorales. Hay tres tipos de formularios de acuerdo a tres rangos de edad y las preguntas se refieren a la familia, a la escuela y a un número de asuntos sociales y cívicos.

Organiza tu propia consulta en el salón de clases o en la escuela. Primero escoge un tema y explica por qué crees que sería interesante para los jóvenes de tu edad. Luego piensa en las preguntas que se podrían hacer sobre el tema, y qué tipo de preguntas serían (sí / no, respuesta múltiple, opiniones, etc.). Puedes usar la tabla de abajo como ayuda. Habla con tu profesor(a) para realizar la consulta entre tus compañeros. Luego haz una gráfica de los resultados y preséntala a la clase.

Tema: _____

Por qué lo escogí: _____

_____

_____

_____

_____

PREGUNTAS:
•
•
•
•
•
•

Gramática

(página **444**)

La voz pasiva: *ser* + participio pasado

En una oración, el sujeto, por lo general, realiza la acción. Esto se llama voz activa. Muchas veces, el sujeto no "hace" la acción sino que la acción "se hace en relación a él" o el sujeto recibe la acción. Esto se llama voz pasiva.

> Santiago **estableció** las reglas del club.

> Las reglas del club **fueron establecidas** por Santiago.

La voz pasiva se forma usando *ser* + participio pasado. Como el participio pasado es un adjetivo, concuerda en género y número con el sujeto.

> Las reglas **son aplicadas** por el estado.

- Si mencionas "quién" o "qué" realiza la acción, usas *por* para indicarlo.

- A menudo se usa el *se* impersonal cuando no se conoce el sujeto.

> **Se necesita** una persona para trabajar en el centro comunitario.

Gramática interactiva

Más ejemplos

En una hoja aparte escribe tres ejemplos de oraciones en voz pasiva. Luego escribe la oración en voz activa que corresponda a cada una.

Actividad

1

Hoy decides observar lo que ocurre en la escuela. Usa la siguiente información para expresar las ideas en voz pasiva. Usa *ser* + participio pasado + *por*.

1. Ellos no respetan el código de vestimenta de la escuela.

_____

2. Yo trato a todos mis amigos con respeto.

_____

3. Nosotros estableceremos el horario para usar la Red.

_____

4. Carlos ordena el armario de la escuela.

_____

5. Tú resuelves los problemas con tus padres.

Capítulo **10**   Nombre _____   Fecha _____

Actividad J

1 Para vivir en una sociedad es necesario que existan leyes que garanticen los derechos y deberes de los ciudadanos. Lee el siguiente párrafo y encierra en un círculo los verbos que se encuentren en voz pasiva.

No todos los derechos y deberes de los ciudadanos son iguales en todos los países. En los Estados Unidos, la igualdad de derechos ante la ley es reconocida por el estado. Esto significa que todos los ciudadanos gozan de los mismos derechos que son dictados por las leyes. Asimismo, las leyes son aplicadas por las instituciones del gobierno, y los representantes del gobierno son votados por los ciudadanos. La paz y la felicidad también son garantizadas por el estado, al igual que el derecho a recibir ayuda en casos de pobreza. Por último, se prohíbe discriminar por razones de raza, nacionalidad y sexo.

2 Vuelve a escribir el párrafo en una hoja aparte usando únicamente la voz activa.

Actividad K

Piensa en otros derechos y deberes de los ciudadanos que deberían garantizar los gobiernos. Haz una lista de los mismos y escríbelos en forma de oración usando la voz pasiva. Usa tu imaginación.

Modelo   *El derecho a no tener un código de vestimenta en la escuela es garantizado por el gobierno.*

_____

_____

_____

_____

_____

_____

_____

_____

_____

_____

(páginas **445–447**)

Gramática

El presente y el imperfecto del subjuntivo

Usa el presente o el presente perfecto del subjuntivo cuando el verbo en la cláusula principal esté en:

Presente	**Espero** que **hayan votado.**
Forma de mandato	**Dile** que **vote** mañana en las elecciones.
Presente perfecto	No **hemos establecido** ninguna regla que **sea** injusta.
Futuro	El sistema **funcionará** mejor cuando **se cambien** las leyes.

Usa el imperfecto del subjuntivo cuando el verbo en la cláusula principal esté en:

Pretérito	Mi mamá me **pidió** que **tratara** con más respeto a mi hermano.
Imperfecto	Mis padres **querían** que mi hermano y yo **nos lleváramos** bien.
Pluscuamperfecto	El profesor nos **había exigido** que ambos **tuviéramos** más tolerancia.
Condicional	Al jefe le **gustaría** que los empleados **llegaran** a tiempo.

Gramática interactiva

Más ejemplos
En una hoja aparte escribe otros ejemplos usando cada tiempo verbal del recuadro y el subjuntivo.

Énfasis en la forma
Subraya las cláusulas principales de las oraciones de los recuadros.

Imagina que estás conversando con tus amigos. Completa las oraciones usando el presente o el imperfecto del subjuntivo de los verbos del recuadro que correspondan.

haber	ir	seguir	tener

1. En la escuela pidieron que los estudiantes _____ el código de vestimenta.

2. Mi madre nos dice que _____ respeto hacia los demás.

3. Me gustaría que siempre _____ paz en el mundo.

4. No creo que yo _____ a la fiesta el sábado. Es el cumpleaños de mi abuela.

Actividad M

Imagina que acabas de escuchar un discurso que dio el director sobre las nuevas reglas de la escuela. Completa las siguientes frases con tu opinión sobre lo que dijo. Usa el vocabulario de la lección y el presente o el imperfecto del subjuntivo, según corresponda.

Modelo   *Me alegré de que <u>los estudiantes pudieran votar las propuestas del director</u>.*

1. No creímos que… _____

_____

2. Es importante que… _____

3. Fue una lástima que… _____

_____

4. No queremos que… _____

5. Escuché que… _____

_____

6. No me gustó que… _____

_____

Actividad N

Muchos temas de hoy en día nos interesan a todos. Imagina que hablas con un(a) compañero(a) sobre los siguientes temas. En una hoja aparte, escribe una pregunta y una respuesta para cada uno. Usa el presente o el imperfecto del subjuntivo.

• la libertad
• la pobreza
• la autoridad en la escuela
• el abuso entre los adolescentes
• la igualdad
• la felicidad en la familia

Modelo   *el maltrato*
<u>¿Crees que hay maltrato en todos los hogares?</u>
<u>No creo que haya maltrato en todos los hogares.</u>

Go Online WEB CODE jed-1005 PHSchool.com

(página **447**)

En voz alta

En la poesía clásica, los versos siguen determinadas reglas sobre el número de sílabas, la rima, la métrica y la entonación. Pero también hay poemas que son de verso libre. El verso libre es aquel que no tiene limitaciones en cuanto a ninguna de las características arriba mencionadas, es decir, las estrofas pueden tener versos con diferentes números de sílabas, los versos pueden no rimar y el ritmo y la entonación pueden variar de estrofa a estrofa.

Lee en voz alta el fragmento del poema de Hilario Barrero que aparece en la página 447 de tu libro de texto. Usa los signos de puntuación y la división de los renglones para leer con el ritmo y la entonación apropiados. Luego completa estas actividades.

- El sexto verso del poema tiene palabras en inglés. Traduce las palabras y luego vuelve a leer el poema con las palabras en español.

    emotion: _____

    doubt: _____

    volition: _____

    fear: _____

    joy: _____

- Explica la relación que tienen las palabras que tradujiste con el subjuntivo y luego escribe tres ejemplos.

    _____

    _____

    _____

    _____

- ¿Crees que los estudiantes se interesan por lo que el profesor intenta enseñarles? ¿Por qué?

    _____

    _____

    _____

    _____

    _____

A primera vista 2 (páginas 448–451)

Actividad Ñ

• •

Lee las definiciones de abajo y escribe la palabra o expresión a la que se refiere cada una.

1. la persona que está a juicio _____

2. que son necesarios e imprescindibles _____

3. romper o saltarse una ley _____

4. lo que hace la policía cuando arresta a alguien _____

5. sociedad donde el pueblo decide por mayoría lo que quiere

_____

6. persona que ha visto cómo se cometía un crimen _____

7. la manera, la forma _____

8. los objetivos y las metas de una persona _____

9. decir lo que se piensa _____

10. la falta de trabajo en una sociedad _____

Más vocabulario

Éstas son otras palabras que puedes usar para hablar de los derechos de la sociedad y el papel del gobierno. ¿Qué otras palabras o expresiones usas o conoces, relacionadas con el tema? Añádelas a la lista.

el referéndum _____

el sistema _____

la intolerancia _____

exculpar _____

Escribe una oración para cada una de las palabras de arriba.

_____

_____

_____

_____

Escribe una oración usando cada una de las frases de abajo.

1. a medida que _____

_____

2. en lugar de _____

_____

3. de modo que _____

_____

4. llegar a _____

_____

(Ampliación del lenguaje)

Sinónimos

Como ya sabes, los sinónimos son palabras que tienen el mismo significado o expresan aproximadamente la misma idea. Observa las palabras de abajo.

Palabra	Sinónimo(s)
el modo	la manera, la forma
la falta	la carencia
el fin	la finalidad

Escribe un sinónimo para cada una de las palabras siguientes. Después escribe una oración para cada palabra y comprueba si el sinónimo puede sustituir en el contexto a la palabra original.

1. aspiraciones _____

_____

2. mundial _____

_____

3. desempleo _____

_____

4. detener _____

_____

Manos a la obra 2 (páginas 452–455)

Actividad Q

Explica en tus propias palabras lo que quieren decir las siguientes palabras y expresiones. Luego úsalas en una oración.

1. la justicia _____

_____

2. la democracia _____

_____

3. los derechos _____

_____

4. inocente _____

_____

Actividad R

Escribe un párrafo describiendo un momento histórico del país de tu herencia cultural o de un país que conozcas. Explica lo siguiente:

• cuándo tuvo lugar
• qué pasó
• quiénes fueron los protagonistas
• qué se consiguió

Si quieres, puedes usar la Red para informarte. Lee tu párrafo a la clase.

_____

_____

_____

_____

_____

_____

_____

(Ampliación del lenguaje) ··

El guión de diálogo

En español un diálogo se puntúa de forma distinta que en inglés. En un texto narrativo, un diálogo no se introduce con comillas, como en inglés, sino con un guión, que también se llama **guión de diálogo.** Cada vez que habla una persona nueva, se usa un guión. Cuando la persona acaba de hablar y se quiere volver al texto narrativo, se cierra con otro guión. Observa el ejemplo de abajo.

María se dirigió a la jueza y dijo:
—Con el permiso del tribunal, quiero presentar la prueba A.
—Adelante, proceda —dijo la jueza.

Para interrumpir un diálogo directo con una aclaración narrativa, se usa un guión para cerrar el diálogo directo y otro antes del signo de puntuación con que termina la aclaración.

—Adelante, proceda —dijo la jueza—. Presente su prueba al jurado.

Además de estas reglas, la lectura y la práctica te ayudarán a reforzar cómo usar el guión de diálogo.

Prepara una escena que tenga lugar en un tribunal durante un juicio. En tu escena debe haber texto narrativo y diálogo. Incluye los siguientes personajes.

• un(a) juez(a)   • un(a) abogado(a)
• al menos un(a) testigo   • un(a) acusado(a)

Lee tu escena a la clase. Si hay voluntarios, pide que la representen.

_____

_____

_____

_____

_____

_____

_____

_____

(página **453**)

■◆■◆■◆■◆■◆■◆■◆■◆■◆■◆■◆■◆■◆■◆■◆

En la página 453 de tu libro de texto leíste sobre José Vasconcelos, un importante educador mexicano que también llegó a ser un político famoso. Los educadores, además de ser políticos, también influyen en las personas que llegan a ejercer cargos de gobierno. Lee el siguiente texto y luego responde a las preguntas.

Simón Bolívar fue un gran militar venezolano que lideró el movimiento político de independencia de varios países de América del Sur. Una de las figuras más importantes en la vida de Bolívar fue Simón Rodríguez, su maestro y educador a lo largo de los años. Rodríguez primero tuvo a Bolívar como alumno en su escuela en Caracas y luego fue su tutor privado por dos años. Pero su mayor influencia sobre el Libertador fue cuando vivieron ambos en Europa. Mientas viajaban juntos por varios países, Rodríguez infundió sus ideas filosóficas y revolucionarias en su más destacado alumno. En Roma, Bolívar dijo a su maestro: "… juro por mis padres y juro por mi honor que no descansaré mientras viva hasta que haya liberado a mi patria…".

Simón Bolívar llegó a ser conocido también por otras frases que dijo. Después de un terremoto que destrozó Caracas, Bolívar dijo: "Si la naturaleza se opone, lucharemos contra ella y haremos que nos obedezca". Sobre la educación, opinó: "Un ser sin estudios es un ser incompleto". Otras frases famosas de Bolívar son: "Moral y luces son nuestras primeras necesidades" y "El arte de vencer se aprende en las derrotas".

Encierra en un círculo la mejor respuesta para cada pregunta.

1. La relación entre Rodríguez y Bolívar era de
   a. padre e hijo.   **b.** educador y pupilo.
   c. político y militar.   **d.** revolucionario y agricultor.

2. Cuando viajaron por Europa, Rodríguez le habló a Bolívar sobre
   a. sus escuelas.   **b.** sus ideas y pensamientos.
   c. la vida en Roma.   **d.** el terremoto en Caracas.

3. Bolívar pensaba que una persona que no estudia
   a. debe luchar contra la naturaleza.   **b.** debe aprender de las derrotas.
   c. no será todo lo que puede ser.   **d.** no tendrá moral ni luces.

4. "El arte de vencer se aprende en las derrotas" quiere decir que
   a. se deben pintar sólo las victorias.   **b.** es mejor perder que ganar.
   c. los que ganan no aprenden nada.   **d.** perder nos enseña cómo ganar.

Inventa tu propia frase. Escríbela y explica qué quiere decir.

Frase: _____

Significado: _____

_____

(páginas **456–458**)

Gramática

El pluscuamperfecto del subjuntivo

El pluscuamperfecto del subjuntivo se usa para describir acciones en el pasado, cuando una acción se desarrolla antes que la otra. En estos casos, la acción que se realiza antes está en el pluscuamperfecto del subjuntivo, y la acción que se realiza después, en el pretérito, el imperfecto o el pluscuamperfecto del subjuntivo.

Carlos **se sorprendió** que su amigo **hubiera comprado** todos los materiales.
Esperaba que **hubieran ido** a la fiesta con los niños.
Yo **había querido** que mis hermanos **hubieran venido** a la casa de la abuela.

El pluscuamperfecto del subjuntivo se forma usando el imperfecto del subjuntivo de *haber* + el participio pasado del verbo.

hub**iera** sal**ido**	hub**iéramos** sal**ido**
hub**ieras** sal**ido**	hub**ierais** sal**ido**
hub**iera** sal**ido**	hub**ieran** sal**ido**

• También puedes usar el pluscuamperfecto del subjuntivo cuando el verbo de la cláusula principal está en el condicional.

¿**Sería** posible que Teresa **hubiera terminado** el informe?

• Observa que ya que la expresión *como si* siempre se refiere a algo contrario a la verdad o a algo irreal, siempre debe ir seguida por el subjuntivo, ya sea en imperfecto del subjuntivo o en pluscuamperfecto del subjuntivo.

Estaba tan cansada **como si hubiera corrido** todo el día.
Sergio descansa **como si no tuviera** nada que hacer.

Gramática interactiva

Más ejemplos
Escribe cuatro oraciones usando el pluscuamperfecto del subjuntivo. Dos de las oraciones deben tener la expresión *como si.*

_____

_____

_____

_____

Actividad T

Con tus amigos comentan un juicio que vieron por la televisión. Encierra en un círculo la forma del verbo que completa correctamente cada oración.

1. Me sorprendí que el abogado le (ha hecho / hubiera hecho) tantas preguntas al acusado.

2. El sospechoso miraba a los testigos como si no los (hubiera visto / había visto) nunca en su vida.

3. El jurado (ha querido / hubiera querido) escuchar a más testigos.

4. Yo había querido que (hubieran declarado / hayan declarado) inocente al acusado.

5. ¿Sería posible que él (hubiera recibido / hubo recibido) un castigo más leve si

   (haya dicho / hubiera dicho) la verdad?

6. Había tantos periodistas en el juicio como si (había sido / hubiera sido) el juicio de una persona famosa.

Actividad U

Imagina que te enteras de varias noticias importantes y le preguntas a tus amigos cómo reaccionaron frente a ellas. En una hoja aparte describe cuatro noticias diferentes. A continuación escribe oraciones sobre cómo reaccionaron tú y tus amigos al escuchar esas noticias. Usa el pluscuamperfecto del subjuntivo en tus oraciones. Si quieres, puedes escoger las noticias de la siguiente lista.

• el desempleo disminuyó
• las desigualdades sociales y económicas aumentaron
• hay más jóvenes sin hogar
• la contaminación ambiental
• falta de oportunidades en educación
• el juicio más importante del siglo

Modelo *descubren enfermedades nuevas*
Nos sorprendimos de que hubieran descubierto enfermedades nuevas.
Marcos no sabía que hubieran descubierto enfermedades nuevas.

Actividad V

Investiga acerca de la vida y las obras de Juan Lovera. Puedes buscar información en la Red o usar otras fuentes de consulta. Luego completa la tarjeta informativa que aparece abajo.

Conexiones El arte _____ (página **455**)

JUAN LOVERA

Fecha y lugar de nacimiento:

Estudios:

Eventos importantes en su vida:

Obras más conocidas:

(página **457**)

El español en la comunidad

Piensa en algunos asuntos que sean importantes para ti o para tu comunidad y anótalos en esta página. Luego escoge uno de los temas y en una hoja aparte, escribe una carta a un líder comunitario o político, describiendo detalladamente cuáles son tus preocupaciones. Puedes incluir algunas soluciones posibles. Explícale también a esta persona por qué crees que este asunto le concierne.

Gramática

(páginas **459–461**)

El condicional perfecto

El condicional perfecto se usa para expresar lo que
habría pasado o debería haber pasado en un determinado
momento del pasado.

> Y tú, ¿qué **habrías dicho** en esa situación?

> Yo le **habría dado** un buen consejo.

El condicional perfecto se forma usando el condicional de
haber + el participio pasado del verbo.

habría trabaj**ado**	habr**íamos** trabaj**ado**
habr**ías** trabaj**ado**	habr**íais** trabaj**ado**
habría trabaj**ado**	habr**ían** trabaj**ado**

• El condicional se usa con las cláusulas con *si* para expresar lo que podría haber sucedido
si las cosas hubieran sido diferentes. En estas oraciones usas el pluscuamperfecto del
subjuntivo y el condicional perfecto al mismo tiempo.

> Si **hubiera sabido** que estabas interesada, te **habría invitado** a la reunión.
> Si no **hubieran venido** a este país, no los **habrías conocido.**

> **Gramática** interactiva
>
> **Más ejemplos**
> Escribe en una hoja aparte
> cuatro oraciones con los
> verbos del recuadro en
> condicional perfecto.

Actividad
W

Muchas personas comentan lo que está sucediendo estos días en las noticias. Lee los
siguientes mini diálogos y complétalos usando el condicional perfecto de los verbos
entre paréntesis.

1. —¿Qué _____ tú si te hubieran preguntado acerca del

   sospechoso? *(opinar)*

   —Yo _____ que era inocente. *(decir)*

2. —¿Escuchaste lo que dijo el Presidente sobre el desempleo?

   —Sí … él _____ que el desempleo disminuyera. *(asegurar)*

3. —¿Cuál _____ el punto de vista de los representantes

   democráticos en la reunión mundial de naciones? *(ser)*

   —Los representantes democráticos _____ una propuesta

   democrática para ciertos países del mundo. *(presentar)*

4. —¿Qué _____ ustedes si les hubieran pedido participar en el

   jurado por el juicio al director del Banco Nacional? *(hacer)*

   —Nosotros _____. *(aceptar)*

Actividad X

¿Qué habrías hecho tú o habrían hecho las siguientes personas en las situaciones que se describen a continuación? Completa las oraciones de una manera original usando el condicional perfecto.

1. Si no hubiéramos intercambiado ideas, nosotros…

_____

2. Si yo hubiera ido al juicio, ella…

_____

3. Si el desempleo no hubiera aumentado tanto, ellos…

_____

4. Si el discurso del presidente hubiera sido más interesante, nosotros…

_____

5. Si los conflictos mundiales hubieran terminado, yo…

_____

6. Si tu propuesta sobre la igualdad en la escuela hubiera sido aceptada, tú…

_____

Actividad Y

Piensa en una situación que esté ocurriendo en este momento en el mundo. Puede ser un conflicto entre países, un problema interno que esté sufriendo un determinado país o algún otro suceso que esté ocurriendo. Estudia la situación y escribe en una hoja aparte sobre cómo habrías actuado o resuelto tú el conflicto si hubieras estado en esa situación. Usa el condicional perfecto en tus frases.

Modelo   *el desempleo en América Latina*
Si yo hubiera vivido en un país de América Latina, le habría pedido al presidente que crease nuevos puestos de trabajo. También habría escrito un artículo en el periódico escolar dando mi punto de vista sobre por qué no hay trabajo en el país. Habría dicho que es necesario que las empresas no hagan trabajar tantas horas a sus empleados y contraten más empleados para repartir el trabajo.

¡Adelante! (páginas 462–463)

Puente a la cultura
Héroes de América Latina

Estrategia

Crear una línea cronológica
Las gráficas pueden ser útiles a la hora de mostrar visualmente un conjunto de datos. Las *líneas cronológicas* son gráficas que se usan para organizar la información en una secuencia de tiempo. Úsalas cuando tengas que organizar y comparar información de naturaleza histórica.

Durante la época colonial, España dominaba un territorio desde California hasta el Cabo de Hornos, al extremo sur de Sudamérica. Este territorio tenía aproximadamente 17 millones de habitantes y estaba dividido en cuatro virreinatos, o unidades políticas. Los representantes de la Corona española controlaban no sólo la política en las colonias sino también los impuestos, el comercio, y así la vida de los habitantes.

Los habitantes de las colonias en América criticaban a España por su gran poder, pero en 1808, la monarquía española tuvo una crisis. Al sentir que la monarquía estaba débil, los criollos, o hijos de españoles nacidos en América, se rebelaron contra la Corona, iniciando así un movimiento de independencia en las colonias. Este movimiento resultó en la independencia de los países de América Latina.

Aquí hablamos de tres de los héroes de este movimiento. Aunque la historia de cada uno es muy diferente, sus sueños de crear naciones independientes en América son muy similares.

Simón Bolívar: El Libertador de América

Simón Bolívar (1783–1830) nació en Caracas, Venezuela.
Su sueño era liberar a las colonias españolas y unirlas en
una gran patria. Casi lo logró en 1819 cuando, después de
muchos éxitos militares, creó la República de la Gran
Colombia y fue su presidente. La Gran Colombia incluía
los territorios que forman Colombia, Venezuela, Panamá y
Ecuador. Para 1826, Bolívar ya era también jefe supremo
del Perú y presidente de Bolivia. Pero Bolívar murió sin
realizar su sueño. Nunca pudo unir las repúblicas
hispanoamericanas ya que había divisiones entre ellas.
Bolivia se independizó en 1829 y Venezuela se separó
de Colombia.

José Martí: El apóstol de la independencia cubana

Además de gran poeta e intelectual, José Martí
(1853–1895) es el héroe nacional y el apóstol de la
independencia de Cuba. Desde los dieciséis años, ya
participaba en la vida política y estuvo en prisión por
haber escrito en publicaciones contra las autoridades
coloniales españolas. Lo deportaron a España y de allí, fue
a Nueva York, donde escribió la mayoría de sus obras.
Luego fundó el Partido Revolucionario Cubano en 1892.
Regresó a Cuba cuando comenzó la guerra por la
independencia en 1895 y murió en una batalla.

Miguel Hidalgo: El precursor de la independencia de México

Miguel Hidalgo se destaca en la historia de México como
uno de los precursores de la independencia de ese país.
Muchos lo criticaron porque era miembro del clero y tenía
ideas revolucionarias. En 1810, durante un sermón, llamó
al pueblo a luchar. Miles de indígenas que habían sufrido
largos años de maltrato y explotación, decidieron seguirlo
junto con los criollos. Miguel Hidalgo y su representante,
el general Allende, organizaron el movimiento que llevó a
la independencia en 1821.

Ortografía
En este texto aparecen
muchas palabras escritas
con mayúscula. En una
hoja aparte, escribe
cuatro palabras que
correspondan cada una a
una regla diferente sobre
el uso de las mayúsculas.

Análisis gramatical
Vuelve a leer esta
página, fijándote en
los verbos. Subraya al
menos cuatro ejemplos
diferentes de tiempos
verbales. Luego, en una
hoja aparte, escribe el
verbo como aparece en
la página e indica
en qué tiempo está.

Investiga en la Red
Muchas personas
confunden dos de las
fechas más conocidas en
la historia de México: el
5 de mayo y el 16 de
septiembre. Realiza una
investigación en la Red
sobre estas dos fechas
y, en una hoja aparte,
escribe un breve
párrafo explicando los
acontecimientos que
se celebran.

Capítulo
10   Nombre _____   Fecha _____

**Actividad
Z**

¿Comprendiste?

1. ¿Qué relación tenía la Corona española con sus colonias antes y después de 1808?

_____

_____

_____

_____

_____

_____

2. Menciona tres cosas que logró hacer Simón Bolívar.

_____

_____

_____

3. ¿De qué manera estuvo involucrado Miguel Hidalgo en la independencia de México?

_____

_____

_____

_____

**Actividad
AA**

Completa la línea cronológica que aparece en esta página. Escribe los eventos descritos en el texto que ocurrieron en las fechas dadas. Puedes usar las notas que tomaste.

1783	1808	1810	1819	1821	1829	1892	1895

¿Qué me cuentas? (página 464)

Los diálogos pueden enriquecer mucho las historias. Los personajes expresan sus emociones, pensamientos e incluso sus acciones a través de lo que dicen. Los diálogos ayudan a que una historia sea más entretenida y hacen más interesante la narrativa.

Mira las ilustraciones de esta página, que representan un cuento. Vas a narrar el cuento de dos maneras diferentes. Primero vas a contar el cuento sin usar diálogos. Luego lo volverás a contar, creando diálogos para todos los personajes. Usa una hoja aparte para escribir notas sobre el cuento, pero recuerda que no puedes usar tus notas mientras lo narras.

1

2

3

4

5

6

Presentación oral (página 465)

Imagina que el / la director(a) de tu escuela quiere hacer una lista de derechos para los estudiantes. La lista se recopilará a partir de las propuestas de los estudiantes mismos. Tú debes preparar un discurso para presentar la lista ante un comité y explicar por qué incluyes cada derecho en la lista.

Estrategia

Piensa, planea y habla
Antes de proponer una lista de reglas, piensa en lo que vas a incluir. Planifica lo que vas a decir y usa tablas o gráficas para organizar tus ideas. Al hablar, utiliza la información que has obtenido.

Primero completa una tabla como la que aparece en esta página para organizar tus ideas. Piensa bien en los derechos que incluirás en tu lista, ya que tendrás que explicar por qué crees que cada uno es importante o beneficioso. Luego practica tu discurso. Recuerda que tu presentación debe ser ordenada, clara y persuasiva, y que debes mirar al público cuando hablas. Puedes usar tus notas al practicar, pero no al hablar ante la clase.

Al hacer tu presentación, imagina que tus compañeros son los miembros del comité. Debes convencerlos de que los derechos que propones tienen sentido tanto para la escuela como para los estudiantes. Limita tu presentación a cinco minutos. Tu profesor(a) te explicará cómo va a evaluar tu presentación. Probablemente para tu profesor(a) es importante ver que tu discurso fue convincente y claro, que presentaste explicaciones con sentido y que usaste el vocabulario apropiado.

Derechos de los estudiantes	Razones de apoyo

Presentación escrita   (páginas **466–467**)

Actividad
DD

Imagina que eres un(a) reportero(a) y que debes escribir un artículo periodístico sobre los ciudadanos de los Estados Unidos y sus derechos y garantías constitucionales. Tu artículo debe explorar cuánto saben los habitantes de este país sobre sus derechos. Para eso deberás entrevistar al menos a dos personas y usar sus respuestas para escribir tu artículo.

> **Estrategia**
>
> **Introducciones llamativas**
> Para que el lector se interese de inmediato en tu ensayo, empiézalo con una introducción interesante. Una manera de lograr esto es hacer una pregunta que despierte la curiosidad del lector. Otra forma de enganchar al lector es describiendo un hecho o un evento curioso que se relacione con lo que vas a contar.

Antes de realizar las entrevistas, piensa en lo que vas a preguntar. Además de las preguntas que harás sobre el tema, puedes preguntarle a las personas de dónde son, a qué se dedican y cuál es su entorno cultural. Esto ayudará a enriquecer el artículo que vas a escribir. Puedes completar una tabla como la que aparece en esta página para organizar tus preguntas y respuestas. Después de entrevistar a las personas, escribe el borrador de tu artículo en una hoja aparte. Recuerda empezar con una introducción llamativa y presentar de manera respetuosa las opiniones de las personas con las que hablaste.

Después de corregir tu borrador, escribe en limpio tu artículo en una hoja aparte y entrégaselo a tu profesor(a). Tu profesor(a) te explicará cómo evaluará tu presentación. Probablemente para tu profesor(a) es importante que tu artículo explique tu punto de vista sobre el tema, que sea claro y fácil de entender, que refleje de manera adecuada las opiniones de los entrevistados y que haga uso del vocabulario y la gramática de este capítulo.

PERSONA ENTREVISTADA: _____

Preguntas:	Respuestas:
1.	
2.	
3.	
4.	
5.	

Vocabulario y gramática

sobre tus derechos y responsabilidades

aplicar (las leyes)	to apply (the law)
discriminado, -a	discriminated
discriminar	to discriminate
funcionar	to function
gozar (de)	to enjoy
maltratar	to mistreat
obligar	to force
sufrir	to suffer
tratar	to treat
votar	to vote

en el hogar

el abuso	abuse
el / la adolescente	adolescent
el apoyo	support
la libertad	liberty
la niñez	childhood
la pobreza	poverty

en la escuela

el armario	locker
la autoridad	authority
el código de vestimenta	dress code
el deber	duty
la enseñanza	teaching
la igualdad	equality
el maltrato	mistreatment
el motivo	cause
el pensamiento	thought
la razón	reason
el respeto	respect

otros adjetivos y expresiones

adecuado, -a	adequate
ambos	both
de ese modo	in that way
en cuanto a	with respect to, as for
estar sujeto(a) a	to be subject to
satisfactorio, -a	satisfactory

sobre los derechos de los ciudadanos

el / la acusado(a)	accused, defendant
asegurar	to assure
el castigo	punishment
la desigualdad	inequality
el desempleo	unemployment
detener	to detain
el estado	the state
la felicidad	happiness
fundamental	fundamental, vital
la injusticia	injustice
el juicio	judgement
el jurado	jury
la justicia	justice
juzgar	to judge
la paz	peace
la prensa	the press
la propuesta	proposal
sospechoso, -a	suspicious
el / la testigo	witness
la tolerancia	tolerance
violar	to violate

sobre los derechos de todas las personas

la aspiración	aspiration
el fin	purpose
la garantía	guarantee
la igualdad	equality
intercambiar	to exchange
libre	free
mundial	worldwide
opinar	to think
pacífico, -a	peaceful
proponer	to propose, to suggest
el punto de vista	point of view
el valor	value

otros adjetivos y expresiones

a medida que	as
ante	before
culpable	guilty
democrático, -a	democratic
de modo que	so, so that
el modo	the way
en lugar de	instead of
la falta de	lack of
inocente	innocent
llegar a	to reach, to get to

Capítulo
10

La voz pasiva: *ser* + participio pasado

La voz pasiva se forma usando *ser* + participio pasado. El participio pasado es un adjetivo, por lo que concuerda en género y número con el sujeto. No obstante, usa el *se* impersonal cuando se desconozca el sujeto.

> Las reglas **son aplicadas** por el estado.   **Se necesita** una persona para trabajar con nosotros.

El presente y el imperfecto del subjuntivo

Usa el presente del subjuntivo cuando el verbo de la cláusula principal esté en presente, en presente perfecto, en forma de mandato o en futuro.

> Dile que **vote** mañana en las elecciones.   Armando cantará cuando **se lo pidan.**
> No hemos dicho que ella **sea** nuestra amiga.

Usa el imperfecto del subjuntivo cuando el verbo de la cláusula principal esté en pretérito, en imperfecto, en pluscuamperfecto o en condicional.

> Mi maestra me pidió que **bailara.**   El adolescente había tratado que **nos conociéramos.**
>
> El presidente quería que todos **votaran.**   Le gustaría a mamá que **llegáramos** a tiempo.

pluscuamperfecto del subjuntivo

Usa el pluscuamperfecto del subjuntivo cuando el verbo de la cláusula principal esté en pretérito, imperfecto o pluscuamperfecto del indicativo.

> Esperaba que **hubieran ido** a la fiesta con los niños.
> Carlos no pensó que Juan **hubiera intercambiado** su pluma.
> Había querido que la prensa **hubiera dicho** la verdad.

Para formar el pluscuamperfecto del subjuntivo usa el pasado del subjuntivo de *haber* + el participio pasado del verbo.

hubiera	salido	hubiera	salido	hubierais	salido
hubieras	salido	hubiéramos	salido	hubieran	salido

Usa el pluscuamperfecto del subjuntivo también cuando el verbo de la cláusula principal esté en condicional.

> ¿**Sería** posible que él **hubiera terminado** la tarea?

Usa el imperfecto del subjuntivo o el pluscuamperfecto del subjuntivo después de la expresión *como si*.

> Estaba tan alegre **como si hubiera dormido.**   El niño descansa **como si no tuviera** nada que hacer.

El condicional perfecto

El condicional perfecto se forma usando el condicional de *haber* + el participio pasado del verbo.

habría	trabajado	habría	trabajado	habríais	trabajado
habrías	trabajado	habríamos	trabajado	habrían	trabajado

Usa el pasado perfecto del subjuntivo y el condicional perfecto a la vez en oraciones que tengan cláusulas con *si*.

> Si **hubieras ido** a la fiesta, te **habrías divertido.**   Si **hubieran venido** aquí, no **habrían estudiado.**

● **Más práctica** · · · · · · · · · · · ·

Practice Workbook Organizer
10-13, 10-14

Capítulo
10

Como preparación para el examen,
comprueba que
- sabes la gramática y el vocabulario
  nuevos
- puedes hacer las tareas de las
  páginas 330 y 331 de este cuaderno

Preparación para el examen

1 Vocabulario Escribe la letra de la palabra o expresión que mejor complete cada frase.

1. El _____ de las opiniones de los
   demás ayuda a que la gente viva de
   manera pacífica.
   a. valor   c. respeto
   b. código de   d. maltrato
      vestimenta

2. Antes era muy difícil recibir las
   noticias _____ si vivías en un
   pueblo pequeño.
   a. inocentes   c. enseñanzas
   b. propuestas   d. mundiales

3. La justicia y la paz son _____ que
   tienen los países de todo el mundo.
   a. democráticas   c. aspiraciones
   b. injusticias   d. castigos

4. A medida que le hacían preguntas,
   el sospechoso de _____ la ley se
   asustaba más.
   a. intercambiar   c. opinar
   b. violar   d. proponer

5. En los libros que usan los abogados
   encontrarás frecuentemente las palabras
   juicio, _____ y juzgar.
   a. jurado   c. desempleo
   b. armario   d. felicidad

6. Cuando pasan de _____ , muchos
   adolescentes creen que pueden hacer todo
   sin avisar a sus padres.
   a. la niñez   c. la injusticia
   b. la pobreza   d. la libertad

7. La policía tiene _____ de detener a las
   personas cuando existe un motivo.
   a. la igualdad   c. el deber
   b. la tolerancia d. el pensamiento

8. _____ guardar para sus estudios el
   dinero que ganó con el premio, lo gastó en
   divertirse.
   a. A pesar de   c. Ante
   b. En lugar de   d. Debido a

2 Gramática Escribe la letra de la palabra o expresión que mejor complete cada frase.

1. Luis no esperaba que su jefe lo _____
   a quedarse trabajando toda la noche.
   a. obligará   c. habrá obligado
   b. habían obligado d. hubiera obligado

2. Las leyes que prohíben maltratar a
   los animales _____ en muchas
   ciudades.
   a. aplicarán   c. están aplicadas
   b. son aplicados d. son aplicadas

3. Si _____ una educación adecuada,
   todos los jóvenes se habrían graduado.
   a. tienen   c. hubieran tenido
   b. tenían   d. han tenido

4. La acusada hablaba sobre el asunto
   como si _____ la autoridad para
   acusar a otros durante su propio
   juicio.
   a. hubiera   c. habría
      gozado de   gozado de
   b. han gozado de d. ha gozado de

5. Dile al candidato que te _____ que va
   a luchar contra la desigualdad.
   a. asegure   c. asegura
   b. asegurará   d. ha asegurado

6. Si _____ sujeto a todos los problemas que
   sufrió ese adolescente, tu punto de vista
   sería muy distinto.
   a. estabas   c. hubiste estado
   b. estás   d. hubieras estado

7. Ambos estudiantes le pidieron al profesor
   que _____ de convencer a toda la clase
   para que votaran por su candidata.
   a. tratará   c. tratara
   b. hubiera tratado d. trataría

8. Su amigo le _____ el apoyo que
   necesitaba si él no lo hubiera tratado así.
   a. sería dado   c. había dado
   b. habrá dado   d. habría dado

En el examen vas a . . .	Éstas son las tareas que te pueden ser útiles para el examen . . .	Si necesitas repasar . . .
3 Escuchar Escuchar y comprender la descripción de las reglas de un club deportivo	Responde a las preguntas sobre las reglas del Club Deportivo Veloz. (a) ¿Respetar el código de vestimenta es un derecho o un deber de los miembros? (b) ¿Qué significa que los miembros tendrán derecho de opinar? (c) ¿Qué les pasa a los que no obedecen las reglas? (d) ¿Crees que hay igualdad entre los derechos y los deberes de los miembros? Di por qué.	**pp. 436–439** *A primera vista 1* **p. 437** Actividad 2 **p. 442** Actividad 9 **p. 465** *Presentación oral*
4 Hablar Hacer una presentación para explicar por qué los animales también tienen derechos	Haz una presentación a los jóvenes del barrio sobre lo que deben hacer para cuidar a los animales. Incluye (a) una explicación de los problemas que sufren los animales, (b) qué derechos deberían tener, (c) lo que pueden hacer los jóvenes para protegerlos.	**p. 438** Actividad 3 **p. 461** Actividad 40 **p. 465** *Presentación oral*
5 Leer Leer y comprender un párrafo de un ensayo editorial	Lee un párrafo de un ensayo editorial sobre el mar y Chile. (a) ¿Qué solución propone el autor para desarrollar al país? (b) ¿Quién es el libertador de Chile? (c) ¿De qué depende Chile? *Ante lo que he dicho antes, propongo que hagamos una campaña para que Chile vuelva a mirar hacia el mar como solución para desarrollar al país. Para terminar, debemos recordar a nuestro libertador, Don Bernardo O'Higgins, quien dijo que el pueblo de Chile, "desde siempre y para siempre, depende del mar".*	**pp. 448–451** *A primera vista 2* **p. 455** Actividad 29 **pp. 468–471** *Lectura*
6 Escribir Escribir un cuestionario sobre cómo hacer uso de un parque	En un parque sembraron césped y flores y construyeron un camino para bicicletas, pero la gente no está de acuerdo en cómo usarlos. Escribe un cuestionario para preguntarles cómo habrían usado el parque si hubiera sido de ellos. Incluye (a) el horario, (b) las obligaciones y los derechos, (c) lo que debe garantizar la ciudad.	**p. 438** Actividad 3 **p. 442** Actividad 9 **p. 447** Actividad 17 **p. 460** Actividades 36–38 **pp. 436–437** *A primera vista 1*
7 Pensar Decir de qué derechos deberían gozar los niños	Piensa en lo que leíste sobre Domitila Barrios de Bolivia y di tres derechos que deberían tener todos los niños del mundo.	**p. 439** *A primera vista 1* **p. 439** Actividad 4 **pp. 468–471** *Lectura*

Verbos

Verbos regulares

A continuación aparecen las conjugaciones de los verbos regulares terminados en *-ar, -er* e *-ir* en el indicativo (presente, pretérito, imperfecto, futuro y condicional) y en el presente y el imperfecto del subjuntivo.

Infinitivo Participio presente Participio pasado	Presente		Pretérito		Imperfecto	
estudiar	estudio	estudiamos	estudié	estudiamos	estudiaba	estudiábamos
estudiando	estudias	estudiáis	estudiaste	estudiasteis	estudiabas	estudiabais
estudiado	estudia	estudian	estudió	estudiaron	estudiaba	estudiaban
correr	corro	corremos	corrí	corrimos	corría	corríamos
corriendo	corres	corréis	corriste	corristeis	corrías	corríais
corrido	corre	corren	corrió	corrieron	corría	corrían
vivir	vivo	vivimos	viví	vivimos	vivía	vivíamos
viviendo	vives	vivís	viviste	vivisteis	vivías	vivíais
vivido	vive	viven	vivió	vivieron	vivía	vivían

Presente progresivo e imperfecto progresivo

Los tiempos progresivos se forman con una forma de *estar* y el participio presente.

Presente progresivo	Participio presente	Imperfecto progresivo	Participio presente
estoy		estaba	
estás		estabas	
está	estudiando	estaba	estudiando
estamos	corriendo	estábamos	corriendo
estáis	viviendo	estabais	viviendo
están		estaban	

Verbos reflexivos

Infinitivo y participio presente	Presente	Pretérito	Subjuntivo
lavarse	me lavo	me lavé	me lave
lavándose	te lavas	te lavaste	te laves
	se lava	se lavó	se lave
	nos lavamos	nos lavamos	nos lavemos
	os laváis	os lavasteis	os lavéis
	se lavan	se lavaron	se laven

Verbos regulares (continuación)

Futuro		Condicional		Presente del subjuntivo		Imperfecto del subjuntivo	
estudiaré	estudiaremos	estudiaría	estudiaríamos	estudie	estudiemos	estudiara	estudiáramos
estudiarás	estudiaréis	estudiarías	estudiarías	estudies	estudiéis	estudiaras	estudiarais
estudiará	estudiarán	estudiaría	estudiaría	estudie	estudien	estudiara	estudiaran
correré	correremos	correría	correríamos	corra	corramos	corriera	corriéramos
correrás	correréis	correrías	correríais	corras	corráis	corrieras	corrierais
correrá	correrán	correría	correrían	corra	corran	corriera	corrieran
viviré	viviremos	viviría	viviríamos	viva	vivamos	viviera	viviéramos
vivirás	viviréis	vivirías	viviríais	vivas	viváis	vivieras	vivierais
vivirá	vivirán	viviría	vivirían	viva	vivan	viviera	vivieran

Tiempos perfectos

Los tiempos perfectos se forman con un verbo auxiliar *(haber)* y un participio pasado.

Presente perfecto		Pluscuamperfecto		Futuro perfecto		Presente perfecto del subjuntivo		Pasado perfecto del subjuntivo		Condicional perfecto	
he		había		habré		haya		hubiera		habría	
has	estudiado	habías	estudiado	habrás	estudiado	hayas	estudiado	hubieras	estudiado	habrías	estudiado
ha	corrido	había	corrido	habrá	corrido	haya	corrido	hubiera	corrido	habría	corrido
hemos	vivido	habíamos	vivido	habremos	vivido	hayamos	vivido	hubiéramos	vivido	habríamos	vivido
habéis		habíais		habréis		hayáis		hubierais		habríais	
han		habían		habrán		hayan		hubieran		habrían	

Verbos con cambios en la raíz

A continuación aparece una lista de verbos que tienen cambios en la raíz. Sólo se muestran las conjugaciones que cambian.

Infinitivo en *-ar*

Infinitivo	Presente del indicativo		Presente del subjuntivo	
pensar (e→ie)	pienso	pensamos	piense	pensemos
	piensas	pensáis	pienses	penséis
	piensa	piensan	piense	piensen
Verbos como **pensar**: calentar, comenzar, despertar(se), recomendar, tropezar				
contar (o→ue)	cuento	contamos	cuente	contemos
	cuentas	contáis	cuentes	contéis
	cuenta	cuentan	cuente	cuenten
Verbos como **contar**: acostar(se), almorzar, costar, encontrar(se), probar(se), recordar				
jugar (u→ue)	juego	jugamos	juegue	juguemos
	juegas	jugáis	juegues	juguéis
	juega	juegan	juegue	jueguen

Infinitivo en *-er*

	Presente del indicativo		Presente del subjuntivo	
entender (e→ie)	entiendo	entendemos	entienda	entendamos
	entiendes	entendéis	entiendas	entendáis
	entiende	entienden	entienda	entiendan
Verbos como **entender**: encender, perder				
devolver (o→ue)	devuelvo	devolvemos	devuelva	devolvamos
past participle:	devuelves	devolvéis	devuelvas	devolváis
devuelto	devuelve	devuelven	devuelva	devuelvan
Verbos como **devolver**: mover(se), resolver, torcer(se), volver (participio pasado: **vuelto**)				

Verbos con cambios en la raíz (continuación)

Infinitivo en *-ir*

	Indicativo				Subjuntivo	
	Presente		Pretérito		Presente	
pedir (e→i) (e→i)	pido	pedimos	pedí	pedimos	pida	pidamos
participio presente:	pides	pedís	pediste	pedisteis	pidas	pidáis
pidiendo	pide	piden	pidió	pidieron	pida	pidan
Verbos como pedir: conseguir, despedir(se), repetir, seguir, vestir(se)						
preferir (e→ie) (e→i)	prefiero	preferimos	preferí	preferimos	prefiera	prefiramos
participio presente:	prefieres	preferís	preferiste	preferisteis	prefieras	prefiráis
prefiriendo	prefiere	prefieren	prefirió	prefirieron	prefiera	prefieran
Verbos como preferir: divertir(se), hervir, mentir, sugerir						
dormir (o→ue) (o→u)	duermo	dormimos	dormí	dormimos	duerma	durmamos
participio presente:	duermes	dormís	dormiste	dormisteis	duermas	durmáis
durmiendo	duerme	duermen	durmió	durmieron	duerma	duerman
Verbos como **dormir**: morir(se) (participio pasado: **muerto**)						

Verbos con cambios ortográficos

Los siguientes verbos tienen cambios ortográficos en el presente, pretérito y / o en el subjuntivo.
Los cambios ortográficos se indican en negritas.

Infinitivo Participio presente Participio pasado	Presente		Pretérito		Subjuntivo	
almorzar (z→c) almorzando almorzado	Ver verbos regulares terminados en *-ar*		**almorcé** almorzaste almorzó	almorzamos almorzasteis almorzaron	**almuerce** **almuerces** **almuerce**	**almorcemos** **almorcéis** **almuercen**
buscar (c→qu) buscando buscado	Ver verbos regulares terminados en *-ar*		**busqué** buscaste buscó	buscamos buscasteis buscaron	**busque** **busques** **busque**	**busquemos** **busquéis** **busquen**
comunicarse (c→qu) comunicándose	Ver verbos reflexivos		Ver verbos reflexivos y **buscar**		Ver verbos reflexivos y **buscar**	
conocer (c→zc) conociendo conocido	**conozco** conoces conoce	conocemos conocéis conocen	Ver verbos regulares terminados en *-er*		conozca conozcas conozca	conozcamos conozcáis conozcan
creer (i→y) creyendo creído	Ver verbos regulares terminados en *-er*		creí creíste creyó	creímos creísteis creyeron	Ver verbos regulares terminados en *-er*	
empezar (z→c) empezando empezado	Ver verbos con cambios en la raíz		empecé empezaste empezó	empezamos empezasteis empezaron	Ver verbos con cambios en la raíz	
enviar (i→í) enviando enviado	**envío** **envías** **envía**	enviamos enviáis **envían**	Ver verbos regulares terminados enr *-ar*		envíe envíes envíe	enviemos enviéis envíen
escoger escogiendo escogido	**escojo** escoges escoge	escogemos escogéis escogen	Ver verbos regulares terminados en *-er*		escoja escojas escoja	escojamos escojáis escojan
esquiar (i→í) esquiando esquiado	Ve **enviar**		Ver verbos regulares terminados en *-ar*		Ver **enviar**	
jugar (g→gu) jugando jugado	Ver verbos con cambios en la raíz		**jugué** jugaste jugó	jugamos jugasteis jugaron	Ver verbos con cambios en la raíz	
leer (i→y) leyendo leído	Ver verbos regulares terminados en *-er*		Ver **creer**		Ver **creer**	
obedecer (c→zc) obedeciendo obedecido	Ver **conocer**		Ver verbos regulares terminados en *-er*		Ver **conocer**	

Verbos con cambios ortográficos (continuación)

Infinitivo Participio presente Participio pasado	Presente		Pretérito	Subjuntivo	
ofrecer (c→zc) ofreciendo ofrecido	Ver **conocer**		Ver verbos regulares terminados en -*er*	Ver **conocer**	
pagar (g→gu) pagando pagado	Ver verbos regulares terminados en -*ar*		Ver **jugar**	pague pagues pague	paguemos paguéis paguen
parecer (c→zc) pareciendo parecido	Ver **conocer**		Ver verbos regulares terminados en -*er*	Ver **conocer**	
practicar (c→qu) practicando practicado	Ver verbos regulares terminados en -*ar*		Ver **buscar**	Ver **buscar**	
recoger (g→j) recogiendo recogido	recojo recoges recoge	recogemos recogéis recogen	Ver verbos regulares terminados en -*er*	Ver **escoger**	
sacar (c→qu) sacando sacado	Ver verbos regulares terminados en -*ar*		Ver **buscar**	Ver **buscar**	
tocar (c→qu) tocando tocado	Ver verbos regulares terminados en -*ar*		Ver **buscar**	Ver **buscar**	

Verbos irregulares

Los verbos a continuación siguen patrones irregulares.

1	2		3		4	
Infinitivo Participio presente Participio pasado	Presente		Pretérito		Imperfecto	
dar	doy	damos	di	dimos	daba	dábamos
dando	das	dais	diste	disteis	dabas	dabais
dado	da	dan	dio	dieron	daba	daban
decir	digo	decimos	dije	dijimos	decía	decíamos
diciendo	dices	decís	dijiste	dijisteis	decías	decíais
dicho	dice	dicen	dijo	dijeron	decía	decían
estar	estoy	estamos	estuve	estuvimos	estaba	estábamos
estando	estás	estáis	estuviste	estuvisteis	estabas	estabais
estado	está	están	estuvo	estuvieron	estaba	estaban
haber	he	hemos	hube	hubimos	había	habíamos
habiendo	has	habéis	hubiste	hubisteis	habías	habíais
habido	ha	han	hubo	hubieron	había	habían
hacer	hago	hacemos	hice	hicimos	hacía	hacíamos
haciendo	haces	hacéis	hiciste	hicisteis	hacías	hacíais
hecho	hace	hacen	hizo	hicieron	hacía	hacían
ir	voy	vamos	fui	fuimos	iba	íbamos
yendo	vas	vais	fuiste	fuisteis	ibas	ibais
ido	va	van	fue	fueron	iba	iban
oír	oigo	oímos	oí	oímos	oía	oíamos
oyendo	oyes	oís	oíste	oísteis	oías	oíais
oído	oye	oyen	oyó	oyeron	oía	oían
poder	puedo	podemos	pude	pudimos	podía	podíamos
pudiendo	puedes	podéis	pudiste	pudisteis	podías	podíais
podido	puede	pueden	pudo	pudieron	podía	podían
poner	pongo	ponemos	puse	pusimos	ponía	poníamos
poniendo	pones	ponéis	pusiste	pusisteis	ponías	poníais
puesto	pone	ponen	puso	pusieron	ponía	ponían

Verbos irregulares (continuación)

5		6		7		8	
Futuro		**Condicional**		**Presente del subjuntivo**		**Imperfecto del subjuntivo**	
daré	daremos	daría	daríamos	dé	demos	diera	diéramos
darás	daréis	darías	daríais	des	deis	dieras	dierais
dará	darán	daría	darían	dé	den	diera	dieran
diré	diremos	diría	diríamos	diga	digamos	dijera	dijéramos
dirás	diréis	dirías	diríais	digas	digáis	dijeras	dijerais
dirá	dirán	diría	dirían	diga	digan	dijera	dijeran
estaré	estaremos	estaría	estaríamos	esté	estemos	estuviera	estuviéramos
estarás	estaréis	estarías	estaríais	estés	estéis	estuvieras	estuvierais
estará	estarán	estaría	estarían	esté	estén	estuviera	estuvieran
habré	habremos	habría	habríamos	haya	hayamos	hubiera	hubiéramos
habrás	habréis	habrías	habríais	hayas	hayáis	hubieras	hubierais
habrá	habrán	habría	habrían	haya	hayan	hubiera	hubieran
haré	haremos	haría	haríamos	haga	hagamos	hiciera	hiciéramos
harás	haréis	harías	haríais	hagas	hagáis	hicieras	hicierais
hará	harán	haría	harían	haga	hagan	hiciera	hicieran
iré	iremos	iría	iríamos	vaya	vayamos	fuera	fuéramos
irás	iréis	irías	iríais	vayas	vayáis	fueras	fuerais
irá	irán	iría	irían	vaya	vayan	fuera	fueran
oiré	oiremos	oiría	oiríamos	oiga	oigamos	oyera	oyéramos
oirás	oiréis	oirías	oiríais	oigas	oigáis	oyeras	oyerais
oirá	oirán	oiría	oirían	oiga	oigan	oyera	oyeran
podré	podremos	podría	podríamos	pueda	podamos	pudiera	pudiéramos
podrás	podréis	podrías	podríais	puedas	podáis	pudieras	pudierais
podrá	podrán	podría	podrían	pueda	puedan	pudiera	pudieran
pondré	pondremos	pondría	pondríamos	ponga	pongamos	pusiera	pusiéramos
pondrás	pondréis	pondrías	pondríais	pongas	pongáis	pusieras	pusierais
pondrá	pondrán	pondría	pondrían	ponga	pongan	pusiera	pusieran

Verbos irregulares (continuación)

1 Infinitivo Participio presente Participio pasado	2 Presente		3 Pretérito		4 Imperfecto	
querer queriendo querido	quiero quieres quiere	queremos queréis quieren	quise quisiste quiso	quisimos quisisteis quisieron	quería querías quería	queríamos queríais querían
saber sabiendo sabido	sé sabes sabe	sabemos sabéis saben	supe supiste supo	supimos supisteis supieron	sabía sabías sabía	sabíamos sabíais sabían
salir saliendo salido	salgo sales sale	salimos salís salen	salí saliste salió	salimos salisteis salieron	salía salías salía	salíamos salíais salían
ser siendo sido	soy eres es	somos sois son	fui fuiste fue	fuimos fuisteis fueron	era eras era	éramos erais eran
tener teniendo tenido	tengo tienes tiene	tenemos tenéis tienen	tuve tuviste tuvo	tuvimos tuvisteis tuvieron	tenía tenías tenía	teníamos teníais tenían
traer trayendo traído	traigo traes trae	traemos traéis traen	traje trajiste trajo	trajimos trajisteis trajeron	traía traías traía	traíamos traíais traían
venir viniendo venido	vengo vienes viene	venimos venís vienen	vine viniste vino	vinimos vinisteis vinieron	venía venías venía	veníamos veníais venían
ver viendo visto	veo ves ve	vemos veis ven	vi viste vio	vimos visteis vieron	veía veías veía	veíamos veíais veían

Verbos irregulares (continuación)

	5		6		7		8
	Futuro		**Condicional**		**Presente del subjuntivo**		**Imperfecto del subjuntivo**
querré	querremos	querría	querríamos	quiera	queramos	quisiera	quisiéramos
querrás	querréis	querrías	querríais	quieras	queráis	quisieras	quisierais
querrá	querrán	querría	querrían	quiera	quieran	quisiera	quisieran
sabré	sabremos	sabría	sabríamos	sepa	sepamos	supiera	supiéramos
sabrás	sabréis	sabrías	sabríais	sepas	sepáis	supieras	supierais
sabrá	sabrán	sabría	sabrían	sepa	sepan	supiera	supieran
saldré	saldremos	saldría	saldríamos	salga	salgamos	saliera	saliéramos
saldrás	saldréis	saldrías	saldríais	salgas	salgáis	salieras	salierais
saldrá	saldrán	saldría	saldrían	salga	salgan	saliera	salieran
seré	seremos	sería	seríamos	sea	seamos	fuera	fuéramos
serás	seréis	serías	seríais	seas	seáis	fueras	fuerais
será	serán	sería	serían	sea	sean	fuera	fueran
tendré	tendremos	tendría	tendríamos	tenga	tengamos	tuviera	tuviéramos
tendrás	tendréis	tendrías	tendríais	tengas	tengáis	tuvieras	tuvierais
tendrá	tendrán	tendría	tendrían	tenga	tengan	tuviera	tuvieran
traeré	traeremos	traería	traeríamos	traiga	traigamos	trajera	trajéramos
traerás	traeréis	traerías	traeríais	traigas	traigáis	trajeras	trajerais
traerá	traerán	traería	traerían	traiga	traigan	trajera	trajeran
vendré	vendremos	vendría	vendríamos	venga	vengamos	viniera	viniéramos
vendrás	vendréis	vendrías	vendríais	vengas	vengáis	vinieras	vinierais
vendrá	vendrán	vendría	vendrían	venga	vengan	viniera	vinieran
veré	veremos	vería	veríamos	vea	veamos	viera	viéramos
verás	veréis	verías	veríais	veas	veáis	vieras	vierais
verá	verán	vería	verían	vea	vean	viera	vieran

Mandatos afirmativos y negativos

Para formar un mandato afirmativo con *tú,* usa el presente del indicativo de las formas para *Ud./él/ella*. Esta regla también es aplicable a los verbos con cambios en la raíz. No obstante, algunos verbos tienen una forma irregular de mandato afirmativo con *tú*.

Para formar un mandato con *Ud.,* quita la *-s* de la forma de mandato negativo para *tú.* Para formar un mandato con *Uds.,* reemplaza la *-s* del mandato negativo para *tú* con una *-n*.

Verbos regulares y con cambios en la raíz, y verbos terminanados en *-car, -gar* y *-zar*

Infinitivo	Tú	Tú negativo	Usted	Ustedes
estudiar	estudia	no estudies	(no) estudie	(no) estudien
volver	vuelve	no vuelvas	(no) vuelva	(no) vuelvan
abrir	abre	no abras	(no) abra	(no) abran
sacar	saca	no saques	(no) saque	(no) saquen
llegar	llega	no llegues	(no) llegue	(no) lleguen
cruzar	cruza	no cruces	(no) cruce	(no) crucen

Verbos irregulares

Infinitivo	Tú	Tú negativo	Usted	Ustedes
decir	di	no digas	(no) diga	(no) digan
hacer	haz	no hagas	(no) haga	(no) hagan
ir	ve	no vayas	(no) vaya	(no) vayan
mantener	mantén	no mantengas	(no) mantenga	(no) mantengan
poner	pon	no pongas	(no) ponga	(no) pongan
salir	sal	no salgas	(no) salga	(no) salgan
ser	sé	no seas	(no) sea	(no) sean
tener	ten	no tengas	(no) tenga	(no) tengan
venir	ven	no vengas	(no) venga	(no) vengan

Colocación de pronombres en los mandatos

Agrega pronombres reflexivos o de objeto al final de los mandatos afirmativos. Agrégalos después de la palabra *no* en los mandatos negativos.

Toma esas vitaminas.
¡Tómalas ahora mismo!
No las tomes.